中国术语学建设书系

术语学论集

郑述谱 著

2014年·北京

图书在版编目(CIP)数据

术语学论集/郑述谱著.—北京:商务印书馆,2014
(中国术语学建设书系)
ISBN 978-7-100-10098-4

Ⅰ.①术… Ⅱ.①郑… Ⅲ.①术语学—文集
Ⅳ.①H083-53

中国版本图书馆 CIP 数据核字(2013)第 142841 号

所有权利保留。
未经许可,不得以任何方式使用。

术语学论集
郑述谱 著

商 务 印 书 馆 出 版
(北京王府井大街36号 邮政编码100710)
商 务 印 书 馆 发 行
北京瑞古冠中印刷厂印刷
ISBN 978-7-100-10098-4

| 2014年6月第1版 | 开本 850×1168 1/32 |
| 2014年6月北京第1次印刷 | 印张 11½ |

定价:32.00元

自 序

我的术语学研究工作,酝酿于20世纪末,正式始于本世纪初。说来也巧,今年是龙年,是我的"本命年"。就是说,我的术语学研究历史,已经有"一轮",即12年了。有人曾问过我,60岁的年纪,还要转向搞一门新学科,而且是一门综合性的新兴学科,下这个决心是不是很不容易?但我回想起来,当初决定做这件事,内心并没有感到特别大的纠结,几乎是很自然地就做起来了。这也许是因为,术语学与我先前从事的词汇学、词典学研究有非常密切的亲缘关系。严格地说,从词汇学、词典学进入到术语学,这也许称不上"转向",只是研究领域的进一步拓宽而已。

这12年间,围绕术语学研究这个大题目,我和我的一些同道所做的事情主要可以归纳为这么几件:第一,承担并顺利完成了几个项目。其中包括教育部人文社科基地重大研究课题两个:"俄罗斯的术语理论与实践"与"国外术语学理论研究";全国科学技术审定委员会的项目:"术语教育的理论与实践";科技部立项并纳入中俄两国政府间合作委员会的项目:"中俄科技合作中的术语维护"。第二,指导培养了4名以术语学为主要研究方向的博士研究生。第三,积极组织并参与了以术语学建设为目标的学术活动与社会咨询服务。第四,逐步开展了与国际术语学界的实质性的合作,包括学术互访,联合举办国际性的术语学研讨会,合编术语学研究论文集,直至联合共建国际术语研究中心等。

必须再次重申的是,这些都是我与我的同道共同完成的。我把国家授权主管术语工作的全国科学技术名词审定委员会的几任领导与专家也列入我的同道,这也许有"不敬"之嫌,但多年的亲密合作关系使我并不担心会因此受到他们怪罪。实际上,前面说到的所有事情,都是在他们的鼓励、支持、帮助、参与以及引导、协调之下,才得以实现的。同样,没有中国辞书学会领导的支持,没有我所在的单位领导与同事的具体帮助,也不可能取得这些成绩。

体现上述研究工作成果的文字著述,主要是专著与译著,已经出版了几部,多数都纳入了"中国术语学建设书系"之中。像本书这样,把一个作者的专题论文以文集形式出版,在"书系"中可能还是第一部。与那些专著与译著相比较,这些论文只能算是副产品与次生品。但它们仍不失为主产品的补充或附带"配料",对某些特定读者群可能会提供一些方便。这也是作者同意结集出版的一个主要考虑。

最后,还要感谢商务印书馆及责任编辑曲清琳为本书的顺利出版所付出的多方努力与热心帮助。

但愿这本小书也能为中国的术语学建设添砖加瓦。

作 者
2012 - 12 - 2 于哈尔滨

目 录

术语学是一门独立的综合学科 …………………………… 1
术语的定义 …………………………………………………… 20
术语学的研究方法 …………………………………………… 44
术语学问世前完善科学语言的种种尝试 …………………… 63
术语学核心术语辨析 ………………………………………… 76
专业术语与专业名称 ………………………………………… 90
试论术语标准化的辩证法 …………………………………… 96
术语在使用中的变异性 ……………………………………… 108
术语是折射人类思维进化的一面镜子
　　——《比亚韦斯托克宣言》阅读笔记 ………………… 113
试论语言学术语的特点 ……………………………………… 122
从术语学角度说"进化"及其泛化 ………………………… 131
从术语学角度说концепт及其他 …………………………… 139
"术语学派"的提法要慎用 ………………………………… 150
国外术语学研究现状概观 …………………………………… 156
俄国的理论术语学研究 ……………………………………… 178
关于术语学理论建设的几点思考 …………………………… 190
回顾与思考
　　——术语学研究10周年记 ……………………………… 199

给术语词典学以应有的地位	208
洛特怎样编《德俄汽车词典》	219
俄国术语词典学理论发展概览	229
试谈专科词典编纂的学科依托	241
试论语文词典中的专业词释义	249
"神五"飞天引发的术语学思考	265
从"激光"的汉语定名说起	273
从术语学角度看"生态环境建设"一词	277
喜看术语研究的新拓展	280
站在术语学理论的高度	286
术语翻译及其对策	293
翻译 词典 术语	307
俄国的术语教育	320
对开展术语教育的几点思考	329
开展跨学科协作 培养术语学专门人才	340
术语学入门三问	345

术语学是一门独立的综合学科

1. 术语学的产生历程

自古以来,伴随着科学思想的产生与发展,总是要创造出一些用以确定并表述这些思想的专用词汇,首先是概念的专用词汇。从这一意义上说,科学的发展历史也就是语言的发展史。科学发展历程上的每一个成就与进步,都要依靠语言,具体说是依靠词汇单位来确定、表达、交流、传递。科学语言总是跟随着科学本身,与其同步发展的。

古希腊是人类文明的发祥地之一。古希腊人的科学是统一的、不分学科的、"弥漫性"的科学,如恩格斯所说,古希腊的哲学家同时又是自然科学家。到了文艺复兴时期,这种"弥漫性"的科学才逐渐分离成自然科学与人文科学。至此,用来描写科学的专门词语,也就是现代所说的术语,也不再是统一的,它只用于某一学科范围内,为某一确定的学科服务。换句话说,不同的学科都有自己的不同术语。没有接受过专业训练的人就不可能理解和使用该学科的专用语言。到了近代与现代,科学学科的分工愈加细密,不同学科专业间的语言隔膜也随之加深。难怪有人说,学习一门专业就是掌握一套专门的语言符号,即这个专业特有的术语系统。

认识论在16—18世纪的欧洲哲学中占有重要的地位。无论是英国的经验论还是大陆的唯理论，在肯定语言对于思维的表达作用以及作为交往工具的重要作用的同时，都十分尖锐地指出语言对思维表达的遮蔽、扭曲作用。培根(F. Bacon,1561—1626)的"市场假相"说指出了由于语义或概念的含混不清给人的认识造成的误导。洛克(J. Locke,1632—1704)认为，文字的缺点在于意义混乱，造成混乱的原因不在文字自身，而在于表示观念。文字和观念常常是脱节的。莱布尼茨(G. W. Leibniz,1646—1716)指出，由于日常语言中语词代表的概念往往是混淆不清的，又由于人们在论证、推理过程中时常产生一些不明显的错误，因此使用语言表达自己的思想或观念时往往纠缠不清。如果有一种语言，其基本记号的含义精确，结构简单，能揭示命题的逻辑形式，那就好了。[①]

19世纪末20世纪初，数理研究的迅速发展极大地影响了新时期的哲学走向。20世纪初在哲学中发生了"语言的转向"，随之产生了所谓语言哲学。在语言哲学家看来，语言研究自成独立天地，它本身就是哲学研究的中心课题。这个转向的发动者是弗雷格(F. Frege,1848—1925)、罗素(B. Russell,1872—1970)、维特根斯坦(L. Wittgenstein,1889—1951)以及卡纳普(R. Carnap,1891—1970)。他们提出了创建形式化语言的设想，并尝试借助这种语言的初浅形式阐明自己的认识论学说。他们致力于建立全世界统一科学语言的努力最终并没有获得成功，但是这一哲学思想却产生了极大的影响。正是在这种思想的直接影响和启发下，现代术语学的奠基人奥地利人维斯特(E. Wüster,1898—1977)逐渐形成了必须对科学术语进行整顿的想法，从而为术语学的诞生

[①] 徐友渔等.《语言与哲学》.生活·读书·新知三联书店,1996,第1—23页.

埋下了思想的种子。

如果说哲学为术语学的产生提供了思想基础,那么科学史的研究则为术语学的诞生起到了催生的作用。这里最应该提到的名字,一是英国人惠威尔(W. Whewell,1794—1866),一是德国人列昂纳多·奥尔什基(L. Olschki,1885—1961)。惠威尔是英国著名的科学史家,他最有影响的著作是《归纳科学史》。惠威尔在自己的著述中已经大量、直接涉及术语问题。请看他的有关论述:

"虽然,古希腊哲学家从研究词的日常意义开始,但他很快就不得不赋予这些意义使用某种固定的主导的意思,……也就是说,他使自己的语言技术化了……""大部分读者可能以为,所有写作者都应该满足于使用日常的词的普遍认可的意义,而对技术术语表示反感,如同对学究气与故弄玄虚反感一样。然而,如果有人要对某个科学学科加以完善的话,他马上就会看到,没有技术术语和规定就不可能有可靠的或者不断发展的知识。日常语言的不确定的质朴的意思不可能像科学研究所要求的严格确切地表达事物,并把它们逐级地概括上升。只有牢靠的科学固定语机制才能做到这一点。"[①]

不难看出,惠威尔不仅很早就注意到科学技术语言与日常语言的重要区别,而且对科学语言存在的必要性以及它对科学发展的重要意义,都有清醒的认识。

列昂纳多·奥尔什基是德国海德堡大学罗曼语教授。他在1919年出版了一部题为《新语言科学文献史》的3卷本巨著。该

---

① 转引自 Татаринов В. История отечественного терминоведения. том. 2, книга 1. Москва. Московский Лицей. 1995, с. 75.

书研究了中世纪到文艺复兴过渡时期技术语言的发展状况。作者在引言中写道:"科学史从前是按时间顺序编排的对学者的传略及其成就的描述,如今则变成了描述科学问题及其解决办法的历史……,它完全拒绝研究平行发生的语言发展过程。而语文学对科学语言的形成、科学文体的表述也不感兴趣。哲学史、数学史和自然科学史都把语言看作是已有的,随时准备效劳的,而对表达思想和推理并不总是必不可少的手段。比如,依靠符号和公式的自然科学通常把词语的作用看得很消极,对概念及其表达之间存在的惯常的联系也不感兴趣。"

"一般说来,物理学家和数学家并不认为语言是自己思维的必需的前提条件,但在他们看来,语言却是使思想缜密的必要手段。一位当代物理学家说得好,各种已获得的认识的完善都取决于这一工具的性能。语言向来是科学建设的工具。……而在思想家与发明家眼里,语言的作用还不仅限于此。他们富于创造性地确定地影响了语言的发展与准确,而当代的民间以及文学语言的财富也潜在地、持续地为思想提供刺激与准确表达思想的手段。"[1]总之,在奥尔什基看来,科学的发展与语言的发展是互相依存,紧密相关的。

奥尔什基著述的价值在于,他对科学家如何凭借语言创造力来创建科学,进行了敏锐的观察,并把术语作为一种文化历史现象来对待。科学总是通过用语言写下的文本来表述的,奥尔什基把这个人所共知的事实变成了一个科学研究的对象。在奥尔什基的

---

[1] 转引自 Татаринов В. *История отечественного терминоведения том. 2, книга 2.* Москва. Московский Лицей. 1999, с. 54.

术语学是一门独立的综合学科

著作问世之前,没有人知道,甚至没有人注意到,科学文献的语言问题应该属于哪个知识领域来负责研究。因此发现并提出这个问题就应该视为一大科学成就。这也正是奥尔什基的历史功绩之所在。但研究术语在他那里还称不上是一门新学科。他的巨著会载入史册,但是他的光辉却多少被随后接踵出现的维斯特掩盖了。

1931年,奥地利的维斯特教授发表了《在工程技术中(特别是在电工学中)的国际语言规范》这一堪称划时代的著述,从而宣告了术语学的诞生。他在这篇论文的开头提到了奥尔什基并且特别引用了他的话,"语言学忽视科学语言的形成"。接下去,他写道:"这项任务迫使技术人员研究这一他们似乎准备不足,却又一直轻蔑看待的问题。然而,只要深入观察概念、名称及实物间存在的联系,他们就会愈来愈承认语言领域内科技工作的重要性。""应该承认,语言学家单独地、没有技术人员的合作,不可能卓有成效地开展技术语言的规范工作……把语言建设看成一项与修路或造机器毫无区别的技术课题,也同样是错误的,是走向了另一个极端。""科学的整顿语言应该看作是应用语言学,正如同可把技术称作应用物理学一样。在这项工作中,语言学工作者应该获取技术知识,而工程师应该学习语言知识,要进入这两个领域的临界地带,工程师比语言学家要容易些。"[①]

维斯特的著作正是致力于开拓这一临界地带的具有历史意义的研究。他一生的著述近500篇。他的学术、社会和经营活动的成就,同样令人赞叹。人们都把他看作是现代术语学的奠基人。

---

① 转引自 Татаринов В. История отечественного терминоведения том. 2,книга 2. Москва. Московский Лицей. 1999, с. 54. 202—204.

2. 术语学发展成一门独立学科

如今,在世界术语学界,紧随奥地利-德国学派之后的就是俄罗斯学派,它的创始人是洛特(Д. Лотте,1898—1950)。据有关材料记载,最早报道有关维斯特著述消息的是1932年第1期《俄德科技导报》。该刊同年的第3期还载有维斯特著作的详细摘要,可是作者的名字却被隐去。在洛特的文集中,出现在参考文献中的维斯特的著作,都是用德文注出的。另一位俄国术语学派的创始人物之一的德雷津(Э. Дрезен,1895—1936)是著名的世界语学者。在苏联报刊介绍维斯特之前,他通过世界语较早了解维斯特的著述。德雷津评述维斯特著述的事,是确定无疑有案可查的事实。这篇题为《资本主义与社会主义的技术语言规范》一文,副标题是《评维斯特的……一书》。该文刊登在1932年的《国际语言》杂志上。德雷津对维斯特的著述给予了极大的关注。不仅如此,他与几位合作者一起经过几年的努力,终于于1935年在苏联用俄文出版了维斯特的《在工程技术中的国际语言规范》。更为重要的是,在翻译研究维斯特著述的过程中,他本人的学术研究立场与视角也发生了很大的转变。当然,维斯特的著作影响绝不仅限于此。可以说,整个俄罗斯术语学派的产生与形成,都与维斯特以及维斯特之前的西欧学者的启发与影响分不开。这是当今俄国术语学界一致肯定的事实。俄罗斯学派的诸多特征中有一点尤为引人注目,这就是它认为术语学研究的对象属于语言范畴,所以解决方法也要从语言学中去寻找。语言学家的较深介入是这一学派的一个特点。

术语学是一门独立的综合学科

这里不妨引述一个有趣的、很能说明问题的细节。一本名为《社会主义改造与科学》的杂志在1933年第2期第207页的消息报道栏目中,有一则发人深思的报道,说:技术术语小组在莫斯科"学者之家"成立,计划近期内就技术术语的理论问题以及技术术语的整顿问题举行报告会。第一个报告人是科学院院士马尔(H. Mapp,1864—1934),即斯大林在《马克思主义与语言学问题》一书中批评的那个马尔,题目是《技术术语的研究方法》;第二个报告人是洛特,题目是《技术术语的构建原理》;第三个报告人是维诺库尔(Г. Винокур),题目是《技术术语领域内的语法问题》。这则消息虽小,为我们提供的信息却是重要的,从中可以看出:首先,术语小组成立伊始就注意术语的理论探讨;同时对术语学理论与术语实践是同等重视的;其次,最早的三个报告人中,除了洛特是工程师出身的院士,另两位都是著名的语言学家,在俄国的术语研究中,维斯特所提倡的工程技术人员与语言学的结合,从最开始便得以实现。这则消息可以看作是"窥见"俄罗斯术语学派"全豹"的"一斑"。

20世纪30—40年代是俄国术语学的生成时期。在西方尤其是在德国的影响下,同时也在国内大规模工业化建设以及文化建设需求的推动下,术语学不仅在俄国应运而生,一些被后人称为术语学"经典人物"的学者,如洛特、德雷津、维诺库尔与列福尔马茨基(А. Реформатский),都开始在术语学领域施展才能,他们的一系列论著不仅为建立术语学奠定了理论基础,同时也为今后的发展确定了大致的方向。其间,另一个具有标志性的事件则是统辖术语工作的专门机构科学院术语委员会于1933年建立。该组织现更名为科学术语委员会。其基本任务就是研究术语学理论并制定整顿术语的方法。

20世纪50—60年代是俄国术语学发展的又一个新时期。这一时期的最大特征是术语研究的领域大大扩展。这种扩展体现在两方面。一是术语研究的方向明显增多了。其中，学者们关注较多的是术语的地位、术语与名称的关系、术语的历时研究、术语的逻辑问题以及术语的翻译等。二是术语研究涉及的专业学科与语种大大增加。值得一提的是，1957年召开了首届全国性的术语学会议，1959年与1967年又两次召开全国性的术语学研讨会。如果说此前仅有个别语言学家关注术语问题，那此后，术语问题则引起愈来愈多的语言学工作者的兴趣。据统计，20世纪30年代与40年代发表的术语学著述11篇，至50年代已增至44篇，而在60年代已达到480篇。与此同时，术语研究已经开始逐渐从词汇学的范围扩及到更多的相关学科。这一趋势从历次的会议名称上也能够得到反映。例如，1959、1961年召开的会议简单地称作"全苏术语会议"，而1969、1971年的会议则冠以"词汇学的现实问题"的副标题。1971年的会议专门讨论"科学技术与信息学语言的符号学问题"，1974年的会议主题是"各种类型词典中的术语定义问题"。更值得一提的是，在60年代，首先在莫斯科印刷学院及莫斯科大学，随后又在其他加盟共和国的高等院校，先后开设了专门的术语学课程。术语学登上大学讲台是这门学科逐步走向成熟的一个重要标志。科学学的研究告诉我们，仅仅具备了研究的对象还不足以建立一门学科，还要有社会的需求，还要有自己的、而不是完全从其他学科借用来的研究方法（我们将在另文中专门介绍），以及能够对相关领域的事实或现象作出解释的理论。1969年，在莫斯科大学召开了研讨"术语学在现代科学系统

术语学是一门独立的综合学科

中的地位"的学术会议。在前30多年研究所积累的成果的基础上,会议一致确认术语学已经成了一门独立的学科。大约在同一时期,其他国家从事术语研究的学者,也产生了同样的认识。1975年,被公认为现代术语学奠基人的维斯特在西德的"Lebende Sprachen"杂志上撰文,论述了术语的实际工作、关于术语的一般学问以及关于术语的个别学问的差别。1979年,维斯特去世以后,维也纳学派的其他成员包括费尔伯(H. Felber)等进一步发展了他的思想。他们把术语科学称作allgemeine Terminologielehre。而在法国和加拿大,也把la terminologie看作是一个独立的专业。于是,术语学作为一门独立的学科的地位,在世界范围内得到了承认。

相当长时期以来,英语里一直用terminology来表示"术语学"。但这个英语词本身还表示"某一学科的术语总汇"的意思。这自然会给这一术语的使用带来不便。因此,自80年代末开始,国际术语情报中心(Infoterm)便开始使用the terminology science,the Terminologiewissenschaft来表示"术语学",而俄语里则用терминоведение来取代同样是有多义的терминология。

据统计,进入70年代,在俄国,每年发表的术语学研究成果已达150—200篇,而每年通过答辩的、与术语有关的学位论文竟达到40—50篇。科学院属下的科技术语委员会依然是术语研究的领衔机构,但该组织成员的专业出身发生了引人注目的变化。本来都是清一色的工程技术人员,现在也开始有语言学工作者、逻辑学工作者加盟。这使该组织取得的研究成果更加丰富多样。截至90年代末,已通过答辩的副博士论文已达2000篇,博士论文共50多篇。涉及的题目当然是多方面的,其中语义研究备受关注。此外,术语库的建设工作无论是在一些高等学校或研究机构,还是在全国范围内,都有了新的进展。

3. 术语学的综合性

作为一门独立的综合性的学科,术语学包括术语理论的研究与术语实践研究两大部分。理论研究的任务可以归结为以下几点:

——确定并描述专业词汇的基本类型,分析专业词汇与日常词汇的区别与特点;

——制定描述与分析术语词的一般方法;

——确定术语词的一般特征以及术语词在个别专业词汇领域内的使用特点;

——研究术语所指称的概念以及术语与概念之间联系的基本类型,术语的语义特征;

——研究术语的结构与构词成分,术语构成的模式与特征,术语成分与术语理据性的分类;

——研究不同语言不同知识领域术语的产生、形成与发展特征;

——分析术语在专业言语与现代自动系统中的功能特征;

——确定术语在科学认识、思想和知识进步中的作用,以及在专业人员培养与专业人员之间交往的作用;

——完善各种类型专业词典编纂的理论基础。

术语学的实践性任务可以归纳为以下几点:

——制定规范和建立不同知识领域术语的方法;

——制定并建立与信息语言库等计算机系统有关的术语工作的方法；

——确定各种专业词典编纂中专业词汇的选择与加工的标准与原则；

——制定术语编辑与术语审定的方法；

——制定术语的翻译与编辑加工的方法。

承担术语研究的理论性任务的是理论术语学。概括地说，它是研究专业词汇的发展与使用一般规律的学科。而应用术语学则是以理论术语学为依据基础制定术语实践活动原则的学科。为了解决上述的各项任务，术语学在求助于上述多种学科的基础上，大致形成了以下一些主要的研究方向：

一般术语学研究专业词汇所具有的最普遍的特征。

个别术语学研究某一种具体语言个别领域专业词汇中的问题，如俄语采金专业词汇研究。

类型术语学对不同领域专业词汇进行比较研究，以确定受不同知识领域制约的专业词汇的共同特点和个别特征。

对比术语学对不同语言中的专业词汇的共性与个性进行对比研究，例如，英语与俄语专业词汇的对比研究。

语义术语学研究与专业词汇的意义有关的问题，其中包括专业词义的变化、同义、同音异义、反义等问题。

称名术语学研究专业词的结构形式、专业概念的称名过程，以及如何选择合理的称名形式等问题。

历史术语学研究术语的发展历史，从而揭示其权威与发展的基本趋势，以求对术语的整顿工作提供正确的选用方案。

功能术语学是研究术语在不同的文本和专业言语的语境中的

功能，以及在言语与计算机系统中术语使用的特点。

此外，认知术语学、术语学史等也是近年正在形成的新的研究方向。

以上的研究方向是在术语学 70 多年的发展历程中逐渐形成的。随着人们对术语学研究重视程度的加深，投身术语研究的学者的增加，无论是术语学的研究方向，还是涉及的学科，都只能是一个开放的系列，它们一定会与时俱进、不断增长。另一方面，由于上述不同研究方向的形成与发展是不平衡的，有的研究方向如语义术语学，成果较为集中。另外，某些研究方向的任务界限尚有待明确，方法原则也有待澄清。

术语学的综合性集中地体现在它与多门学科都有密切的关系，同时，它的研究方法主要也是从多种其他学科借用而来的，尽管它也有自己特有的方法。为了更好地认识术语学，特别是了解该学科的综合性，我们可以了解一下它与哪些学科具有亲缘联系，以及这些联系是怎样发生的。

术语学与语言学

术语学与语言学的关系较之与其他学科，历史是最长的。语言学实际上是术语学赖以产生的土壤。早在术语还没有成为一个特殊的研究对象以前，它就被视为语言中词汇的一部分。

因此，语言学中的词汇学以及实际从事记录与描写词汇的词典学是术语研究最早"存身"的地方。至今，在一些普通语言学的著作中，在谈到词汇问题时，仍不忘记提到术语与术语学。

术语学的上述"出身"，决定了术语学最初采取的研究方法基本上是语言学的方法，或者确切地说是词汇学的方法。这从当时人们较为关注的问题可以看得出来。人们探讨的是术语词、专业词与非专业词的区别,以及术语中所存在的同义或多义现象的弊端,术语的来源以及构成方法等。显然,这些基本上都是从词汇学的角度出发来提出问题,研究问题。

随着术语研究的深入,也有研究人员,例如俄国的著名语言学家维诺库尔,从更宽的、超出词汇学的角度,依靠形态学与句法学的理论,对创建俄语术语的构词模式提出了自己的看法。人们对术语的研究也同对其他语言单位特别是词汇单位一样,从形式结构与内容结构两方面入手进行分析。这可以视为语言学方法在术语研究中的进一步扩展。同样,也是受语言学方法的启发,人们提出了对术语的规范要求。这些都可以看作是术语学产生初期,借助语言学方法所取得的研究成绩。

不过,仅仅借助于语言学方法所存在的局限性,从一开始就显露出来。例如,当用同义词概念来描述术语词时,就会出现一些问题。比如,"发动机"与"马达"在日常语言中可以算作是同义词,但是在技术语言中,它们却是必须要加以区别的两个词。同样,在日常生活中绝非同义的两个词,在某一领域的技术语言中,却可能指同一个东西,即成为等值词。应该说,理想的术语是不应该存在同义词的。如果不同的词表示的是类概念与属概念,像上述的"发动机"与"马达"那样,它们就不应被视为同义词。如果它们表达的是同一个概念,那么,它们就应视为"等值词",而不是"同义词"。说术语要避免同义词是不准确的。实际上,术语中要避免的是等值词,而不是同义词。这些问题看起来已经开始超出语言学的范畴了。

术语学与逻辑学

术语学是用来表示某一科技领域内的概念的。某一个领域内的术语总汇实际上是该领域内概念间的逻辑联系的反映。因此，从术语学产生时起，术语学与逻辑学就结下了不解之缘。实际上，从逻辑学的角度着眼，可以提出并解答许多术语学的重大问题，例如术语与概念之间的关系问题。概念是反映客观事物根本属性的思维形式。人类在认识过程中，把感觉到的事物的共同点抽象出来，加以概括，才形成概念。概念是从判断、推理不同的思维活动形式中提炼出来的。同样，术语也是在认识过程中将认识的结果借助语言符号表达时产生的，换句话说，术语并不是产生于思想的开头，它是从通过语言形式表达的判断与推理中提炼出来的。术语包括在概念的定义之中，但概念并不是仅仅依靠术语界定的；术语可能会表达出概念的本质特征，也可能并不表达其本质特征。术语作为语言系统的符号，与它表达的概念并不能完全等同。无疑，采用形式逻辑的方法可以帮助某一领域内的术语总汇的分类更匀整、更严密。但仅仅依靠形式逻辑的方法并不能满足术语学的全部需求。逻辑学是研究人类思维普遍规律的科学。但在不同的具体学科中逻辑的一般规律也并不是万能的。在术语总汇中，偏离逻辑的情况并不罕见。比如，在医学中，可以比较容易的确定内脏疾病的系统，并依次建立相关术语的分类系列，但在专利学中，其中的逻辑关系就可能不那么明显。一项发明创造的"优先权"究竟是在哪一级范围内确立仅靠形式逻辑是难以准确划定的。如前所述，在有些情况下，术语并不总是反映概念的本质特征。这种术语的定名，依据的并不是形式逻辑的一般规律，而可能是某种心理活动的规律，比如根据类推的原则。这时代替形式逻辑学起作用的可能是心理学了。因此，仅靠逻辑学同样解决不了术语研究中提出的各类问题。

术语学是一门独立的综合学科

不同的科学技术领域内的术语系统,其组织方式是不相同的。比如,化学的术语系统与法学的术语系统不仅组成成分不一样,反映内在逻辑关系的结构也并不一致。因此在建构某一学科的术语系统时,除了考虑一般的形式逻辑的原则以外,还应该考虑该学科术语系统自身的特点。

就总体而言,在术语学初创的30年代,术语学主要还是依靠逻辑学与语言学"起家"的。在不同的国家,对这两个学科的倚重程度也可能不同。相对而言,奥地利学派更推重逻辑学,而俄罗斯学派,语言学的介入尤深。

术语学与符号学、信息学及控制论

符号学是研究符号和符号系统特征的科学,该学科的研究对象是各种不同符号系统的集合。按瑞士著名语言学家索绪尔(F. Saussure)的观点,语言说到底是一个符号系统。以学科的概念为基础的每个学科的术语总汇也是一个将该学科知识归纳概括的符号系统。这个术语系统具备一般符号系统的所有必要特征。例如,可以将它按序切分成更细微的成分;具有内容与表达两个层面;具有一定的聚合与组合关系等。

术语系统的内容层面把它与信息学直接地联系在一起。信息学是研究科学情报的结构和一般特性以及与信息搜索、存储、检查、整理、转换、传播和在人们各个活动领域中的应用等有关问题。术语学与信息学的联系是个明显的事实。这两个学科几乎是同时产生并行发展的。当然,仅靠术语系统还不足以完全达到检索的目的。术语系统表达某一领域的概念及其联系,但它并不能详细地表述概念的特征。术语中还有一些信息检索时不用的派生词、合成词,甚至词组等。但总的说来,术语系统是信息检索的宝贵参考，后者可以从中采纳许多有用的词汇单位，这些词汇单位经过专门加工后，有可能成为不同类型信息检索系统的核心成分。

控制论是研究信息的获得、储存、传输和处理的一般规则的科学。数学是控制论的基础。正如该学科的一个创始人所说，"如果没有数学支撑，控制论就什么也不是。"控制论的方法同样对术语学的研究产生了重要的影响。人们不仅把某个学科的术语总汇看作是一个系统，而且还看作是一个动态的、可自行调控的稳定系统。于是术语学也成为一个可按计划合理控制的领域。

控制论的思想与方法用于术语学研究，产生的影响是相当深远的。以语言学、逻辑学为基础的方法，必然导致对术语提出种种要求，种种标准，这些可以统称为规范。一切要合乎规范几乎成了对术语的必须要求。而控制论的方法则更多地强调，首先要对调控对象的内部规律有更深刻的认识与把握。同时要顺应这些内部规律对整个系统进行管理与调控。这种由规定论向描写的转化，是由侧重语言学、逻辑学方法转向偏重控制论以及系统理论等现代科学方法的一个直接结果，同时，这也是术语学在现阶段发展的一个重要趋势。

术语学与科学学

当今时代另一个对术语学研究发生重大影响的学科是科学学。

科学学是研究科学的职能和发展规律、科学活动的结构与动态、科学和社会其他物质、精神生活领域之间的相互作用的学科。它产生于20世纪30年代，到60年代，在美国、苏联等国家形成为独立的研究领域。科学的语言、数字与化学公式、计量单位、图表以及其他科学研究中的辅助手段在科学文献中的使用也是科学学

术语学是一门独立的综合学科

关心的问题,科技术语当然更在其中。甚至有人说,术语学发展到当今阶段,其方法是控制论的,其内容实际上是科学学的。

科学学的研究告诉我们,判断一个知识领域能否够得上一个专门的学科,可以参照如下一些标准:1) 具有相关领域的文献;2) 具有相应的培训与研究机构;3) 具有全国性的或国际性的学术组织;4) 常备的人员;5) 专门的研究对象;6) 关于研究对象的实际阐释;7) 对该领域内的现象作出解释与预见的理论;8) 研究的方法;9) 专业的科学语言。仅以上述观点为例,不难看出,科学学对术语学的建立与发展具有何等直接的借鉴与启发作用。在上述的诸项标准中,最后一项正是术语学的特定研究对象。它是判断一个学科能否立得住的关键条件,用现在流行的说法,是一个"硬件"条件。而这个"硬件"的核心"部件"正是表达该知识领域基本概念的术语。

让我们做一个简单的归纳。术语学是一门与语言学、逻辑学、心理学有着"传统"联系的学科,而在当今时代,它与符号学、信息学、控制论、系统论、科学学等都有密切的亲缘关系与交叉关系。它服务于自然科学、技术科学与社会科学,同时又从其他科学,尤其是一般的理论认识科学汲取方法。这就决定了术语学的学科性质与地位,即它是一门相对独立的综合性的学科。通过术语学自诞生以来所走过的历程以及它与相关学科的关系,可以预见,在未来的发展中,如果有什么新的一般科学产生,术语学仍会从中汲取于己有用的内容与方法。在这个意义上可以说,术语学的亲缘学科是一个开放的、与时俱增的系列。这是由术语学本身的性质,即它的综合性与应用性决定的。同时,这也可以看作是这一学科性质的体现。

4. 术语学研究的紧迫性

一般说来,一种语言的普通词汇数量,大约有十几万个。与普通词汇的数量相比,专业词汇的数量要大得多。据说,仅化学学科的专业词就有三百多万。科学学的研究告诉我们,当代,每过25年,科学学科的数量就要翻一番。而每个学科都有一个自己的概念系统,术语正是对一个学科概念系统的指称。因此,随着信息时代的到来,"知识爆炸"的发生,不可避免地要发生所谓"术语爆炸"。术语词与专业词相比,最大的特点之一就是要对其进行人为的干预。用一位著名术语学家的话说,术语不是自己冒出来的,而是想出来的、造出来的。为了对术语进行干预,就必然呼唤术语学的理论。当今时代,越来越多的术语频繁地进入日常生活,这些都使术语学的研究在当代具有前所未有的极大的紧迫性。

国外学者中有人把孔子说的"名不正则言不顺,言不顺则事不成"这句话用作自己的术语学专著的篇首语。看来,在我国古代先哲博大深邃的思想宝库中也曾闪现过现代术语学的思想萌芽。随着"西学东渐",西方现代科学的传入,国人更深切体会到建立术语系统对科学发展的重要意义。建国以来,我国的术语工作已经取得了前所未有的巨大成绩。但综观我们的术语工作,不能不承认,我们的术语学理论研究,大大滞后于术语的规范统一等应用性的实际工作,而理论的滞后不可避免地会给实际工作带来许多盲目性。这其中的原因当然是多方面的。其中的一个原因,与术语学科的综合性、多学科交叉性不无关系。

可庆幸的是,有关人士已经洞察到术语研究面临的迫切形势。

术语学是一门独立的综合学科

2002年第4期的《科技术语研究》发表了中国科技名词代表团访问欧洲术语机构的专题报道。文章最后提到了代表团对今后中国术语工作的六条建议。其中的第一条便是："注意现代术语学理论的教育与普及。努力谋求在大学设置系统的术语学课程,并探讨开办术语学远程教育(E-learning)的网络体系。"这是一个具有战略眼光的重要建议。它不仅完全符合"科教兴国"的方针,同时也体现了推进素质教育,促进科学教育与人文教育交融的教育理论,更是从根本上加强我国术语工作内在实力的重大措施。我们现在"谋求"要做的,实际上,一些发达国家早在20世纪70年代已经开始做了。为了急起直追,第一步可能还是要采取"拿来主义",把别人已有的研究成果引进来为我所有。本文的写作初衷正是想为此提供一点线索。

(《国外社会科学》;2003,05)

术语的定义

1. 引言

从俄国术语学的"经典人物"到后来投身术语研究的语言学家以及术语学家,一直都致力于为术语下一个准确的定义。然而,迄今为止,普遍为人接受的术语定义并没有产生。在不同的工具书中,不同的作者笔下,术语的定义可以说是多种多样的。达尼连科(Даниленко П. Н.)在70年代发表的一篇著述中,就列举出19种有关术语的不同定义[①]。可以肯定地说,这绝不是现有定义的全部。这种情况的出现绝非偶然。50年代中期,国际标准化组织第37技术委员会的一个文件中也指出,整个术语工作的一个核心概念"术语"仍然是没有确切定义的。可见,给术语下定义并不是一件简单的事情。

如果将俄国术语学围绕术语定义问题所发表的各种不同观点做一番梳理,那不仅对认识这个问题本身大有裨益,甚至对了解术语学的基本理论及其发展脉络,也是个非常便捷、非常合理的切入点。实际上,对许多与术语研究有关的理论问题的回答,都与如何

---

① Даниленко П. Н. *Русская терминология:Опыт лингвистического описания*. Москва. 1977, с. 83—86.

给术语下定义有关。可以说,术语的定义既可以看作是术语理论研究的首要问题,也是术语理论的核心问题,是关系全局的问题。

塔塔里诺夫(Татаринов В. А.)在《术语学理论》一书中在阐述术语的不同定义时,提出了一个很有启发的视角,尽管他并没有完全展开。他认为,不应该试图为"术语"这一"事物"下定义,而应该为作为"研究对象"的"术语"下定义。① 这实际上是说,术语作为一个事物是复杂的,具有多方面的特征。不同的研究者可以从自己学科的研究视角出发来给术语下定义,而不必追求面面俱到。列依奇克(Лейчик В.)等人在《术语学:对象·方法·结构》一书中也认为:"的确,术语的语言学定义——这是对其语言方面的界定,逻辑学定义——则是对其逻辑方面的界定。大多数定义不令人满意之处正是在于试图把术语的不同特征联系在一起。然而,看起来,要在一个定义中把一个具有多方面特征的对象物都联系在一起是根本不可能的,而且逻辑上也是不合理的。"② 以上观点也为本文提供了一条可以连缀全篇的红线,我们将沿着这一线索展开论述。

2. 从哲学与逻辑学角度下定义

哲学特别是认识论与术语学的关系不仅是久远的,而且是深刻的。认识论作为术语学方法论的基础,历来都不断为术语研究

---

① Татаринов В. А. *Теория терминоведения. том 1.* Москва. Московский Лицей. 1996, с. 155.

② Лейчик В. Бесекирска Л., *Терминоведение:предмет. методы. структура.* Bialystok. 1998, с. 200.

提供指导性的意见。对术语的形成原因这样带有根本性的术语学问题,只有哲学才能作出回答。马克思主义的认识论告诉我们,概念与判断是抽象思维阶段形成的,同时概念总是以术语的形式表达。术语并不是单纯的符号,它还是概念在人的头脑中存在的必要条件;术语还能反映出概念的内容以及它与其他概念的联系。而术语在认识过程中的作用,也许可以从两个方面来概括。一是对已经获取的认识结果来说,术语会起到确定与巩固的作用;一是对认识的发展来说,术语常常会成为新的思想、新的理论的生长点。

莫斯科大学的著名教授兹维金采夫(Звегинцев В. А.)于1956年发表了一篇题为《语言的符号性问题》的著述。[①] 文中有相当大的篇幅涉及术语的性质。概括起来说,作者认为,术语的许多固有特征使术语与语言中的普通词汇有明显不同,术语与符号更接近,在更大程度上具有符号的性质。这些特征主要体现在:第一,术语有单义性,在许多情况下可以用符号来替代,而不会给术语的内容带来任何影响,比如用 $\int$、Σ 分别表示"积分"、"和"。这本身就证明术语与符号接近。平常所说的术语的多义性常常可以理解为它用于不同科技领域的可能性。这些其实是同音异义术语。第二,术语有独立性,它可以不受具体语言系统的制约而行使功能,并且不会因此对内容造成损失。这也证明它更接近于符号。第三,术语不具有词汇意义,它只代表或者经科学加工的概念或现象,或者一定的事物与物质。因此,它与其他词没有意义上的联

---

① Звегинцев В. А.*Проблема знаковости языка.* Москва. 1956//Slovensk odborne nazvoslovie. — Bratislava. 1957, n. 7. s. 342—349.

系,它的发展不受其他词的系统关系的制约。第四,术语所表达的内容当然也会发展,但这与一般词义的发展完全不同。术语词内容的发展只受相关科学的发展所制约,而且其内容的发展和变化与它的语音外壳没有关系。第五,建立术语有相对的自由性,甚至可以不受某种语言理据规则的制约。当然,如果术语是在日常词的基础上产生的,那么,理据规则的作用可能要强些,但有相当多的术语名称具有很大的"随意性",诸如借助专名命名等。

兹维金采夫提醒读者,上述的术语的符号特征在不同的术语中可能有不同程度、不同方面的体现,再加上术语还保留有词所具有的某些特点,因此,不能说术语是绝对的符号。但是,如果以术语词为例来说明语言的符号性,无疑可以较容易地找到更多的证据。术语处在全民语言的边缘,而不占据主流地位,因此不能仅以术语为例来说明语言的本质。

不难看出,作者所强调的术语的性质特征,即术语的符号性,术语的不受语言制约的独立性,术语的发展受制于相关学科发展等——这几乎无异于说,术语作为语言学的研究对象是有很大局限性的。实际上,这是更侧重于从哲学认识论的角度来观察术语而得出的结论。

与哲学——认识论密切相关的是对术语的逻辑定义。通常把术语说成是"以概念系统中的科学、技术或者其他专业概念为其内容的词和词组",[①]正是充分体现了术语与概念的紧密联系,也可以作为侧重从逻辑角度为术语所下的定义的一个范例。

---

① Бесекирска Л. *К вопросу об определении термина* // *Терминоведение*, 1996 (1—3). Москва. Московский Лицей. 1996, с. 34.

逻辑定义第一位关注的是术语与概念的关系。这种联系是得到各学科学者一致公认的。但仅仅说"有联系"还显得过于笼统，且有几分模糊。实际上，这里存在不同的情况。如果一个术语的语义并不能通过它的内部形式外显时，那这个术语只是称谓概念。有的术语不仅称谓概念，而当其内部形式鲜明时，还能表达概念，但也有许多时候，概念的本质特征不能外显在术语中，而只能在定义中才能揭示。

说到术语与概念的联系，还应指出以下两点：第一，术语指称的概念，与同一领域的其他概念是有联系的。第二，术语是同一术语系统中的一个成分。因此，也有人把术语说成是在某一科技领域概念系统中"其语音符号与相关的（有联系的）概念成统一体的词（或词组）"。或者说"术语是某一科技领域附有确定概念并与该领域其他名称相关并与它们构成术语系统的称名单位"。[1]这两个定义更突出了术语的逻辑特征，即术语与概念的联系，以及术语的逻辑系统性。

塔塔里诺夫认为，阿赫玛诺娃（Ахманова О. С.）给术语下的定义"最有定义性"，可以把它作为语言学对术语的一个工作定义。这个定义把术语说成是"为准确表达专业概念和指称专业事物而构建（采纳、借用）的专业（科学、技术等）语言的词或词组"。[2]

可以看出，这个定义把"表达专业概念"和"指称专业事物"并列，同时，还特别提到对术语的不同产生途径（构建、采纳、借用），

---

[1] Лейчик В. Бесекирска Л. *Терминоведение：предмет. методы. структура.* Bialystok. 1998，с. 20.

[2] Ахманова О. С. *Словарь лингвистических терминотв.* Москва. 1996，с. 474.

因此，依据这个定义可以将术语单位从不同的角度分出不同的类型。

3. 从术语学角度下定义

我们可以把《术语学引论》中给术语下的定义作为术语学定义的一个代表。"术语是某种语言中专门指称某一专业知识活动领域一般（具体或者抽象）理论概念的词汇单位。"[①]该书作者认为，这个定义包括了如下几个要点：1）术语具有自然语言中的词或词组所具有的语义或形式特点；2）术语本身是在专用语言词汇而不是某种语言整体的词汇中使用的；3）专用语言的词汇是用来指称专业的一般概念的手段；4）术语是反映或将理论模式化的术语系统中的成分，对专业领域的描写正是通过这种成分来进行的。

总之，在术语学家看来，术语是不同于作为语言学研究对象的词和词组的特殊研究对象。虽然，在大多数情况下，研究的也是语言学研究的词汇单位，但术语学要揭示的却是这些单位的另外一些特征。术语提出的称名要求也不同于语言学对词汇单位的称名要求。正是在这一意义上，可以说，术语是特殊的词。

彼图什科夫（Петушков В. П.）在《语言学与术语学》一文中特别分析了语言学家与术语学家研究侧重点的差别。[②] 术语学家更为关注的问题是：1）术语学研究的主要是术语，而不是整个的科

[①] Гринев С. В. *Введение в тереминоведение*. Москва. Московский Лицей. 1993, с. 25.
[②] Пештуков В. П. *Линтвистика и терминоведение* // *Терминология и норма*. Москва. 1972, с. 102—105.

技词汇。可以说,术语学家在谈到术语以外的科技词汇时,更主要的目的不是为了研究它们,而是为了把它们排除出去,以免它们干扰了对术语本身的研究。2)术语学是为今天的科学技术服务的。任何术语系统都应该与当今的科学技术发展水平相符。因此,术语学的研究基础是共时的。对术语学家来说,只有需要弄清某些术语的内容发展过程时,才会想到历时研究。3)术语学家更注重研究与某一科学技术领域概念系统相对应的术语系统,揭示这些概念间的联系,并在此基础上确定整理术语的原则,而对现有的、自然形成的术语系统的不同变体,术语专家要选择最能反映概念联系、分类状况的表达方式。术语专家推荐的材料具有立法的性质,凡是与这些经过整理加工的术语系统背离或不相符的,都被认为是不好的,甚至是应该取缔的。

而语言学家的兴趣重点则明显与此不同。语言学总是把语言总体作为研究的对象。当对语言在科学技术领域内的功能进行研究时,语言学家不仅对术语感兴趣,而且对所有的语言手段都感兴趣,其中也包括术语以外的系列名称(номенклатура)、行业俗语等。而对语言学家来说,无论是研究术语词,还是研究整个专业词汇,历时研究都有很大的意义。正因为如此,维诺格拉多夫才把术语的历史称作"关于自然与社会知识发展规律的纪事"。

对术语的形象性与表情性,术语学家与语言学家的态度也完全相反。术语学家几乎是出自本能坚决反对带有形象性或表情性的术语。如果某个术语真的带有形象性与表情性,那么术语学家往往会竭力证明,这个术语词的内部形式已经不再存在,或者干脆宣布这个术语不合乎规范。总之,术语学家遵循的是纯粹的逻辑原理,而语言学家对术语中存在的形象性与表情性则从正面去看待。

以上所做的分析,是从语言学、术语学等不同学科角度着眼,对不同的术语定义所作的分析。但如果由此形成一种印象,似乎同一学科内的术语定义都是一致的,那就大错特错了。事实上,一个学科内部也不可能是铁板一块,这里既有大同小异的情况,也有针锋相对的观点。让我们以语言学范围内对术语的不同定义来说明这一点。

4. 术语的语言学定义

语言学文献中有关术语的定义,比其他学科给术语下的定义要多。综观这些不同的定义,可以看出两种明显对立的趋向。一种趋向是把术语同普通的词汇对立起来,甚至力图把术语从语言范围内划出去;另一种相反的趋向,则是把术语词与一般的词汇完全等同看待。

让我们先熟悉一下这两种对立的倾向中有代表性的一些观点。

库济金(Кузькин Н. П.)可以看作是"等同论"的一个典型代表。他的观点在 1962 年第 4 期的《列宁格勒大学学报》上发表的《关于术语的本质问题》一文得到了集中的反映。[1]

文章开头指出,迄今为止,关于术语的实质问题,仅限于在苏联的语言学文献上提出,国外的语言学把术语词汇看作是语言的边缘现象,因此对术语没有给予特别的注意。苏联语言学界在给

---

[1] Кузькин Н. П. *К вопросу о сущности термина* // *Вестник ПГУ*. 1952, №20. Серия истории языка и литературы. Вып. 4. 136—146.

术语下定义时,总把它与逻辑概念联系起来,而术语与概念的联系却各有不同的说法。其中又可以区分出四类情况:1)把术语说成是带有定义功能的词,即术语是定义概念的词;2)把术语说成是用于称谓概念功能的词;3)把术语说成是表达专门概念的词;4)把术语说成是指称专门概念的词。归结起来,可以说术语是给概念下定义或称谓、表达、指称专门概念的词。以上定义都是从术语的功能出发着眼的。

在实际的术语工作中,常常需要为已经形成的概念选取最佳的词语表述。这可能造成一种错误的印象,似乎概念在词语之前已经产生,只需要通过词语加以巩固,似乎概念与词语的关系有一定的自我独立性。如果没有可供选择的词语表述方案或者说压根儿没有词语的表述,概念是不可能产生的。此外,如果对业已经过专门机构批准推荐使用的术语词特别是单个的词加以分析,便可以发现,这些术语词很少是对事物概念的本质特征加以确定。这说明,在选择术语时,概念的本质特征并不具有决定意义,倒是事物的性质特征、区别性特征可能成为基础。因此,可以说对选择术语起主导作用的是一般认识,而不是概念。

概念与词之间存在一种特殊的关系,这种关系不能归结为被定义的与定义之间的互相关系,被称名的与名称间的相互关系,被表达的与表达之间的相互关系,被指称的与指称之间的相互关系。词是产生概念的土壤与支撑,其历史应该先于概念。同时,定义、表达或者指称的历史也不可能先于被定义的、被称名的、被表述或被指称的东西。因此,试图从术语与逻辑概念的关系出发来给术语下定义,是会引起强烈反对的。

库济金注意到一个有趣的现象,即语言学家习惯于说"术语的

术语的定义

特征",而术语学家则更多地用"对术语的要求"。他更倾向于术语学家的说法。这些要求包括单义性、准确性、系统性,便于构成派生词,符合语言的构词规律,简短,没有情感性等。应该说,这是些多方面的高要求,远非术语词汇中的每个词都能成为术语。如果把所有指称专业事物的所有词都不加限制地称为术语词汇的话,那术语只是术语词汇中的一部分,即合乎规范的、经过人为加工的、有意选择的、并得到批准用于正确的专业交流的部分,或者可以简单地说,那部分已经得到普遍公认的术语词汇。在这种情况下,再拿应该具有那么多要求的、连一般术语词汇也并不总是具有的、必须遵章使用的术语与一般的非专业词汇相对比,将会是一个严重的逻辑失误。

将术语词汇中的一个一般术语词(不管它是不是术语),与非专业词汇中的一个词作对比,对比出的任何特点都不值得注意。因为,这种对比不能揭示术语的特征,而只能揭示术语词汇的特征。至于说到术语的特征,那只有将它与非术语的术语词汇对比而不是与一般的非专业词汇对比才能揭示出来。

至于说到术语词汇同一般的普通词汇的区别,这种差别并不是外部的,绝大多数情况下,从形式上不可能将术语词汇与一般词汇区别开来,这种差别是内部的,内容方面的。两者无论在形式上,还是在内容上,都不能找出根本的差别。这两类词之间的现实的、客观的差异,实质上是语言外部的差异(внеязыковая разница)。如果普通词、非专业词是与一般人所共知的客观事物相关,术语词汇则是与专业范围内的、只有有限的行业专家才知晓的客观事物相关。除此之外,两者之间再没有任何其他差别。因此,可以这样给术语词下定义,即术语词是与专业的客观事物相关的词。而术语词汇则是在物质生产或者科学领域使用的、用于指称专业客观事物的词汇。而术语则是普遍公认的或者合乎规范的、指称专门客观事物并从专业词汇中经自觉选择符合事先规定要求的词,这些要求是按分类系统的特点、最终也是物质客观事物系统的特点而确定的。

科捷洛娃(Котелова Н. З.)与莫伊谢耶夫(Моисеев А. И.)教授提交给当时苏联第二次术语学研讨会的论文(1967)分别是《关于术语的特点问题》[1]与《论术语的语言特性》[2]。论文同时收入《科技术语的语言学问题》一书(1970)。这两篇文章具有大致相同的立场与倾向,也应归入"等同论",因此,我们把它们放在一起来介绍。

科捷洛娃教授从词的一般语言特征在多大程度上适用于术语展开叙述。他认为,术语中的反义词并不比非术语中的反义词少。同义现象同样也是术语所具有的。并且从功能上来说,这是完全有正当理由的。至于多义现象与同音异义现象,术语也同样具有。因此,作者认为:"术语——就是词,词所具有的任何语言特征术语也都具有。"某些特征在数量上的差异只能用语言外部情况来解释。术语作为词汇中的一个类别,其特征首先在于其约定性。这里有性质不同的两重约定性,第一是称名的约定,即可以按说话人的构思为存在的概念提供一个称谓,这时存在的术语符号的内容是约定性的。其次,术语的名称与内容只能经约定后才能确定,它不是客观地自发形成的。术语的第二个特征在于具有严格准确的

---

[1] Котелова Н. З. *К вопросу о специфике термина*// *Лингвистические проблемы научно-технической терминологии*. Москва. 1970, 122—126.

[2] Моисеев А. И. *О языковой природе термина*// *Лингвистические проблемы научно-технической терминологии*. Москва. 1970, 127—138.

定义,其内容具有单义性。科捷洛娃认为,利用形态学、语义学、句法学等传统的语言学范畴对术语进行分析,是可以对术语的特点进行"必要程度"的研究的。

莫伊谢耶夫的文章指出,有关术语的研究文献,存在许多争议和对立的地方。通常所说的术语要有严格的定义,事实上未必如此。实际上,不少术语也只有一个近似的、模棱两可的、不确定的定义(如语言学上的"态"、"强支配"、"弱支配"等)。而一般的词,有的也有非常确定的意义,如 вправо(向右),влево(向左)等。说术语应该具有单义性、系统性,不应该有同义现象等,事实上不尽如此。因此,作者认为,不能一方面夸大现实术语的系统性,另一方面又缩小非术语的词和熟语的系统性。把语言功能与通行范围作为术语的特征的观点,也存在许多并不一致的意见。这是因为关于术语问题的争论已经脱离开术语本身,而往往以争论过程中说到的东西为基础。如果面对现实的术语,那就会观察到以下几点:第一,术语是属于某一确定的专业范围的,因此,有些人对术语的定义正是从这一点出发,但有时候,却把这一点推向了极端,即认为术语与非术语间不存在任何差别。这里说的术语与非术语的差别已经不是指词本身的特点,而是所指客观事物的特点。甚至这种差别已经不取决于所指客观事物的特点,而取决于专业人士以外的人知道还是不知道这个事物,这当然是一种极端的情况。事实上,即使专业人士以外的人对术语指称的客观事物也都知道,但指称它的术语仍然是术语。因此,使用范围这一特点,对专业术语也可以算是一个特点,但对一般术语、"平常术语"来说,并不能算是一个特点。据此,作者认为,术语应该区别出专业术语与通用术语两部分。第二,专业术语中又可以区分出概念术语与物体术语,术语与名称的对立就是这两类术语不同的反映。但作者对列福尔马茨基所说的名称与概念无关的说法并不赞同。他认为两者间并不存在明确的界限。作者认为名词以及名词基础上构成的词组是专业术语的主体,术语的本质在于其称名功能,"事物、现象、概念"等都可能成为称名的对象。由名词构成的术语的名词性特征恰恰与它面对的称名任务相符合。同时,它们也不具有情感色彩等。至于术语的其他特征,诸如意义的准确性、单义性、系统性、同义现象等,至多只是术语的倾向,或者说是所期望的品质,或者是对"好的"、创建合理的术语的要求,而系统性不强、意义不严格、多义、同音异义与同义术语的例子的存在是尽人皆知的事实。

卡帕纳泽(Капанадзе Л. А.)的观点可以看作是"对立论"的代表。她于1965年发表了《论"术语"与"术语总汇"这两个概念》,载入《现代俄语词汇的发展》一书中。[1] 由于文章涉及术语理论的许多方面,并且对此前已有的许多观点表明了作者的立场,因此该文也有一定的总括性。作者首先指出,在国内外的语言学文献中,"术语"使用的意义是各式各样的,而且常常是不确定的。对术语的实质学术界也没有一致的意见。唯一的共同看法仅仅是,术语是在许多方面与标准语中的其他词不同的词群,即语言中存在着术语与非术语的对立。如何划定这两者的界限,研究者采取的方法有两种,一是力求从理论上思考术语的实质;二是力求对术语的特征做出归纳,诸如准确性、简短性、易于构成派生词等。这些标准对实际工作是很必要的,但它们并不能揭示术语作为语言特别单位的特

---

[1] Капанадзе Л. А. *О понятиях "термин" и "терминология"* // *Развитие лексики современного русского языка*. Москва. 1965,75—85.

点。20世纪初,不少语言学家,例如叶斯泊森(Jespersen O.),突出强调术语的"象形性",即把术语看成一种纯粹的、与概念相关的象征符号。后来,大多数学者,又特别注意术语的功能。例如:维诺库尔就认为"术语不是特殊的词,而只是用于特殊功能的词"。这特殊功能"就是称名功能"。但是称名功能理论很快也招致批评。列福尔马茨基就指出,称名功能是所有词的共同功能,因此,在确定术语的特征时,不能把它提到首位。列氏主张使用范围应该是划定术语的首要标准。而库济金所说的术语词汇与非术语词汇无论在形式上还是在内容上都没有实质差别的说法,是令人难以苟同的。卡氏认为术语与所有其他词的差别首先在功能上。她特别支持维诺格拉多夫所突出强调的术语的定义功能(дефинитивная функция)。术语并不是像普通词那样称谓概念,而是概念附着在术语上。术语的意义就是概念的定义,即附属于它的概念的意义。术语的第二个重要特征在于它的系统性,术语总是某个严格系统中的成员。卡氏支持列福尔马茨基提出的所谓术语场理论,认为术语在一定的术语场中占据着严格确定的位置,只是因为术语属于某一确定的、而不是别的场,因此它才具有单义性。上述这两个特征是术语最本质的特征,其他的特征都是由此派生出来的。

上述两种尖锐对立的观点的论争一直持续到70年代。进入70年代中期,这种争论才趋于缓和。至于其中的原因,这与下面谈到的研究方法所发生的转变有密切的关系。

5. 方法论与术语定义

如前文所述,不同的学科有不同的视角,不同的侧重点,面对术语这同一个事物,所下的定义也各有不同。此外,另一个与术语定义直接相关的重大因素则是研究的方法论。即使在同一个学科内,比如在术语学范围内,由于方法论的不同,对术语的定义也各不相同。下面章节中要着重讨论的就是这个问题。

据塔塔里诺夫说:"在俄国,自打出现书面的宗教典籍与科学文本以来,就存在一种对专业词汇倍加关注的牢固传统。但是这传统并未超出翻译和词典实践范围。需要指出的是,专科词典的编者以及科学文献的译者对术语就像对待专业词汇一样,用我们现在的说法,并没有试图深入到术语的理论本质中去。"[①]

随着术语学的产生,人们开始了对术语理论的思考。30—60年代作为术语发展的第一个阶段,其主要特点是开始把术语作为特殊的词或词组分离了出来,并开始采用语言学结合逻辑学的方法对术语开展了研究。同时,在术语的统一工作上也取得了一定的成绩。有人把这一阶段称作积累材料阶段。

自60年代末开始,术语学研究进入了一个新阶段,又称为思考阶段。这时,术语学已经被公认为是一门独立的综合学科。人们在继续探讨术语的本质的同时,开始把术语作为科学语言的词汇单位,对术语及其应用的一般理论基础、术语学的理论方法等进行了更为广泛、深入的研究。

谈到俄国术语学研究视角与研究方法的演进,不能不说到列依奇克的一篇文章,这就是他于1969年在当时《科技信息》杂志第8期上发表的《术语学在现代科学中的地位》一文。[②] 这是一篇在

[①] Татаринов В. А. *Теория терминоведения*. Москва. 1996(6).

[②] Лейчик В. М. *Место терминологии в системе современных наук (к постановке вопроса)* // Научно-техническая информация. Сер. 1. 1969(8).

俄国术语学发展历程中具有重要意义的文章。如文章题目所示，文章主要是探讨术语学在现代科学中的地位问题，它与相关亲缘学科的关系问题，同时对术语的基本理论的认识，也极有启发。我们这里侧重的主要是后者。

文章首先回顾了术语学的产生过程，特别是术语学与语言学（主要是词汇学）、术语学与逻辑学的密切关系。作者在充分肯定这两个学科对术语学的带动作用的同时，也指出仅仅借助语言学与逻辑学的方法开展术语学研究所存在的局限性。术语学与心理学、术语学与哲学特别是认识论，同样也具有密切的关系。特别是认识论不仅不断地为术语学提供营养，而且还是术语学方法论的基础。术语学的第一个发展阶段可以算作是逻辑学——语言学阶段，这个阶段在20世纪30年代便宣告结束了。术语学发展的第二个阶段以俄国的洛特与西方的维斯特等人为代表。洛特的功绩在于，他把术语作为一个系统来研究，同时，他还指出，不同科学领域的术语，其组织方式是完全不同的。而西方的术语学特征在于，它不仅关注术语词汇本身，而且面向科学、技术语言整体；另一方面，研究者还关注工业产品名称的研究，因为大量出现的产品名称常常因为广告设计的需要而粗暴地违反术语原则。第二阶段在术语学的发展中是必不可少的。但是，当今科技革命波及所有的社会生产领域，也为术语学提出了新的任务。这就是必须对各个领域的孤立的术语系统，在全新的基础上进行综合性的研究。自40年代以来飞快发展的一些新学科就成了这种研究的基础。这些学科包括符号学、信息学、集论、控制论以及科学学。作者认为，以某一学科概念分类为基础的术语总汇变成一个术语系统，这样的术语系统是符号学研究的对象，因为它具有符号系统所必备的全部特征。同时,术语系统又是某一学科的信息语言。

因此,术语学与信息学相交叉,也可以利用信息学的方法来研究术语。作者特别强调控制论对术语学研究的影响。从确认事实向调控事实发展,从以逻辑语言学为基础的规范术语向以认识术语系统的形式与功能的内部规律的认识论发展,这正是现代术语学发展的总趋势。现阶段的术语学研究,就内容来说,可以说是科学学的,而就方法而言,则是控制论的。因此,现在的术语学的地位既处于符号学、系统科学的范围内,同时又在语言学、信息学与科学学的交叉点上。同时,它既为自然科学、技术学科与社会科学服务,同时又从一般及个别认识科学理论借用方法。这也许是理想,还不是现实。但只有充分利用最新科学的成就,术语学才能获得有成效的发展。

不难看出,由于作者是从更广阔的视角来观察术语,从研究术语的实质转到研究术语学科的实质,因此,本文对术语的基本理论研究以及对今后术语学的发展走向的影响,更值得特别注意。这一点在作者的另一篇文章中,得到了进一步的阐发。这就是1986年《语言学问题》第5期发表的关于《论术语的语言基质》一文。[①]文中指出,直至80年代,术语研究所采用的基础方法可以归结成两种,这就是规范法(也有人称作规定法)和描写法。规范法对术语提出了种种规定,种种"要求",诸如单义性、准确性、系统性、无同义词等,这在洛特的著作中就已经提出来了。后来几经发展,这样的要求竟达到四十多条。许多术语的法定文件也都是按着这些

[①] Лейчик В. М. *О языком субстрате термина* // *Вопросы языкознания*. 1986 (5)

标准制定出来的。这些文件对实现术语的统一与规范,以致更好地为科技生产服务,所产生的积极作用是应该肯定的。

与规范法对立的描写法也早在 20 世纪 30 年代就提出来了,维诺库尔的一些论点就可以视为描写法的源头。他说:"任何词都能充当术语,术语不是特殊的词,而只是用于特殊功能的词。"许多作者从这一论断出发,对现实的术语作了描写,发现有许多术语是多义的,术语也有同义现象,甚至在业已通过的标准文件中,也有包含十多个词的术语,这当然谈不上简洁性。简而言之,这类著述中论述的是术语的语言属性,用科捷洛娃的话说,术语也是词,词所具有的任何语言特征术语也都具有。而对术语提出的种种要求,却是有悖于术语的语言属性的,因此这些要求不仅不可能完全实现,甚至部分实现也不可能。

作者认为,这样提出问题也并不完全令人信服。首先,主张"应该对术语的形成过程加以控制"的人,从来也没有否认术语的语言属性。他们只是说,术语既然是特殊的词,或者是具有特别术语意义的词,它们就应该避免多义性、同义性等。

其次,术语统一规范工作的成就也证明,对术语进行规范是有成效的。一些事实使人们认识到,不管论述术语语言学属性、术语特征、术语本质的著作多么令人信服,但仅仅停留在语言学范围内,是无法揭示术语的那些与语言的其他词汇单位相对立的、特殊的、更为本质的特征的。

列福尔马茨基曾说过,术语是"一仆二主",即语言和逻辑这两个主人。这种说法也没有完全回答术语的属性问题。确切地说,术语是"一仆三主",即术语同时还是哲学以及科学学的仆人。因为每个不同学科都从自己的角度揭示出术语这个多方面事物的某些特征。这还不足以解释术语的对立特征,即一方面,在术语系统范围内,它趋向于单义,没有同义,但同时又保留这些"缺点"。

只有承认术语所具有的"底层"基质,才能解释它们具有的作为词和词组所具有的一系列特征。同时,还要看到,术语还有逻辑特征,这些特征是从"上部"叠加到术语的内容结构上的:术语是一个复杂的、多层次的构成。语言基质与逻辑顶层构成了术语的上、下层次,而其中间层则是包括了概念、功能与形式结构一并构成的术语实质。

看来,规定法与描写法的上述对立,无论是在语言学范围内,还是在逻辑学范围内,都是无法解决的。这个对立只有在把术语作为基本对象的学科,术语的本质特征才能得到确认。这个学科就是术语学。它是在语言学基础上,采用逻辑学、符号学、科学学、一般系统理论、信息学的方法以及自己的方法形成的综合学科。

对于语言学家来说,重要的是,要确定哪些是术语的语言学方面,术语的哪些语义与形式结构特征是来自语言,即来自语言的词汇语义与构词系统,而哪些则是来自语言外部的(包括逻辑的、符号学的)方法,以及来自术语本身的属性。为此,应该指出,术语是在一定自然语言的词汇单位的基础上形成的,这种语言的词汇单位是术语的基质(субстрат)。作者特别强调,这里的"基质"正是用于微生物学上的意义,即动、植物机体固着的基础,以及机体通常生存和发育的培养基,对术语的语言方面作这样的理解,可以解决许多术语学方法论方面的问题。术语的语言基质在篇章中的术语功能中看得最清楚。

戈洛温(Головин Б. Н.)是较早对术语学研究中的规定论方法提出质疑的学者。这集中体现在他于 1972 年在《莫斯科大学学报·语文学卷》第 5 期发表的《关于术语研究中的若干问题》一文。①

戈洛温认为,术语研究第一位要关注的是术语"在科学、技术和生产不同领域术语使用的实际过程",同时他对所谓术语应该符合的种种要求表示了怀疑。他在列举了术语的不同定义后,尖锐地反问道:"果真是任何术语都准确表达专业概念吗?难道非单义的、语义界限不清的术语还少吗?果真是术语只表达一个概念吗?"正如塔塔里诺夫所说,这些问题"对于术语学发展的那个阶段是具有革命性的"。戈洛温强调:"术语永远是职业思维的工具又是思维的结果。"正因为如此,理想中的术语应该是单义的,并且具有严格的逻辑——语义界限。也正因为如此,术语实际上又与理想的品格相背离。认识过程作为专业性的对世界艰难的掌握过程,总是有两种趋势并存——一是术语向语义单义性与严格化靠拢的趋势,一是向新意义发展、模糊语义界限的趋势。术语科学不仅要关注术语的构成,而且还要关注术语的使用,也就是"现实的术语在现实的篇章……是如何行使其功能的"。只有这样,术语学才能获得不同术语的结构与功能的真实图景,才能找到术语类型的理论依据,提供术语构成与术语使用的合理推荐方案,才能描绘出或小或大的术语系统,才能看到这些系统的不断变换其界限与功能的活动性等。接着,作者提出了许多推进和改善术语研究的具体设想,其中涉及术语词典、术语信息语言,术语学与其他学科的关系。在文章的结尾,作者一口气列举了几十个术语学在近期

---

① Головин Б. Н. *О некоторых проблемах изучения терминов* // Вестник МГУ. Филология. 1972(5).

内应该作出回答的问题,使人们不禁为作者深刻的洞察力与广阔的思路表示赞佩。

从某一个学者在相关问题上主张的改变,也许更容易看得出20世纪70—80年代俄国的术语学研究在方法论方面所发生的引人注目的变化。

达尼连科在《术语词的词汇——语义及语法特点》(1971)[①]以及《对标准化术语的语言学要求》(1972)[②]两篇文章中,从合乎语言规范的角度出发,为术语制定了7条语言学标准。但在1982年发表的《统一术语的规范化原理》[③]一文中,作者的立场已经有了很大的变化。这种变化集中体现在,从承认对术语的语言学要求转而承认在评价术语时语言学标准的"某些独立性"。这种独立性体现在,在遵守一般标准语规范的同时,也要承认科学语言的功能变体,包括某些与一般规范语言趋势不同的变体,作者对此称作"规范的职业变体"。

列依奇克把达尼连科这种观点的转变视为对传统术语研究方法的"背叛"。应该看到,这种研究方法论方面的改变,所带来的影响是相当深远的。它不仅导致对一些重要的理论认识要重新估价,而且对于术语的整理、统一工作提出了新的标准。

研究方法的上述转变在术语的定义上是如何体现出来的?让我们先从几个不同的定义实例说起。

[①] Даниленко В. П. *Лексико-семантические и грамматические особенности слов-терминов* // Исследования по русской терминологии. Москва. 1971, с. 7—67.

[②] Даниленко В. П. *Лингвистические требованая к стандартизуемой терминологии* // Терминология и норма. Москва. 1972, с. 5—32.

[③] Даниленко В. П. И. *Нормативные основы унификации терминологии* // Культура речи в технической документации. Москва. 1982.

术语的定义

列福尔马茨基在 1965 年新版的《语言学引论》中给术语下的定义是:"术语是专业的、其意义受限制的词,这些词作为对概念的准确表示与事物的称名趋于单义。"另一位学者盖德认为:"术语是充当定义功能并以严格的系统性、单义性、在该科学范围或者知识领域内无同义词和同音异音词为特点的词汇——语义单位。"①

可以看出,规定论对术语的种种要求,在上述定义中是有明显体现的。而采用描写的方法,从术语功能出发,阿维尔布赫(Авербух К. Я.)则这样给术语下定义:"术语是术语总汇(术语系统)中的成分,它是表达与某一专业活动有关的某一词或稳定重现的词组的所有变体的总汇。"作者在提出这一定义的文章中,把"变体"看作是"语言单位存在的一种形式",而功能方法是研究变体的重要方法。术语也应该看作是个"功能概念"。术语的功能在于充当专业概念的符号,充当表达层面与内容层面都可能不同的一系列变体的常体。从这一观点出发,作者提出,任何学科基本概念的定义总要随着对研究对象性质新认识的出现而周期性地加以调整,而上述定义是在总结近 8—15 年间术语学的成就时形成的新定义。

作者认为,此前,在给术语定义时,术语系统是第一位的,术语成分是第二位的,术语之所以能够存在,是因为它是这个系统中的一个成分,但在实际下定义时,却总是针对术语,尔后才在术语定义的基础上给术语系统下定义。这从方法论上说是不合理的。因此,作者首先给"术语总汇"下了定义,即"术语总汇是某一专业活

---

① 转引自 Даниленко В. П. *Русская терминология. Опыт лингвистического описания*. Москва. Наука. 1977, с. 85.

动领域,与概念系统同形并服务于其交际需要的符号系统。而术语系统则是能显性地展示其系统特点的术语总汇"。但"术语是术语总汇(术语系统)中的成分,它是表达与某一专业活动有关的某一词或稳定重现的词组的所有变体的总汇"。①

在结束本章内容时,不妨做出以下几点归纳:

第一,术语的定义是术语学研究的首要问题与核心问题,也是关系到整个术语研究全局性的问题,它是术语理论的基础内容。即使对术语的某个方面的研究,在很大程度上都受到术语定义的制约。

第二,术语本身是一个多方面的复杂概念。企图为它下一个无所不包、面面俱到的定义几乎是不可能的;不同的学科对术语的定义可以各有侧重,各有不同,也是正常的,是允许的。

第三,术语的定义是随着术语研究向深度与广度发展而变化的。随着由规定论到描写论的转变,随着功能研究的深入,以及其他研究方法的运用,术语的定义也必然会不断地推陈出新。

6. 我们自己的工作定义

在列举了上述从多方面、多角度给术语所下的定义之后,我们是否也可以试着给术语下一个自己的定义呢? 回答是肯定的。即使我们的定义可能会显得浅陋、不严密,但是,作为一个学习与思考过程,这个"作业"还是非要完成不可的。

---

① Авербух К. Я. *Терминологическая вариантность*:*теоретический и прикладной аспекты* // *Вопросы языкознания*. 1986(6).

术语的定义

笔者在几个不同场合,在必须要对术语说出一个工作定义时,宁愿把术语说成是:"术语是凝集一个学科系统知识的关键词。"这个定义也许并不是一无是处。首先,用"关键词"来作为解释术语的中心词,凸显了术语在专业词汇中所起的主要作用。而且,"关键词"既可能是词,也可能是词组,或者说是词汇单位。这也正是术语的一个特征。其次,说术语"凝集一个学科系统知识"也间接体现了术语本身所包含的系统性、逻辑性等特征。而"凝集"也多少能体现术语的确定是对概念的归纳与概括的过程。最后,这个定义毕竟是用自己的话表述出来的自己的认识,说来也更容易上口。既然现有的那么多定义,都不能令人满意,那再多一个即使不成熟、不令人满意的定义也无大碍。

(《术语标准化与信息技术》,2005,01)

术语学的研究方法

衡量一个学科独立性的标准之一就是看它是否具备相对固定成型的研究方法。作为一门独立的应用学科,术语学已经具有一些可资利用的研究方法。根据来源不同,可以区别出以下三类:一是术语学源出学科的方法,如语言学的方法;二是术语学从基础与亲缘学科借用的方法,诸如从哲学、符号学以及信息科学、科学学等学科引入的方法;三是术语学自己的研究方法。

1. 语言学方法

术语研究中采用的语言学方法大致可以分为两种,一是从单个术语的形式结构和语义结构入手进行研究,然后找出其共同的特征;二是从某一术语系统或术语集合入手进行研究,以揭示其共同特征以及其形式与内容间相互联系的种种特点。换句话说,上述两种语言学的方法,一个是从单个的词汇单位到词群,另一个是由一类词群到个别的词汇单位。

对单个术语词的形式结构的研究可能会涉及术语的语音、书写特征,例如,德国学者霍夫曼(L. Hoffmann)曾试图揭示德语术语词中辅音连缀的某些特点。① 再如，术语的词素构成，某一专用语言内某种构词方法的能产程度等的分析，都属于对术语词的形式结构分析。

对单个术语词的语义结构分析主要可以区分出语义学的方法与称名学的方法。语义学的方法是把术语词作为符号沿着从能指到所指的方向进行，研究词汇语义的一些方法，比如成分分析法等，对分析术语词的意义也是同样适用的；而称名学的方法则恰恰相反，它是沿着从意义即从所指到能指的方向。比如：当人们大脑中已经有了一个要求表达的概念，选择表达手段的过程，就是称名学要研究的问题。有理由相信，在创建多半是有理据性的术语的过程中，称名学的方法是更为实用的。

分析词群与分析单个词一样，同样涉及形式与内容、表达与意义方面，对单个词的分析方法，除成分分析法外，历史描写法、分布法、定义分析法等都可以用于某一术语总汇或术语系统的分析，但总的说来，还是比分析单个词的方法要少。

此外，术语研究还采用其他的语言学方法，值得一提的是话语语言学、社会语言学与心理语言学的研究方法。

仅仅依靠词汇学的方法，把术语限定在语言系统内进行研究，对术语的某些"不对称"现象，即术语的同义和多义现象、术语的形式变异等，都难以作出令人满意的解释。于是，人们就试图走出语言系统而从术语的言语功能角度来研究术语。换句话说，这也就是通过分析术语在言语作品中的使用功能来揭示术语的特性。

---

① 他认为术语词中辅音连缀的出现频率较一般词要高，但这一结论并不令人信服。这种现象即使真的存在，它可能与外来词有关，而不是与术语有关。参见 Hoffmann L. *Terminology and LSP* // *"Inforterm Series"*. 1982, c. 391—402.

从这一角度出发，人们发现，术语实际上也可以区分出"语言术语"与"言语术语"，两者既互相联系，又呈现出某种对立关系。此前人们对术语提出的种种要求，诸如术语不应该存在同义、多义等，只能算作对"语言术语"的理想要求，而要求言语术语也一定要符合这些要求不仅是不切实际的，同时也抹杀了言语本身的功能特征。

出现术语的篇章实际上可以区别出三种不同的情况：一是使用术语篇章；二是规定术语篇章；三是创建术语篇章。绝大多数各类题材的篇章，例如科普、政论、文艺作品，各种技术文件、说明书等非原创性的第二手的信息情报材料都属于第一种，术语在这类篇章里是作为事先已经确定并为读者已知的概念表述而使用的。术语词典、百科全书、各种专门用来评价、选择、推荐术语并确定其定义的篇章属于第二种。这类篇章中出现的术语，尽管此前已经存在，但在这里它们是作为业已规定的、被推荐的、一定要遵循的表述单位使用。第三类则指建立和阐释新理论、新概念、新发明、新发现的篇章，术语在这里是首次由作者提出或引入，它们是与新的思想观念共同产生的。对上述不同性质的篇章加以区别，显然有助于认识言语中术语使用的不同情况，同时也必须对这些情况区别对待，提出不同的要求。

研究篇章中的术语，可以采取两种方法；一种是从篇章到术语，即对篇章进行术语分析；另一种是从术语到篇章，即对术语进行篇章分析。两种方法当然都有其可取之处，但第二种方法有较长的历史与传统，而第一种方法则刚刚开始采用。

自20世纪70—80年代开始，从话语理论的角度来研究术语，为术语研究开辟了一片新天地。同时，也得出了一些引人注目的新结论。这些新结论有助于加深人们对术语本质的认识,同时,也显示了这种研究方法具有相当广阔的前景。这些结论可以归纳为以下几点:

1)术语是在篇章(包括口头的或书面的)中产生的,但却是在术语系统中得以确定。或者说,术语先是出现在阐释理论观念、描述新技术的篇章中,然后在词典、标准分类系统等篇章中才能最后确定。

2)可以把建立术语篇章与使用术语篇章称作术语的功能范围,而把确定术语篇章称作确定范围。显然,前者是第一性的,而后者是第二性的。将这两者加以区别应视为现代术语学的一个重要原则。

3)每个术语都存在于多种变体之中,在功能范围内,术语存在于聚合与组合变体之中,而在确定范围内,术语只以聚合变体形式存在。

4)要对篇章作术语分析或者对术语作篇章分析,现代术语学的一整套方法均可以采用,其中包括纯术语学的方法、语言学的方法、逻辑方法、数理统计的方法等。

5)术语编辑工作是运用术语篇章理论最重要的实践领域。如何将术语及其定义引入篇章,如何使术语形式与内容结构达到理想的效果,这在很大程度上取决于术语的编辑加工工作。

术语学的综合性与边缘性决定了它较容易采用产生于语言学与其他社会科学交汇处的新学科的研究方法,社会语言学与心理语言学就是这样的两个学科。社会语言学是运用语言学和社会学等学科的理论和方法,联系社会研究语言现象的一门边缘学科,建立于 20 世纪 60 年代。可以肯定地说,所谓专用语言(LSPlanguage for special purposes)理论就是社会语言学的理论,将专用语言的词分解为术语、专业用语、行话俗语等不同组成成分,依据的正是将词汇按社会职业加以区别的社会语言学方法。

结合社会来研究术语还可能对某些术语特征做出合理的解释。例如,人们发现,医学术语,特别是外科与妇产科术语变化较慢。这种现象与这些学科的经验主要依靠手术过程中口传亲授有关。同样,较多的采用隐蔽性的术语或以姓氏命名的术语,也与便于向病人隐瞒病情有关。

心理语言学是运用语言学和心理学的理论,主要采用心理学的实验方法来研究语言现象的边缘学科。它建立于20世纪50年代。心理语言学并不研究词本身,它研究的是人对词的知觉,这种知觉对术语的使用者以及术语系统本身也是可能产生影响的。普通人宁愿说"心肌梗塞"而不愿说"心肌梗死",其原因的分析可能属于心理语言学范畴,尽管从道理上并不难理解"心肌"作为肌肉组织是只能"梗死",而不会"梗塞"的。

2. 系统方法

术语研究从基础及亲缘学科借用的方法中,系统方法与符号学方法是两种最通行也最适用的方法。这里首先说说系统方法在术语研究中是如何使用的。

系统方法是科学认识和社会实践中的一种方法论,最早是在20世纪40年代由奥地利理论生物学家冯·别尔塔兰菲(Bertalanffy)提出的。概括说来,其基本原理是:把对象看作某种系统;每个系统都是相互联系、相互作用的成分的集;系统方法的研究目

术语学的研究方法

标是揭示对象的整体性,查明对象中各种类型的联系,并将其归纳成统一的理论。系统方法的原则在生物学、生态学、心理学、控制论、技术科学、经济学、管理学中及其他学科中都得到应用。系统方法同唯物辩证法有密切的联系,也可以说是唯物辩证法基本原则的具体化。

系统分析可以看作是准备和论证复杂的政治、军事、社会、经济、科学和技术问题的解决方案时所利用的方法手段的总称。它实际上是以系统方法以及一系列数学学科和现代管理方法为基础。主要的程序是建立反映实际情况相互关系的综合模式。系统分析的技术基础是计算机和信息系统。可以说,"系统分析"与"系统方法"有时是作为同义词使用的。成分、结构、联系、大系统、小系统等术语可以看作是系统方法论中的关键词。系统按其特征可以划分成不同的类别,诸如封闭的——开放的,自然的——人工的,实在的——抽象的,动态的——静态的,调适性的——非调适性的等。

为什么系统方法对术语研究会如此重要,又如此适用? 最直接、最简洁的答案就是:因为一个学科的术语总汇就是一个系统。

按系统方法理论来说,语言是系统的系统,换句话说,语言是由一系列小的亚系统组成的一个大系统。某一学科的术语总汇可以看作是其中的一个小系统。人类的各种知识领域都可以用概念系统将其模式化,这些概念既是该领域某种理论的组成成分,或者说是构成元素,同时,这些系统又借助这些概念定义的总汇,以及表述这些概念的术语的总汇,才能得到阐释。

概念系统连同这些概念的定义系统是相关专业知识领域的逻辑模式,而术语系统则是这一领域的语言模式。术语系统的形成是要求具备一定条件的。只有当某一知识领域已经具有自己的理论并能揭示出其基本对象及其互相间的联系时,才可能形成自己的术语系统。更进一步说,要构建起一个术语系统,必须满足以下一些条件:1)具有界限清楚的专业领域;2)具有该领域内相应的一般概念系统;3)具有描写该领域的严密理论;4)具有某种借助自然语言和词汇单位可表述该学科概念的专业语言。

术语系统是抽象系统的一种类型,它兼有与系统论、逻辑学、语言学、信息学相关的多方面特征。整体性是一般系统也是术语系统必备的一个特征。按系统整体性的要求,系统的成分应该将该领域的所有最必需的成分都包罗无遗,术语系统也是有这种整体特征的。我们可以借用一个最简单的例子来说明。如果把一年12个月视为一个小的知识系统,那么12个月的名称就是其术语系统,这个术语系统必须把这12个月都包括进去。如果只有10个月有名称,有两个月没有名称,那么这个术语系统就不具备整体性,因此也就是一个不合格的系统。同理,反映一个学科术语系统的专业词典,如果漏收了许多重要的术语,例如语言学百科词典,却不设"语文学"条目,那就违背了整体性原则。

整体性还包括另一个要求,这就是各部分相加必须与整体相一致。换句话说,如果对一部机械装置的所有部件名称一个个地进行描述、下定义,那么这些描写的相加总和也就构成对整个装置的描写。

相对的稳定性是一般系统的另一个重要特征。术语系统也同样具备这一特征。术语系统体现一定阶段对某一领域的知识系统的认识,在一定意义上说,可以把术语系统看作是一种静态的模式,但这种静态是相对的。一旦发现了新的数据,术语系统就可能需要进行补充。量的增长一般还可以在现有的术语系统框架内完成。但一旦有新的理论或者新的观念产生，而且代表这种新概念的术语处在术语系统的中心位置时，就可能出现新的往往是表达概念的术语，随之也就会有新的属概念产生。这时就可能打破系统内原有的稳定性，而需要建立新的稳定。这样的例子在科学史上是举不胜举的。没有这种相对的稳定，对学科的知识就很难进行描写，也难以进行传授和交流，但如果这种稳定成为某种绝对一成不变的东西时，这个学科就停滞了，不能发展了。

新产生的术语往往是通过表达核心概念来与基本术语建立联系的，这说明术语系统具有相对的开放性。即是说，术语系统内仍为新成员保留了某种可以接纳它的空间。不过，术语系统也可能表现出某种封闭性，即它无法接纳新的术语，或者说，一旦接纳了这些术语，就将导致系统的结构发生根本性的改变。一些现今已经被抛弃的知识学说，其术语系统往往呈封闭状态。

术语系统的结构最能体现它的逻辑学特征。像一星期包括7天、一年包括12个月，这样单层次的线型结构的术语系统是很少的，这种术语系统只能反映简单的、罗列式的小范围的知识。像门捷列夫元素周期表这样的系统也属于内部结构比较简单的系统。而绝大多数的术语系统都是复杂的，多层级性的，其中可能包括一系列种概念结合而成的属概念，许多局部名称从属于总体名称，其中的联系可能是纵横交错、多层面的。用树形图表示的术语系统，动植物的术语系统都属于这一类。与这类术语系统打交道，一定要遵守严格的逻辑原则。把"直升机"说成是"直升飞机"就是违背分类逻辑原则的一个实例。因为"直升机"是属于"旋翼航空器"，而飞机是属于"固定翼航空器"。它们都是属于"重于空气的航空器"中的"平辈兄弟",直升机并不是飞机的"儿子"(衍生物),严格来说,直升机并不是飞机的一种。因此,"直升飞机"的说法在逻辑上是混乱的。[①]

可以把术语系统看作是某一专业领域与体现为概念系统与定义系统的逻辑模式并列的语言模式。逻辑模式与语言模式当然是有密切联系的。但这并不意味着术语系统总是该领域概念系统的完全重复。换句话说,语言模式并不是该领域逻辑或者信息模式的简单复述,用科尔宾(Р. Корбин)的话说,它们之间存在"相符"(адекватность),但并不是"同形"或"同构"(изоморфизм)。[②]

在俄国的术语研究史上,曾有人认为,对于术语来说,知道它的名称,就能说出它所处的位置,知道了它所处的位置,就能说出它的名称。这种说法的实质在于,它强调术语的表达形式与它所表达的概念系统的一致性、相符性。换句话说,它认为术语的语言模式与逻辑模式是完全统一的、等同的。但这样说又把两者间的关系强调得过分了,绝对化了。实际上,任何学科的术语,都还存在术语与概念系统的非同形性。"知道了名称,不能完全确定它的位置","知道了位置,并不能恰当说出它的名称"的情况是大量存在的。

"大系统"与"小系统"是系统方法的重要概念,对于术语系统来说,它也是同样适用的。比如,可以把化学这门学科的术语系统看作是一个大系统,据说,化学术语有几百万个。这一术语系统又可以分解成一系列的小系统,或者称为亚系统,比如,有机化学、无

---

① 参见樊静. 为直升机正名.《科技术语研究》,1999.1.47.
② Р. Корбин *О принципах терминологической работы при создании тезаурусов для информационно-поисковых систем*//НТИ. сер. 2. 1979, №6.

机化学等,而每个亚系统又可以进一步分解成微系统。微系统内的术语成分应具备逻辑与语言方面的一致性,比如所有有机化合物的名称按同样的模式采用同一个词缀命名。如,甲烷、乙烷、丙烷、丁烷、戊烷等。再比如,把有机化合物按结构分为"开链化合物"、碳环化合物和杂环化合物;按所含功能团的不同,又或分成醇、醛、酮、醚、酪等类属。

总之,系统方法是科学认识和社会实践广泛采用的一种方法。一个学科的术语总汇实际上也是个系统。因此,它具备所有系统的必要特征。系统方法对术语学研究,尤其对术语系统的研究,是一种使用广泛且极为有效的方法。

3. 符号学方法

最早的符号学思想可以追溯到人类早期的文明史。"如果把符号学思想看作是广义语义分析思想,那么希腊哲学史就是一部丰富的符号学史。[①]"系统的符号学理论直到 20 世纪才出现。60 年代,当代符号学几乎同时勃发于法国、美国和苏联。今日最通行的一般符号学理论体系共有 4 家:美国的皮尔士系统、瑞士索绪尔理论系统、法国柯孟马斯理论系统和意大利艾柯一般符号学。前述三家都包括许多追随者和分支研究成果,而艾柯是迄今为止唯一以系统表述形式和符号学学科名称完成了一般符号学理论著述的。时至今日,"符号学"虽然还未正式成为一门科学学科,但符号学分析观点和方法已在大多数人文学科中发挥着重要的作用。这

---

① 李幼蒸.理论符号学导论.北京:社会科学文献出版社,1999,第 2 页.

些作用可简略地归结为以下诸项：

——在人类思想史发展过程中始终担任重要角色；

——在21世纪以来，特别是在过去30年，符号学获得了长足的进展，在今日学术界影响甚大；

——作为跨学科方法论，正在成为当代社会人文科学认识论和方法探讨中的重要组成部分，其影响涉及一切社会人文科学。[①]

在术语研究中，符号学方法就其通用性而言是仅次于系统方法的一种研究方法，它在术语研究中的使用历史已经有30多年。

符号可以广义地理解为一个人和其他动物、自然界和机构都可以具有的符号的替代物和代表。符号是代表其他事物、属性或关系的，可被感知的一种事物（现象、行为）。符号学是研究符号和符号系统（主要指自然语言和人造语言）特征的学科。

按传统的做法，研究符号从三个方面入手，这就是语构（或称结构）、语义和语用。语构指研究符号的组合关系，语义是指符号、符号指称的事物和关于事物的概念之间的关系，而语用则是指符号和符号使用人之间的关系。

符号、事物、事物的概念以及符号使用人是符号学研究的4大要素。在俄国率先用符号学方法来研究术语的，应该首推列依奇克（Лейчик В.）和韦谢洛夫（Веселов П.）。列依奇克指出术语学研究中也同样存在四种不同类型的关系，这就是术语之间的关系、术语与其指称的事物之间的关系、术语作为符号与指称的概念之间的关系、术语与使用人的关系。

术语的特性是术语学研究的首要问题与核心问题。韦谢洛夫

[①] 李幼蒸.理论符号学导论.北京：社会科学文献出版社,1999,第1—13页.

术语学的研究方法

首先用符号学的三个组成部分来分析术语的特征。作为符号单位的术语,其特性也可以用符号学的理论来分析。同样可以从语义、语构、语用三个方面来认识术语的一系列特征。通常说,术语不应有同义与多义,术语与所表达的概念义应该相符,术语只反映概念的最必要的特征等,这些都可以归入语义方面。再比如,术语,尤其是核心术语,应具有进一步派生其他术语(主要是复合式术语)的能力。这一要求就属于语构方面。术语要简洁,便于读出,有可译性,对术语的这些要求就属于语用方面。这些看法实际证明了符号学方法对术语研究的适用性。

然而,把符号学方法用于术语研究,绝不能仅停留于相关术语的移植或套用。由于术语及其系统的种种特点,符号学的方法在用于术语研究的过程中也得到了充实、变化和新的发展。在术语学研究中,就语构来说,它不仅限于研究术语在线性言语链条中的组合关系,同时还扩及术语的聚合关系。这是因为,术语总是属于相应的术语总汇中的一个成分,不能脱离开与它有聚合关系的术语,孤立地来研究它。

就语义来说,就术语与指称的概念间的关系,以及术语与其指称的事物之间的关系而言,术语同样存在不可忽视的特点。首先,术语是表达概念并指称事物类别的,这使术语与非术语存在一个明显的不同,即术语要传达出概念的本质特征以及它在概念系统中的位置。其次,术语指称的事物通常总是与各种科学、技术、生产领域的活动有关。而就语用方面来说,术语所存在的特征就更值得注意了。

首先,术语需要有人的自觉干预,并且人还要持续地对术语进行标准化加工。其次,术语是认识的工具,它可以将现实模式化,将人在认识过程中形成的观念甚至某些与意识形态有关的观念，强加在术语身上，社会政治词汇尤其如此。

对于符号学传统的三个研究方面，很早就有人提出了补充修正。克劳斯(Craus)主张，符号研究还应该增加一个方面，这就是符号与事物之间关系的方面。他把它称作 сигматика。另一位俄国的语言学家柯杜霍夫（В. Кодухов）也发表过一些涉及符号学一般原理的认识。他在《普通语言学》[①]一书中写道："一般符号学着重强调人、其他动物（如蜜蜂）和机械符号系统的共性，它把符号广义地理解为：一种人和其他动物、自然界和机械都可以具有的符号的替代物和代表。"然而，自然界的"符号"和人类的符号在本质上是有区别的。他认为，所谓自然符号或称特征符号，不应该与人类的符号相提并论。特征本身并不是符号。符号单独存在于事物或现象之外，而特征则是人们所感知和研究的那个事物或现象的一部分。用符号来解释特征，虽然从逻辑上和符号学角度对于科学分析的方法有很大的意义，但是并没有把自然的或社会的现象变成符号系统。而人工符号或称信息符号并不是它所表现、所代表、所传递的事物的一部分，它们是为形成、保持和传递信息而专门制定的用以代替或代表事物和现象、概念和判断的。因此，柯杜霍夫主张将自然符号排除在符号学之外。

同时，柯杜霍夫也支持克劳斯的对传统符号学三个研究方面的补充意见。

把语构学（句法规则）理解为研究在该符号系统内符号间的相

[①] 柯杜霍夫．В.《普通语言学》．国内有译本。本文的引文参考了外研社 1987 年的译本。

术语学的研究方法

互关系,而在一般符号学中只是符号与其所代表的事物间的关系,这可能大大改变符号的研究范围,因为符号与其指称的事物(所指)的联系同符号与事物的概念间的联系,是完全不同的东西。可能同时有几个概念也就是几个符号来对应同一个事物。因此,克劳斯提出应该把符号区别成四个而不是三个研究方面。

用符号学的方法来研究术语,不仅对术语学问题有了更清醒的认识,同时,又进一步推进了对符号学的某些问题的认识。具体说来,人们发现,仅仅从语构、语义、语用三个方面来考查符号的性质与特征是不够的。如果把符号与事物的关系、符号与概念之间的关系也纳入符号学内容的话,这就使语境更进一步复杂化了。仅靠在句法方面对符号的功能特点进行分析属于一种静态性质的观察。在上述三个方面之外,还应该再增加一个研究符号的产生与发展特点的方面。人们把这个方面称为演进学(эволютика),即研究符号的演变、进化,以揭示其发展趋势的方面。

研究符号的演进可以帮助我们对符号进行更准确的分类。可以看出,符号的演进也呈现出层级性。最早生成的符号大多是自然符号。接下来出现的可能是约定符号,这是经专门约定用来表达、保存与传递信息的符号,用作约定的符号最初可能是用来传递简单信息的形象符号,再接下来则可能是表征性的符号。表征符号在使用过程中可能逐渐演变成为进一步抽象化的图形,如此等等,在语言中则可能体现为比喻与借代。前者依据的是从外部特征相似到内在特征相似,而后者仅靠相关就可以发生。文字符号也是一样,从图画文字演变到象形文字,这些都可以看作是表征符号向抽象化发展的例子。

术语学学者格里尼奥夫(Гринёв С. В.)认为把符号学理论用

于术语学研究,其研究方面就不仅仅限于三个方面,而应该包括六个方面。сигматика 是研究符号与事物之间关系的,语义学(семантика)是研究符号与概念间关系的,符形学(морфетика)是研究符号的形式与结构的,语构(синтактика)是研究语流中符号之间的关系的;语用(прагматика)是研究符号的使用的;演进学(эволютика)是研究符号的产生与发展的。①

应该看到,符号学方法用于术语研究还仅仅是个开始,但必须承认,它已经取得了可喜的成绩,它不仅从另一个角度检验了已有的术语学研究的某些结论,而且从新的视角拓宽并加深了术语的研究。因此,可以相信,符号学方法肯定会成为在术语研究有广阔前景并卓有成效的方法。

4. 术语学自己的研究方法

在介绍了术语学研究中的语言学方法、系统方法、符号学方法之后,接下来面对的一个问题就是:除了从其他学科借用的方法之外,术语学是否有自己的研究方法? 这是一个必须回答且具有几分挑战性的问题。因为它直接关系到术语学是否真的具有独立性。一个没有自己的研究方法的学科是很难被人承认为独立学科的。我们将沿着这样一个思路去进行回答:第一,术语学有自己的研究对象;第二,对这一对象的研究要借助于一套具有自己概念机制的专门理论来进行;第三,采用自己的方法得出的是不同于其

---

① Гринев С. В. *Семиотические аспекты терминоведения*. НТТ. Вып. 2, 1996, с. 15.

术语学的研究方法

他学科成果的成果。

毫无疑问,术语学的研究对象是术语和术语系统。术语是各门学科都要涉及的,但是它的最主要的特征及其根本属性只有通过术语学的研究方法才能揭示出来。术语学把术语理解为表达概念系统中的概念的手段。而术语系统则更是术语学自己的研究对象,它由术语构成,并仅限于在专用语言的范围内行使其功能,并不断完善自己。

就俄国的术语学理论来说,经过大批学者几十年的辛勤耕耘,已经形成了一套具有较强的解释能力的理论以及体现这一理论的术语系统。其中,像术语(термин)、术语变体(вариаит термина)、类术语(терминоид)、初术语(предтермин)、术语成分(терминоэлемент)、术语化(терминологизация)、非术语化(детерминологизация)等概念,不仅在术语学的理论系统中居于某种核心地位,而且其理论辐射力与解释力也相当强。例如:"术语变体"的存在就反映出对术语的非独一性的有条件的认可;"类术语"、"初术语"的概念就是术语历史发展过程的反映,通过"术语化"与"非术语化"等概念就能看出非专业词汇与专业词汇间的相互转化现象。

什么是术语学研究的特色产品?我们可以把这种产品分成抽象产品与具体产品两类。前者是指通过研究揭示出的术语和术语系统的产生形成以及行使功能的规律;后者则是指术语词典、术语标准以及术语库等。与抽象产品相比,它们具有更大的实用性。上述这两类产品与一般语言学、逻辑学、信息科学的活动是有明显不同的。

依据一般科学方法论的原则,可以按三个标准对术语学的方法进行分类。第一种分类标准是看采用这些方法得出的最终结果,据此可以划分成理论性方法、应用性方法。第二种分类依据方法的来源,即看它是从其他学科引进或称借用的方法,还是自己学科锤炼出来的方法。应该说明的是,即使是本来借自其他学科的方法,由于在使用过程中所产生的变化与发展,也完全可能从源出学科脱离出来而成为另一个学科自己的方法。第三种分类按实施方法的特点来看,可以区分出描写性的与规定性的方法。

专用语言分析法可看作术语学研究的特有理论方法。它把作为术语的某一词汇单位置于某种专用语言(LSP)的子系统内来观察。这是由语言学的方法发展而成为术语学方法的一个例子。把一个术语作为自然语言的词汇单位来研究,与作为专用语言的单位来研究,情况会有很大的不同。这从对多义词与同音异义词的界定中看得很清楚。对于语言学家来说,用于两种不同理论的同一术语,例如牛顿理论系统中的"质量"与爱因斯坦理论中的"质量",只能看作是一个多义词;而对于术语学家来说,这却是两个属于不同术语系统的不同术语。同样,"言语"作为一个语言学、心理学和生理学都使用的术语,语言学家会把它看作是多义词,而术语学家则会把它看作同音异义的不同术语。同样,对于一个词素的不同变体,如俄语中的 компонет 与 компонента,语言学家会把它看作是不同的形态变体,而术语学家则把前者划入语言学术语的范畴,而把后者归入数学术语系统的范畴。

对术语及其总汇的概念结构的研究方法是由逻辑学方法演变成术语学方法的。传统术语学的一个重大成就,就是论证了术语是指称概念的,概念就是术语的内容层面,而术语的总汇,即一个专业领域内的术语的总和,即术语系统,是与该领域的概念系统完全相符的。

术语学的研究方法

事实证明，按上述原则制定出的一系列术语文件包括推荐术语标准等，在许多情况下并不能满足要求。很多情况下，对术语及其定义的逻辑要求是无法实现的，或者是不能完全实现的。在上述的文件以外，还有大量的实际使用着的术语，以及术语变体。不仅如此，事实上，术语之间的关系也并不是通常的逻辑关系所能包括无遗的。有相当多的术语，它们与主体的认识过程的联系，比与逻辑规律的关系更密切、更直接。随着认识的发展，理论的变化，术语也只能随之变化。因此，对术语与术语系统的逻辑要求就有一个可行不可行的问题。许多术语的内容结构中并不能包括对概念的本质特征的称名，代之的可能仅仅是对某一个突出的、但却并不是本质性的特征的称名。术语系统中的术语之间的关系要比概念系统中的逻辑关系要丰富得多，也复杂得多。比如，除了人们所熟知的种属间的关系，还存在对角线类的联想关系。因此，即使在以强调突出逻辑方法的维斯特那里，在分析术语系统的概念间的逻辑关系以外，还要分析客体对象之间的本体联系。因此，指望通过层级示意图来显示术语系统的分类并不总是能行得通。

同样，一律通过属加种差的方法，就像给概念下定义那样给术语下定义，也并不是总能行得通的。术语的意义也可以采用不完整定义的方法来展示，甚至仅仅借助于阐释相关理论的话语片断来揭示。还应指出，进入术语系统的并不都是对事物的指称，其中还可能包括对过程或者事物特征的指称（表述）。总之，术语学家与之打交道的定义系统要比传统词典或标准中反映的定义系统要丰富得多。

可以这样说，诸如"概念"、"概念定义"、"概念系统"、"概念的定义系统"这样一些范畴，最初都是以逻辑为基础产生的，要求术语意义有相对的稳定性,结构的完整性以及系统的整体性等,也都是从这些范畴的要求提出来的。但是,由于受理论发展的制约,以及概念的变化、定义的变化等的影响,在术语学理论与实践中,这些范畴已经发生了变化。

(《术语标准化与信息技术》,2004,02)

术语学问世前完善科学语言的种种尝试*

任何一门科学都不可能是一朝一夕产生的,它总有个酝酿与准备的过程。如果术语学的问世被确定是在20世纪30年代,那么在此之前,有过哪些与术语有关的思想火花闪现呢?讨论这个问题显然有助于加深理解术语学的性质,又能帮助我们认识研究这门学问的必要性。

从一定意义上说,术语学是致力于完善科学语言的学科。既然如此,科学史上与完善科学语言有关的思想与活动都可能与术语学有关。如果将人类科学的发展源头追溯到古希腊时期,那么在此后的相当长的一段时期,科学语言的统一问题并未凸显出来,这在很大程度上是由于希腊语、拉丁语长期担当着国际科学语言的角色。文艺复兴之后,情况发生了变化。随着欧洲各民族语言的兴起和发展,原有的科学语言归为一统的版图被打乱了,拉丁语的国际科学语言地位受到意大利语、法语、英语、德语等民族语言的挑战,到18世纪法国大革命以后,拉丁语几乎从科学领域完全退出。正如丹皮尔(Dampier. W)所说:"17、18世纪,取代了教会大一统思想的民族主义思想开始明朗化。不但科学,就是一般的

---

* 本文与叶其松博士合作撰写并联名发表。

思想,也都具有了极显著的民族色彩。各国的学术活动分道扬镳,欧洲各国的国语也代替了拉丁语,成为科学写作的工具。"①

民族语言的崛起给科学的统一性带来了巨大的挑战,科学界不情愿面对的"语言障碍"、"语言壁垒"、"语言隔阂"便随之出现了。这种障碍既存在于不同专业之间,又存在于不同国家之间。古代的"弥漫性"科学,先是分化成精密科学与人文科学,继而又更进一步细密分工,不同学科专业之间的语言隔阂也随之加深。这直接妨碍了学者间的学术交流。于是,完善科学语言的思想与活动伴随着近代科学的产生和民族语言的兴起而同时产生了。

1. 对完善科学语言的哲学思考

在人类发展史上,哲学家往往担当新思想倡导者的角色。这在科学语言完善过程中也有所体现。

哲学家对建立统一科学语言的思考几乎与哲学发展的认识论阶段同时起步。而且,认识论哲学两个对立流派——经验主义和理性主义,尽管在很多哲学问题上的观点完全相左,但在这一问题上却有很多共同之处。

经验主义的创始人、英国哲学家培根(Bacon F.,1561—1626)首先对自然语言的缺陷提出批评。他在《新工具》一书中提出:在人的头脑中存在着四种假象,妨碍人们认识事物的真相。"市场假象"是其中最麻烦的一种。"人们相信自己的理性管制着文字,但

---

① 丹皮尔. 科学史及其与哲学和宗教的关系. 李衍译. 北京:商务印书馆,1997年,第389页.

同样真实的是文字亦起反作用于理解力……而每当一种具有较大敏锐性或观察较为认真的理解力要来改动那些界限以合于自然的真正区划时,文字就拦在路中来抗拒这种改变。因此,我们常见学者们的崇高而正式的讨论往往以争辩文字和名称而告结束;按照数学家的习惯和智慧,从这些东西来开始讨论才是应该更为慎重的,所以就要用定义的办法把它们纳入秩序。可是在处理自然的和物质的事物时,即便有定义也医治不了这个巨病;因为定义本身也是文字所组成,而那些文字又生出别的文字。"①可见,导致"市场假象"出现的原因就在于语义或概念的含混不清给人的认识造成的误导。

无独有偶,理性主义的发起者法国哲学家笛卡尔(Descartes R.,1596—1650)也开始考虑建立一门人工语言。他对该语言的大体轮廓描绘如下:"这语言只有一种(名词、形容词)变格,一种动词变位和一种拼写。它绝对没有种种由于我们的错误习惯而产生的不完全或不规则的形式。它的动词变化和单词构造是用附加在词根前后的词缀组成的。这些词缀都能在普通词典里找到。借助这词典,头脑简单的人,在六个月之内也能自如地掌握这种语言。"②

17世纪英国经验主义的代表人物洛克(Locke J.,1632—1704)在其著作《人类理解论》中对语言本身的缺陷和人们对它们的滥用进行了分析,并提出了若干改正的方法。同一时期,另一位理性主义代表人物、德国哲学家莱布尼茨(Leibniz G. W.,1646—1716)在

---

① 徐友渔、周国平、陈嘉映、尚杰. 语言与哲学——当代英美与德法传统比较研究. 北京:生活·读书·新知三联书店,1996年,第24—25页,第101—102页.
② 德雷仁. 世界共通语史——三个世纪的探索. 徐沫译. 北京:商务印书馆,1999年,第38页.

《人类理智新论》一书中对洛克的思想进行了全面批判,但在语言有关的问题上,却基本赞同洛特的观点。此外,莱布尼茨还是创建人工语言的积极实践者,他也曾设计了一种形式化的数理语言。

到了18世纪,英国经验主义哲学家贝克莱(Berkeley G. 1685—1753)、大卫·休谟(David Hume,1711—1776)和德国理性主义哲学家康德(Kant I,1724—1804)等从逻辑的角度对语言进行了分析。这些研究为语言哲学的兴起奠定了基础。

19世纪末20世纪初,数理研究的迅速发展极大地影响了新时期的哲学走向。20世纪初在哲学中发生了"语言的转向",哲学也从认识论阶段进入语言哲学阶段。

语言哲学前期的一个共同特点就是对哲学进行逻辑分析,因此又被称为分析哲学。这在分析哲学的创始人德国哲学家弗雷格(Frege G.,1848—1925)那里已有非常明确的体现。他致力于使哲学发展成类似数学那样可以进行推算的精密学科,但日常语言显然难以达到这种要求。"在科学的较抽象部分,人们一再感到缺少一种可以避免别人的曲解又可以避免自己思想中的错误的工具。这两个问题的原因都在于语言的不完善性。"[1]"在涉及保证思维不犯错位的地方,语言是有缺陷的。"[2]为此,他设计了一套概念文字。

语言哲学早期的另一位代表人物、英国哲学家罗素(Russell B.,1872—1970)同样认为普通词的意义是模糊、不明确和不稳定的,他将之形象地比喻成"在刮风的夜晚一盏忽明忽暗的街灯投下的阴影"。罗素提倡用一种数学语言替代自然语言。

---

[1] 弗雷格. 弗雷格哲学论著选辑. 王路译. 北京:商务印书馆,2006年,第39—40页.

[2] 同上.

术语学问世前完善科学语言的种种尝试

维特根斯坦(Wittgenstein L.,1889—1951)早期的思想与其他语言哲学家略有不同。他虽然承认日常语言的缺陷,但他认为这并不是语言本身的错误,也不主张用另外的语言来替代它。"我认为,从根本上来说,我们只有一种语言,那就是我们的日常语言。我们不需要发明一种新的语言,或者构建一种新的记号系统,我们的日常语言已经是这种语言了,假如我们使它摆脱那种藏匿于其中的含糊性的话。"[①]

维也纳学派是20世纪30年代兴起的一个语言哲学流派,卡纳普(Carnap R.,1891—1970)是该流派的重要成员,他在制定人工语言方面作了很大的努力。卡纳普试图综合经验主义和理性主义方法,把感官经验作为出发点,以数理逻辑作为理性的整合手段,构造出人类的知识体系。在他看来,"科学是统一的,即是说,一切经验陈述都能够用一种单一的语言来表达,一切事态都是同一类的,并且都是用同一种方法认识的。"[②]卡纳普论证了物理语言适用于各门科学。他主张把物理学看作是普遍的科学,主张物理学的语言是普遍的、统一的语言,一切经验科学的陈述都可以翻译成物理学的陈述。卡纳普的这种观点被称为物理主义。

可见,对于建立什么样的统一科学语言,不同哲学家的想法并不相同。但他们心中理想的科学语言都具有以下共同特点:高度形式化,精确得可以像数学公式一样进行演算,便于掌握和传播,等等。他们的努力虽然最终没有获得成功,但却为后来的国际辅

[①] 维特根斯坦. 维特根斯坦与维也纳学派. 徐为民译. 上海:同济大学出版社,2004年,第13页.
[②] 徐友渔、周国平、陈嘉映、尚杰. 语言与哲学——当代英美与德法传统比较研究. 北京:生活·读书·新知三联书店,1996年,第24—25页,第101—102页.

助语运动和术语标准化等奠定了思想基础。

2. 对学科用语的规范和统一

英国科学家赫舍尔(Herschell J. F. W,1792—1871)曾说过："任何研究对象命名,不管是物质客体、自然现象,还是可供从某个角度观察的一组事实或制约关系,在这个对象的历史上,都是一个非常重大的事件。这不仅能使我们在口头谈话或在书面中提到这个客体时,不必再去费神寻求别的说法,而且更重要的是要使这个客体在我们的头脑中,作为一个单独的研究对象,占据了一个可被感知的位置,被纳入了研究对象的名单,获得了一个名分,并在这个名分之下,可以集结各种不同信息,使之成为联结所有相关对象的一环。"[①]这段话充分说明了命名在科学研究中的重要性。的确,人脑中的思想只有借助相应的名称确定下来,才能便于理解、掌握和传播。在这方面,瑞典生物学家林奈(Linné,1707—1778)和法国化学家拉瓦锡(Lavoisier,1743—1794)的贡献是比较突出的。正是由于他们的努力,才为各自学科建立了相应的名称体系。

林奈命名体系是建立在生物系统分类基础上的。在古希腊时期,亚里士多德已尝试用此法给动物分类,如陆上动物和水居动物,有翅动物和无翅动物等。他还意识到采用这种分类法需要尽可能多区分特性,为此他制成了一个分类表。16 世纪的意大利植物学家舍萨平尼(Cesalpino A.,1519—1603)把这一分类法用于

---

① 转引自 Гринев С. В. *Терминоведение*. Москва. Академия. 2008, с. 5.

植物分类中,后被林奈继承并加以系统化。1735年,林奈在《自然系统》中阐述了植物分类体系,他依据雄蕊和雌蕊的类型、大小、数量及相互排列等特征,将植物分为24纲、116目、1000多个属和10000多个种。林奈在1738年的《植物的纲》和1751年的《植物学哲学》中,对这一分类体系加以完善。

在此基础上,林奈发明了双名命名法。其实,这一方法并不是他的首创,之前的生物学家博欣(Bauhin J.,1541—1613)、里维努斯(Rivinus A.,1652—1723)都用过这种方法;但林奈第一个将之系统化并与植物系统分类方法结合起来,克服了之前植物命名中的同物异名、异物同名等诸多弊端。在这种命名法中,每种植物的常用名由属名+种名两部分组成,前者用名词,后者用形容词。比如,银杏的学名是 Ginkgo Biloba L.,其中 Ginkgo 是属名,Biloba 是种名,L. 是定名人林奈的缩写。林奈提出的双名命名法得到了植物学界的认可,1906年的《国际植物命名规则》中指出:"适合于一切具有锥管束植物类群的植物命名法始于林奈《植物的种》一书的出版(1753)。人们现在赞同把这部著作中出现其名称的那些属同《植物的属》(第五版,1754)中对它们的描述联系起来。"[1]

化学名称的系统性是得到公认的。恩格斯就曾指出:在有机化学中,某一物质的意义,甚至其名称更取决于它在所属系列中的位置,并不简单取决于其组成。但在拉瓦锡之前,情况远非如此。一方面,化学尚未摆脱古希腊思辨观念的控制,即认为世界是由几

---

[1] 沃尔夫.十八世纪科学、技术和哲学史.周昌忠等译.北京:商务印书馆,1997年,第439—440页,第495—496页.

种基本要素构成的。当时比较流行的是"四要素"说或"三要素"说,前者认为一切物质都是由土、水、空气和火四种基本元素组成的,后者则把硫、汞和盐看成构成一切事物的三位一体的要素。另一方面,尽管波义耳(Boyle R.,1627—1691)提出了元素的概念,并试图用实验方法解释燃烧问题,但当时占统治地位的是德国学者斯塔尔(Stahl G. E.,1659—1734)提出的燃素说。按照这种学说,一切可燃物质中都包含着燃素,后者是解释燃烧、呼吸等现象的真正原因。尽管普利斯特列(Priestley J.,1733—1804)、舍勒(Scheele C. W.,1742—1786)等人已经在实验中发现空气是一种混合气体,其中含有某种可助燃烧的成分,但迫于燃素说的压力,他们分别将这种成分命名为"脱燃素空气"、"火空气"。其实,拉瓦锡在最初发现中,也用过"空气的最纯部分"、"生命空气"等类似的术语,后来才称之为"氧"。随着氧、氢、氮等元素的确定,燃素说逐步走向衰落。

在确定上述元素的同时,拉瓦锡等开始考虑化学元素的命名问题。1787年,拉瓦锡与居东·德·莫尔沃(Guyton de Morveau,1737—1816)、贝尔托莱(Berthollet C. L.,1748—1822)和富尔克罗(Fourcroy A. F.,1755—1809)在巴黎联名发表了《化学命名方法》,对原有的化学名称命名体系进行了改造。"必须看到,如果我们或多或少地违反既成的惯例,如果不采取一些乍一听来刺耳而又不合规范的名称,那么我们就不可能对这些各不相同的问题一直研究到现在;但我们已经说过,耳朵容易习惯于新的语词,当语词汇总成一个总括的合理体系时,尤为如此。至少那些常用名称,例如氯化氧锑、白降汞、崩蚀水、盐基性硫酸汞、铁丹和很多其他名称,都相对不调和,无疑也相当怪异;为了记住这些术语所指称的

术语学问世前完善科学语言的种种尝试

物质,尤其是不忘掉它们所属的化合物种类,必须进行不断的实验和具备良好的记忆力。钟形酒石油、矾油、锑脂、砷脂、锌花等术语现在显得更为荒谬可笑,因为它们导致了虚妄的观念;更确切地说,因为在矿物界尤其金属矿物界,根本不存在脂、油或花;还因为这些错误名称表达的物质大都是有剧毒的。"①

在新的命名体系中,全部物质被分成元素和化合物两类,拉瓦锡等力求使每一种物质名称都表达其化学本性。元素的命名可以从产生该元素的实验操作中找到依据。比如,"oxygen"(氧)来自希腊语的 ζύς(oxys,酸)和 γενής(genēs,生成),它是构成酸性物质必不可少的一种元素。化合物都是根据其组成要素来命名的,比如"Sulphuric acid"(硫酸)。

应该指出的是,林奈和拉瓦锡等在命名过程中,并没能将专门名称和术语进行严格区分。这一问题倒是引起了英国科学史家惠威尔(Whewell W.,1794—1866)和逻辑学家穆勒(Mill J. St.,1806—1873)的注意。惠威尔是对名称和术语进行严格区分的第一人。穆勒曾指出:"哲学语言的第三个条件是,要使每个自然类别具有自己的名称,换句话说,不仅要有术语,还要有名称。"②林奈和拉瓦锡等人的贡献在于引入新的名称,而不是新术语。名称和术语的区分得到了俄罗斯术语学派的特别关注,并成为该学派的研究特色和亮点之一。

---

① 沃尔夫. 十八世纪科学、技术和哲学史. 周昌忠等译. 北京:商务印书馆,1997年,第439—440页,第495—496页.

② 转引自 Татаринов В. А. *История отечественного терминоведения* (т. 2 *Направления и методы Очерк и хрестоматия*, *Книга* 1) Москва:Московский лицей. 1995, с. 7.

3. 国际辅助语与语际语言学研究

国际辅助语指人工创造的、用作国际辅助交流工具的语言。它们具有以下特点：一是国际性，国际辅助语从来不是哪一个民族、国家使用的语言，它们和在一定时期内起着国际语言作用的希腊语、拉丁语、法语、英语不同。二是人工性，它们是人工语言（artificial language）的一种，但是为满足人们书面和口头交流的需要而设计的，这与为特定目的发明的计算机语言、逻辑语言不同。第三是辅助性，它们从未被任何官方组织正式认定为国际交流的工具，所以往往只起着辅助的作用。因此，现代术语学的创始人维斯特（Wüster E.）将国际辅助语称之为计划语言。

国际辅助语是从17世纪初开始发展起来的，最初的尝试往往并不成功，最主要的原因就是：很多人只设计语言的语法和规则，而没有具体词汇，并且这些所谓的"语言"也没有被用于实际交流。17世纪到20世纪30年代的300多年间，学者们设计的各种国际辅助语方案多达几百个，但产生过较大影响、且有一定拥护者和使用者的是以下三个方案：一是一位德国天主教主教施莱耶（Schleyer J. M.，1831—1912）1878年创造的沃拉匹克语（Volapük）。二是波兰柴门霍夫博士（Zavenhof L. L.，1859—1917）1887年创造的世界语（Esperanto）。三是国际辅助语选定委员会1907年推荐的伊斗语（Ido）。还有一些国际辅助语方案，比如世界语研究院1893年推荐的中立语（Idiom Neutral）、皮亚诺教授（Peano G.，1858—1932）1903年创造的无变化拉丁语（Latino sine flexione）等虽然也有一定影响，但基本上是对以上三个方案的改进或结合。在所有的国际辅助语方案中,影响最大、流传最广的当数世界语。根据有关学者的数据,1887—1928年间,全世界登记的世界语者超过了12万人,世界语出版物达到3825种,学习和宣传世界语的著述达1568种。但即便如此,与一般的民族语言相比,世界语的使用者数量还是相当有限的。

受国际辅助语运动的启发,一些学者还提出了其他方案。比如使用简化的民族语作为国际交流的工具,奥格登(Ogden C.)曾提议用简化过的基础英语(Basic English)。还有部分学者转而寻求某一学科领域专业语言的统一,使得次语言(sublanguage)和特殊用途语言(Language for Special Purpose,简称 LSP)等概念开始出现。直到今天,在有些西方国家,术语研究仍被视为这个研究方向下辖的一个研究领域。

随着国际辅助语运动的发展,尤其是世界语的传播,学者们提出了建立通用语学(космоглоттика),即专门研究各种人工语言构造,确定它们的组成部分、形式和相关关系的科学。博杜恩·德·库尔德内(Baudouin de Courtenay,1845—1929)、叶斯帕森(Jespersen O,1860—1943)等很多著名的语言学家也纷纷参与进来。1911年,"语际语言学"(interlinguistics)被提出来,但这一术语刚开始并没有得到普遍接受,直到1931年,叶斯帕森发表了《语际语言学》一文,该术语才得以立足。叶斯帕森将语际语言学定义为:"语言科学的一个分支,研究所有语言的结构和基本思想,旨在为因操不同母语而不能互相理解的人人为创造一种规范的、能说能写的国际语。"[①]

---

① Interlinguistics. Jespersen O. *Selected Writings of Otto Jespersen*. London,George Allen and Unwin. 1962, c. 771.

4. 术语学的破土而出

"term""terminology"等词获得现在的"术语""术语集"等意义都是在 18 世纪后半期的事。有材料表明:"terminology"是由德国学者舒茨(Schütz C. G.)在 1786 年第一次使用的,并于 19 世纪初借入到法语、英语、俄语之中。1837 年,英国逻辑学家惠威尔在其著述《归纳科学史》中第一次为"terminology"下了定义。"term"来自希腊语,后经拉丁语转写最先进入古法语之中,1874 年法语词典才第一次收入"terme"一词,而相应的英语词"term"和俄语词"термин"进入语词词典的时间更晚。

术语学作为学科产生,与国际辅助语运动和术语标准化有直接关系。可以肯定的是,维斯特、洛特(Д. С. Лотте)与共同创立俄罗斯学派的德列津(Дрезен Э. К.)都是国际辅助语运动的热心参与者。维斯特曾于 1921 年在一个名为《世界语胜利》的期刊上发表了一篇有关"世界语学"(Esperantology)文章,立刻引起了广泛关注,该文曾被重印多达 147 次。德列津的《世界共通语史》更是国际辅助语研究的一部力作,曾被译为多种文字。这部著作早在 20 世纪 30 年代就被我国的一位世界语爱好者徐沫翻译成了中文,但一直没有出版,后经陈原先生的提议,直到 1999 年才由商务印书馆出版。

组织术语标准化两个最为重要的国际组织——国际电工委员会(IEC)和国际标准化联合会(ISA)分别是在 1904 年和 1926 年成立的。其中,ISA 的工作由于二次大战终止,后来成立了国际标准化组织(ISO)。维斯特和德列津两人也都是国际标准化协会

(ISA)的创始人。

因此,对于维斯特和德列津来说,术语学并不是完全陌生的新研究领域,更应算是之前工作的延伸和拓展。我们注意到维斯特1931年的那部术语学划时代著作《在工程技术中(特别是在电工学中)的国际语言规范》中,术语国际协调和世界语都占了相当大的篇幅,而将这部著作最先译成俄语的,也正是德列津。

以上按年代先后顺序,简要梳理了近代科学发展过程中为克服科学语言障碍所做的几次努力。这些努力有的局限在一个学科内,比如生物和化学用语的统一和规范;有的则超出了一个学科的界限,比如国际辅助语;有的随着时间的推移逐渐沉寂,比如语际语言学;有的则朝向独立的学科发展,比如术语学。从1931年维斯特发表第一部著述以后,术语学在世界上越来越多的国家迅速发展,到70年代逐步成为一门新兴的学科。本文归纳的术语学问世前的几次完善科学语言的努力,也可以看作是"前术语学"时期的术语思想的发展轨迹,是术语学主题乐章之前的前奏曲。没有这个前奏曲,就不会有今天的术语学。

(《中国科技术语》,2010,05)

术语学核心术语辨析

1. 引言

术语是术语学研究的最基本的对象。西语中与"术语"相对应的词首先是 term 与 terminology。此外，nomenclature 也是术语学研究中经常与 terminology 并用的一个词。它们加在一起构成与普通词汇相对立的专业词汇。在印欧语系诸语言中，它们被看作是通用的国际词。本文试图对西文中的 term、terminology、nomenclature 以及这些词在汉语中的对应词语的一般语义以及所表达的概念意义加以辨析。这些词语无疑都属于术语学的核心术语，准确理解它们的语义不仅对理解这些词语及其所指称的概念本身，甚至对把握整个术语学的研究内容走向，都是非常重要的。对它们的理解若"差之毫厘"，造成的偏颇则可能"失之千里"。

2. term 与 terminology 的意义及其汉语表述

一般的西语词典会告诉读者，西语中的 term 是来自拉丁语 terminus——"界线、边界、终点"的意思。如果再进一步查询其他词典，还可以得知，拉丁语的 terminus 则来自希腊语的 τερμα——

它表示:1)竞技场上的终点标杆;2)终点、边界、界线;3)结束、结局、结果等意思。但在希腊语里,它并没有"术语"的意思。这个意义是中世纪以后,在拉丁语中首先获得的。

英语里的 term 是个多义词。Webster 词典就给出了八个不同的意义。《新英汉词典》罗列的义项更多,竟有十三项。其中的多数义项在法语中的对应词也有。但英语词 term 或法语词 terme 或德语词 Term 都有逻辑学中"项"的意义。在这个意义上俄语用 терм 来表示。而在用于"术语"这一意义时,俄语则用 термин。在这一意义上,英语则常用 technical term。有的俄国学者特别提醒,technical term 在俄语里并不是"технический термин——技术术语"的意思,而只是通常所说的"термин——术语"。这里,英语里的 technical 的意义非常接近希腊语里 τεχνη——"技艺、技巧、行业",用在这里是突出术语的职业性特征的。①

与 term 相比,英语的 terminology 或法语的 terminologie 或俄语里的 терминология,相对说来,意思倒是更趋于一致。它们都有作为总称的"术语,专门名词",又有"术语学"的意思,而且这两个意义在《新英汉词典》里是列在同一义项下的。不过,在汉语里要准确传达这个词的意思,多少会有点麻烦。不大注重反映数范畴的汉语,往往把 term 与 terminology 都说成是"术语",这在一般的行文中也许并无大碍。但在有些场合则必须加以区别。下面的句子,如果要译成外语,则必须在 term 与 terminology 之间作出选择。说"术语是对概念的指称",这里"术语"一词只能用 term

---

① Суперанская А. *Общая терминология*. Москва. УРСС. 2003, с. 13.

表示,说"术语具有系统性",或者说词组"医学术语",这里"术语"却一定要用 terminology。用"术语"兼指 term 与 terminology,在汉语里也有含糊不过去的时候。俄国著名语言学家兼术语学家 Реформатский А. А. 有一篇著名的术语学论文,题目为 Что такое термин и терминология。文中对 term 与 terminology 自然是严格加以区别的。这时,如果把标题笼统地译作"什么是术语",总让人感觉没有把原意悉数传达出来。terminology 在这里是"一系列术语的总合"的意思,英语用"the set of special words and expressions",俄语则用"совокупность терминов"来解释。著名的加拿大蒙特利尔术语学派的代表人物 Rondeau G. 的 *Introduction a la terminologie* 一书的中文译者把它译作"术语总汇",这是可以接受的。据此,上述的 Что такое термин и терминология 一文应作"什么是术语与术语总汇"来理解。但仅凭这个题目,汉语读者还是很难把握它的要义,而且说不定还有累赘之感。

问题还不仅仅限于翻译上如何处理。汉语里的"术语"与西语中 term 与 terminology 的对应关系使人联想起索绪尔(Saussure. F.)所举的法语中 mouton"羊,羊肉"跟英语 sheep"羊"的对应关系。索绪尔认为,两者"可以有相同的意义,但是没有相同的价值。英语的 sheep 和法语的 mouton 的价值不同就在于英语除 sheep 外还有另一个要素,而法语的词却不是这样"。对具有严格系统性的术语(总汇)来说,在汉语里,至少在某些场合下,比如在术语学研究中,也需要有意义与价值都与西语术语词严格相对应的汉语词。这一点,对建立汉语术语学的概念系统具有至关重要的意义。

现在再来说 terminology 作为"术语学"意义使用引起的麻

烦。俄罗斯术语学研究发展到20世纪70年代之后,提出了术语学的学科定名问题。俄语中与terminology对应的терминология一词也有"术语总汇"与"术语学"两个意义。这在有些场合下也会带来诸多不便,甚至造成误解。后来,在70年代初召开的一次学术会议上,终于决定用新创建的词терминоведение来替代терминология,专门用于"术语学"的意义。后来,相应的国际组织也倡导在英语中用terminology science来代替terminology,专门用于表示"术语学"这样一门以术语为研究对象的学科。

这样的麻烦汉语里似乎不会遇到,与前面说到的"术语"与"术语总汇"不同,"术语总汇"与"术语学"汉语是肯定要用不同的词语分别表示的。但是在翻译具体文本时却可能遭遇尴尬。上述《术语学概论》一书中对相关问题的处理办法就值得商榷。该书第一章概论中的1.2.1与1.2.2小节,译者分别译作"术语学"与"术语"。在"术语学"这一标题上加了译者注,说"术语学"一词根据不同情况可以是"术语学方法"、"术语总汇"等。本节的正文结尾,也有更详细的解释。但无论是译者注还是正文的解释,读罢都会让人费解。"术语学"作为一门学科怎么会是指"某一领域或某一学科的全部术语"呢? 原来,这里说的不是"术语学"而是terminologie一词可能具有的"术语学"、"术语学方法"、"术语总汇"等不同意义。脱离开上下文的terminologie,当它把"术语学"、"术语学方法"、"术语总汇"等意义集于一身时,对汉语来说则有了某种"不可译性"。

3. nomenclature 的意义及其汉语表述

与上述问题类似的还有 nomenclature 一词。该词也源于拉丁语。俄语词典对其俄语对应词 номенклатура 的解释是："Совокупность, перечень терминов, названий и т. п., применяемых в какой-л. области науки, производства, искусства и т. п.——用于某一科学、生产、技艺等领域的术语、名称等的总汇、清单。"一般的词典会把它释作"名称，术语；专门名词；（某一学科的）术语表；术语集"等。这里有两点特别值得注意。一是 nomenclature 与 terminology 一样，都表示"总称"或者说是集合概念；一是 nomenclature 也有"术语"的意思。于是问题便出现了。既然，两者都表示集合概念，而且还都有"术语"、"术语集"的意思，那么它们有什么区别呢？不过，对这个问题的表述一定要小心。这里最好说"terminology 与 nomenclature 有什么区别"，而不要说"术语与名称有什么区别"。在通常不注重数范畴的汉语里，可能会简单地用"术语"来传达 terminology 的意思，用"名称"来传达 nomenclature 的意思。但若问"术语与名称有什么区别"，人们会说"术语是术语，名称是名称"，似乎这个问题有些多余。如果一定要用汉语来传达上述问题的关键所在，那似乎应该说，"构成系统的'术语总汇'与同样也'构成系统的名称'之间有什么区别？"这个问题的潜台词在于，既然两者都是表示"总称"，又都可以译作"术语"或"名称"，指的都是某一专业领域内的事物，那么自然会提出它们之间的区别问题。

乍听起来，"terminology 与 nomenclature 有什么区别"，人们

会觉得这纯粹是个同义词辨异问题。其实不然,这当然首先是个词汇辨异问题,但更是个术语学理论问题。这一点我们在后面还要详谈。这里,我们还是先来说与语义有关的问题。

汉语里还有一个与上述用语相关的词,那就是"名词"。其实,自打国人开始与术语打交道开始,更习惯用的可能还是"名词"。历来主要从事术语工作的专门机构名称都用"名词"命名,至今国家授权的主管机构也称作"全国科学技术名词审定委员会"。该机构发布的推荐使用的某一学科的术语汇集都统称为"××学名词"。那么"名词"在这里是什么意思呢?按旧《辞源》的解释,"学术上所用之名词谓之术语"。《现代汉语词典》解释说,"名词"在这里是"术语或近似术语的字眼(不限于语法上的名词)"。这里,我们似乎感觉到汉语在发挥一种"四两拨千斤"的功力。原来,这个"名词"似乎把 terminology 与 nomenclature 均囊括其中了。而释义里说的"近似术语的字眼"更令人叫绝。不过,我们同时也感受到了另外一个恼人的问题,那就是,当需要把一个语言系统的词尤其是术语词"搬迁"到另一种语言系统中去的时候,会遇到许多"牵一发而动全身"的连带问题。在一种语言中必须要区别开的某两个词语,比如 terminology 与 nomenclature,在另一种语言中对应的则是可以笼而统之不加区分的概念与词语。反之亦然。当需要把这类词语"搬迁"到另一种语言里时,有时却必须要把它们生硬地"撕扯"开来,即使会产生勉强之感也不能不这样做。这是术语实际工作中常常要遇到的麻烦。前面说到的"术语总汇"就多少给人这种感觉。

笔者还注意到一个有趣的例子。曾任全国自然科学名词审定委员会主任的著名科学家钱三强先生在为该机构公布的各学科名词的序中,总是用"科技名词术语"或"名词术语",即把"名词"与"术语"同时并列使用。笔者大胆地揣测,精通多种外语的钱先生,也许觉得单说其中的一个词,还不足以与他潜意识中的 terminology 与 nomenclature 完全对等吧?

4. 上述现象的术语学分析

现在,我们该更多地从术语学角度来讨论上述问题了。

国外的许多术语学著作都会阐述 terminology 与 nomenclature 之间的区别。这里往往要提到两位英国学者的名字,他们是 Whewell W.(1794—1866)与 Mill J. St.(1806—1873)。前者是著名的科学史研究者,后者是著名的哲学家。丹皮尔(Dampier W.)的 *A History of Science and its Relations with Philosophy and Religion* 一书中,有好几处涉及他们二人。尽管在他们生活的时代术语学还没有产生,但是术语问题已经引起了他们的注意。Mill 曾说,"哲学语言的第三个条件是,要使每个自然类别具有自己的名称,换句话说,不仅要有 terminology,还要有 nomenclature。"(为了避免因翻译可能造成的偏差,本文对这两个词不处处都加翻译,请谅解。)……"大多数作者在使用 nomenclature 与 terminology 时是不加区别的。据我所知,Whewell 博士是第一个赋予这两个术语不同意义的人。谁都会说,Lavoisier A. 对化学语言的改革在于他引入了新的 nomenclature,而不是引入了新的 terminology。"按 Whewell 的说法,terminology 是科学上用的术语或技术名词的总汇。在确定术语意义的时候,我们也在确定它们所传达的概念。而说 nomenclature 是指"名称系统"。①

俄罗斯术语学派对上述问题的认识,还是要从 Винокур Г. 说起。正如 Реформатский А. 所说,提出这个问题的首创权属于 Винокур,并且总的说来是提得对的。Винокур 有句流传甚广的话说:"术语不是特殊的词,而只是用于特殊功能的词。"接下来他又说:"用作术语的词的特殊功能就是称名功能。"对这句话 Реформатский 则提出了不同意见。在他看来:"第一,称名功能是所有词的功能,而不仅仅是术语的功能。第二,nomenclature 比 terminology 更具有称名性。"但是他对 Винокур 的以下说法却充分肯定:"至于说到 nomenclature,它与 terminology 不同的是,应该把它理解为完全抽象与约定的符号系统,其唯一任务在于提供从实用观点看尽可能方便的指称事物的手段,而与提及这些事物时理论思维需求没有直接关系。"用 Реформатский 自己的话说:"terminology 首先与某一学科的概念系统相联系,而 nomenclature 只是给这一学科的对象贴上名称标签。因此,字母排序(如维生素 A、维生素 B……)、数字排序(如 МАГ—5、МАГ—8)以及其他任何随意约定的表示方法都可能用来表示 nomenclature。nomenclature 与学科的概念不直接相关。因此,它也不体现学科的概念系统。"②Реформатский 还指出,有时候,上述这两个词也用作同义词。比如,地理学家,他们会把"海"、"河"、"湾"、"山脉"、"城市"等称作 nomenclature。但是,正是地理学或地图学却必须要对上述

---

① Татаринов В. *История отечественного терминоведения*. Том 2. Книга 1. Москва. Московский Лицей. 1995, с. 75—99.

② Реформатский А. *Что такое термин и терминология*. *Вопросы терминологии*. Москва. Изд-во АН СССР. 1961, с. 46—54.

词与具体的名称比如"里海"、"伏尔加河"、"莫斯科市"等加以区别。后一类成系列的名称,就应该说是"地理学的 nomenclature"。它们是数不胜数的,虽然它们也与概念有关联,但更多的还是称名。而前一类词与学科概念相联系,对每个学科来说它们是有数的,而且与该学科概念的联系是强制性的,因为词语只是对该学科概念系统的反映。

这两位被称为俄罗斯术语学派"经典人物"的上述观点也堪称经典。后来的学者谈及这一问题也大多追随他们的意见。不过,很多新的表述与发挥还是更进一步阐释并丰富了上述观点。

与概念的关系的不同,是区分术语与名称的关键因素。正因为如此,术语更属于"逻各斯"(логос)层次,而名称则属于"列克西斯"(лексис)层次。[①] 如果说,术语与名称都具有称名功能,那实际上,术语所指称的是具有更为一般意义的概念,而名称则是对具体事物的命名。这些事物往往是可以看见、可以感知的。或者说,对它们的称名,并不是一种思想行为,而只是一种感知行为。在学科的分类层次中,它们往往位于比较低的种或属。就这一点来说,名称甚至接近于专有名词。由于术语和名称与概念的关系不同,对名称一般无须下定义,只要指出与其相关的术语就可以弄明白它的所指了。它有更强的"指物性"。因此,有人说,由于术语的存在名称单位在语言中才能行使它的功能。terminology 是指称有内在联系的概念,而 nomenclature 即使指称概念,也不把它们互相联系在一起。因此,有人说,terminology 具有内在系统,而 nom-

---

① 这是 Реформатский 在 *Что такое термин и терминология* 所提出的两个概念。"逻各斯"(логос)在这里指术语的概念方面,而"列克西斯"(лексис)指术语的词语表达方面。

enclature 并不具有内在系统,但它却具有外在系统。由于名称之间没有术语之间那样严密的层次关系,因此,名称也不像术语那样对所在的"场"或称"系统"有较强的依赖性。脱离开上下文一般也不影响对名称的理解。这一特点使名称比较容易进入日常言语。这表明,名称与术语相较,其专业性与理论性要低。

就一个具体学科而言,术语总是产生在名称之前。在没有制定出 terminology 之前,是谈不到 nomenclature 的。类似的思想,另一位俄罗斯术语学派的奠基人 Дрезин Э. 早就指出过。他在 1936 年就认为:"解决分类与确切(系列)名称即使在某些个别领域,也是件很困难的事情。随着人类知识总量的增长,这些困难会越来越大。……研究某些学科分类通常要先于对科学技术名称的研究与确切工作。"[①]这里说的分类,实际是指建立一个学科的概念系统时首先必须要做的确定其间的种属关系。拿工业领域来说,名称是技术术语发展下一个阶段的产物,它是为满足多种社会需要而大量生产某种不同型号的产品而大量涌现的。

这里还有两个问题必须加以说明。一是术语与名称之间的界线的非确定性;一是不同领域名称之间的差异。如前所述,名称多是指分类层次低的种事物。但在任何分类中,种名称也可能用作属名称。而且,随着术语的发展,种术语也可能变成属术语。再加上不同场合用作分类的参项是不可能完全一致的,这也会导致种与属分类的错合,术语与名称的界限不清。至于说到不同领域名称之间的差异,这里首先要区别自然科学名称、技术产品名称与商

---

① Татаринов В. История отечественного терминоведения. Том 2. Книга 2. Москва. Московский Лицей. 1999, с. 234.

品名称。反映人对自然不同认识阶段的自然科学名称,与表示人通过生产活动创造出的技术产品的名称,以及为保证产品销路而创建的商品名称,它们虽然都是名称,都是由人创建的,但是创建的依据、目的与原则却不相同。反映人对自然现象认识的名称与在实验室经化学合成或设计创造出的技术产品名称具有一点雷同,即对它们命名时总是尽量指出它们与同类相关事物或产品的关系,以及被命名物在系统中所在的位置。这两者之间又有一点不同。前者面对的是仅限于自然中存在的事物,而后者却是自然中并不存在的事物,并且可以无限量地创造出来。对前者的命名,往往先考虑选用民间的名称、研究者的名字等,只有在特殊场合才会考虑采用字母或数字编码的方式。而对发明人新创造出的事物,即使民间语言中也不会有相应的表达。因此,对这类事物的命名,多采用本族语或外来语的词素加上数字等编码方式。至于说到商品的名称,无需通过它揭示出该商品与同类物品的关系。"促销"可能是它最主要的目标。因此,相同的产品,例如无注册专利的药品配方,在不同的国家,甚至在同一个国家的不同公司,都可能具有看上去互不相关的名称。

当今世界上最有影响的术语学派当数德国-奥地利学派与俄罗斯学派。对 terminology 与 nomenclature 研究立场的不同是这两个学派的一个重要区别。Rondeau 在谈到这一问题时指出,在德国-奥地利学派看来:"概念体系是术语的基础,首先要划分概念,然后才能划分概念的名称。""定义在术语中占优势地位:定义用来确定概念(被定义的不是术语)。"而在俄罗斯学派看来:"哲学对术语学的影响不像德国-奥地利学派所认为的那样深远。此外,这种观点也表现在不同的工作方法上。在维斯特的方法中,划分概念先于划分名称,这是一个抽象的过程。与此相反,苏联的方法是从某一领域的语言单位(这些语言单位被假定是术语)开始建立一个概念体系,然后为这些概念定义,最后确定术语。"①"自20世纪30年代的这些活动开展以来,苏联学派就以其双重发展的趋势而著称。一方面使术语学的理论和实际紧密地结合在一起,另一方面从语言学的角度来考察全部术语学问题。从这个意义上说,术语资料的处理方法在奥地利问世之际,术语学作为一门科学在苏联诞生了。"②

俄国人在谈到这个问题时,有人指出:"西欧(德意志联邦、奥地利、法国、英国)倾向于从整体上研究科学技术语言,即不仅分析术语词汇,还要研究工业制品的名称,这是由于对大量出现的新商品名称整顿的需要决定的,而且广告的创意也常常导致对术语规则与规范的粗暴违反。"③

以上出自两位不同国家学者笔下的引文可以说是相互支持、相互印证的。从 Rondeau G. 的话中,我们不难读出俄罗斯学派对术语学理论问题的一贯重视。而名称问题,与术语问题比较起来,如前所述,显得有点形而下,因此,被突出理论研究的俄罗斯学派置于相对次要的研究地位。而从俄国学者的话中,我们明显地看出,除去对理论与实际问题偏爱程度不同之外,社会需要也是一个重要的促成原因。在实行商品经济的西方,与实行计

---

① Rondeau G. 1981 *Introduction a la terminologie*. Quebec. 中译本:刘钢、刘健译.《术语学概论》. 北京:科学出版社,1985,第40页.

② 同上,第7页.

③ Татаринов В. *История отечественного терминоведения*. Том 3. Москва. Московский Лицей. 2003, с. 11.

划经济的苏联，对名称的整顿需要，前者肯定更急切。

5. 讨论这一问题的意义

这里还要再回头说说汉语里的"名词"。单从语义上看，这里的"名词"实际上是指专业词汇，即英语里的 special vocabulary 或俄语里的 специальная лексика。它应该是术语与名称的上位概念。一般说来，对概念系统类别划分的严密程度往往是对该学科认识深度的反映。倘若果真如此，我们就不能不重新审视一下，把术语与名称不加区分笼而统之地称之为"名词"对术语学研究与定名可能造成的不利与不便。比如，我们会不会因为用语界限的模糊而妨碍了我们的观察与思考？会不会对某些有理论意义的差异视而不见？甚至造成思维的盲点？我们会不会在定名实践中无意之间混淆或抹杀了本该留意的不同？倘若这只是一般的日常词汇，我们可以心安理得地保留这个不同民族意识中都存在的不同"世界图景"，但如果涉及了术语问题，就该另当别论了。

乍看起来，本文直接涉及的不过是几个语词的辨析，就事而论，这实在只能算是个小问题，甚至不值得拿来做文章。然而，这几个词语却是术语学的最基本、最核心的术语。术语学理论告诉我们，术语的正确选择与确定是以认识的正确为前提的。然而，即使有了正确的认识，还有一个选择词语准确表达的问题。选择术语与认识事物是个相辅相成的过程，甚至也是一个学科发展过程中自始至终不断解决的问题。术语，特别是关键性的核心术语，既是对学科已有认识的确定与确立，也是学科未来发展的基础与生长点。同时，选择与放弃某个具体术语的表达方法，也都是要有理论原则作依据的。这些理论原则无疑应该与术语的整理与规范原则相一致。特别是在汉语术语学处于初创阶段的时候,这些具体问题又不能不带有相当大的示范作用。这样说来,本文涉及的问题可以说是非同小可。本文开头说到的"差之毫厘,失之千里"也并非言过其实。

(《术语标准化与信息技术》,2006,01)

专业术语与专业名称

1. 问题的提出

自打"西学东渐"国人开始与现代科学术语打交道开始,更习惯用以称谓术语的词可能还是"名词"而不是术语。历来主要从事术语工作的专门机构名称都用"名词"命名,至今国家授权的主管机构也称作"全国科学技术名词审定委员会"。该机构发布的推荐使用的某一学科的术语汇集都统称为"××学名词"。"名词"在这里是什么意思呢?按旧《辞源》的解释,"学术上所用之名词谓之术语。"就是说,学术上所用之"名词"与"术语"是一个意思。新出版的《现代汉语词典》第5版的解释说,"名词"在这里是"术语或近似术语的字眼(不限于语法上的名词)"。从语文词典释义的角度来说,加上"近似术语的字眼"是非常成功的一笔。它使解释更准确、也更严密了。那"术语"与"近似术语的字眼"又到底是指什么呢?对专门以术语为研究对象的术语学来说,"术语"与"近似术语的字眼"首先是指 terminology 与 nomenclature。原来,汉语里的"名词"似乎把西语中的 terminology 与 nomenclature 均囊括其中了。但对术语学来说,这却是两个必须要加以区别的概念。

术语是术语学研究的最基本的对象。西语中与"术语"相对应的词首先是 term 与 terminology。此外,nomenclature 也是术语学研究中经常与 terminology 并用的一个词。它们加在一起构成与普通词汇相对立的专业词汇。term 与 terminology 之间首先存在单称与总称的区别。不大注重反映数范畴的汉语，往往把 term 与 terminology 都说成是"术语"，这在一般的行文中也许并无大碍。但在有些场合则必须加以区别。下面的句子，如果要译成外语，则必须在 term 与 terminology 之间作出选择。说"术语是对概念的指称"，这里"术语"一词只能用 term 表示，说"术语具有系统性"，或者说词组"医学术语"，这里"术语"却一定要用 terminology。用"术语"兼指 term 与 terminology 造成的含糊，有时会掩盖本该严加区别的东西。

与上述问题类似的还有 nomenclature 一词。一般的双语词典常常把它解释为"专门名词；（某一学科的）术语表；术语集"等。这里有两点特别值得注意。一是 nomenclature 与 terminology 一样，都表示"总称"或者说是集合概念。一是 nomenclature 也有"术语"的意思。于是问题便出现了。既然，两者都表示集合概念，而且还都有"术语"、"术语集"的意思，那它们有什么区别呢？

乍听起来，人们会觉得这纯粹是个同义词辨异问题。其实不然。这当然首先是个词汇辨异问题，但更是个术语学理论问题。

2. 术语学理论的相关解释

国外的许多术语学著作都会阐述 terminology 与 nomenclature 之间的区别。这里往往要提到两位英国学者的名字，他们是惠威尔与穆勒。前者是著名的科学史研究者，后者是著名的哲学家。尽管在他们生活的时代术语学还没有产生，但是术语问题已经引起了他们的注意。穆勒曾说,"哲学语言的第三个条件是,要使每个自然类别具有自己的名称,换句话说,不仅要有 terminology,还要有 nomenclature","大多数作者在使用 nomenclature 与 terminology 时是不加区别的。据我所知,惠威尔博士是第一个赋予这两个术语不同意义的人。谁都会说,拉瓦锡对化学语言的改革在于他引入了新的 nomenclature,而不是引入了新的 terminology。"按惠威尔的说法,terminology 是科学上用的术语或技术名词的总汇。在确定术语意义的时候,我们也在确定它们所传达的概念。而 nomenclature 是指"名称系统"。

俄罗斯术语学派对上述问题的认识,还是要从维诺库尔与列福尔玛茨基说起。维诺库尔认为:"至于说到 nomenclature,它与 terminology 不同的是,应该把它理解为完全抽象与约定的符号系统,其唯一任务在于提供从实用观点看尽可能方便的指称事物的手段,而与提及这些事物时理论思维需求没有直接关系。"而列福尔玛茨基说:"terminology 首先与某一学科的概念系统相联系,而 nomenclature 只是给这一学科的对象贴上名称标签。因此,字母排序(如维生素 A、维生素 B……)、数字排序(如 МАГ—5、МАГ—8)以及其他任何随意约定的表示方法都可能用来表示 nomenclature。nomenclature 与学科的概念不直接相关。因此,它也不体现学科的概念系统。"

与概念的关系的不同,是区分"术语"与"名称"的关键因素。如果说,术语与名称都具有称名功能,那么,实际上,术语所指称的是具有更为一般意义的概念,而名称则是对具体事物的命名。这些事物往往是可以看见、可以感知的。或者说,对它们的称名,并不是一种思想行为,而只是一种感知行为。在学科的分类层次中,它们往往位于比较低的种或属。就这一点来说，名称甚至接近于专有名词。就像某个人称为"张三"、"李四"一样。由于术语和名称与概念的关系不同，对名称一般无须下定义，只要指出与其相关的术语就可以弄明白它的所指了。它有更强的"指物性"。因此，有人说，由于术语的存在名称单位在语言中才能行使它的功能。terminology 是指称有内在联系的概念，而 nomenclature 即使是指称概念，也不把它们互相联系在一起。因此，有人说，terminology 具有内在系统，而 nomenclature 并不具有内在系统，但它却具有外在系统。由于名称之间没有术语之间那样严密的层次关系，因此，名称也不像术语那样对所在的"场"或称"系统"有较强的依赖性。脱离开上下文一般也不影响对名称的理解。这一特点使名称比较容易进入日常言语。这实际表明，名称与术语相较，其专业性与理论性要低。就一个具体学科而言，术语总是产生在名称之前。在没有制定出 terminology 之前，是谈不到 nomenclature 的。

3. 讨论这个问题的必要性

这里还要再回头说说汉语里的"名词"。单从语义上看，这里的"名词"实际上是指专业词汇，即英语里的 special vocabulary 或俄语里的 специальная лексика。它应该是术语与名称的上位概念。一般说来，对概念系统类别划分的细密程度往往是对该学科认识深度的反映。倘若果真如此，我们就不能不重新审视一下，把术语与名称不加区分笼而统之地称之为"名词"对术语学研究与定名可能造成的不利与不便。这里很可能会发生英国哲学家培根与洛克所批评的语言对思维有时所发生的"遮蔽"与"扭曲"作用。比如，我们会不会因为用语界限的模糊而妨碍了我们的观察与思考，甚而对某些有理论意义的差异视而不见？甚至造成思维的盲点？我们会不会在定名实践中无意之间混淆或抹杀了本该留意的不同？倘若这只是一般的日常词汇，我们可以心安理得地保留这个不同民族意识中都存在的不同"世界图景"，但如果这是涉及术语问题，就该另当别论了。

乍看起来，本文直接涉及的不过是几个语词的辨析，就事而论，这实在只能算是个小问题。然而，这几个语词却是术语学的最基本、最核心的术语。术语学理论告诉我们，术语的正确选择与确定是以认识的正确为前提的。然而，即使有了正确的认识，还有一个选择词语正确表达的问题。选择术语与认识事物是个相辅相成的过程，甚至也是一个学科发展过程中自始至终不断解决的问题。术语，特别是关键性的核心术语，既是对学科已有认识的确定与确立，也是学科未来发展的基础与生长点。同时，选择与放弃某个具体术语的表达方法，也都是要有理论原则作依据的。这些理论原则无疑应该与术语的整理与规范原则相一致。

西语中对 terminology 与 nomenclature 的区别问题是随着术语学的产生而提出的。就目前的状况而言，中国的术语学研究还几近空白。但在当今所谓信息时代，随着"知识爆炸"的发生，必然也会发生"术语爆炸"。面对偌大的"爆炸物"，必须要借助术语学理论的指导，采取符合科学规律的调控措施。这就使术语学的理论研究具有了极大的迫切性。术语与普通词汇的不同在于，术语是用来指称某一专业知识领域概念的词或词组。它不是自发产生的，而是"想出来的"。它具有人为性与约定性。当汉语术语学还处于初创阶段的时候，上述具体问题的解决又不能不带有相当大的示范作用。由于它们是一个学科的核心术语,对它们的理解与表述必须是准确的,严密的。弄得不好,说不定会"差之毫厘,失之千里",贻误了学科的建设与发展。

(《中国社会科学院院报》,2006,01.05)

试论术语标准化的辩证法*

对专业语言或者称为科学技术语言中的术语要实行标准化，这样的认识，是在20世纪30年代，随着术语学的问世而产生的。维斯特(Wüste E.)那篇拓荒之作的标题里，使用的词是Sprachnormung，在德语里，它与"标准化"(Standardisierung)是同义词。在此之前，尽管人类的语言实际上一直与科学并行发展着，并且同时服务也制约着科学，但人们对语言对科学的作用却习焉不察，最有可能关注这一点的两个学科，如语言学与科学史，对此也都没有研究兴趣。直到产生了术语学，这种局面才开始发生转变。应该说，从对术语并无理性认识，到提出术语研究成为一门学问，并提出术语要实行标准化，这应该视为认识上的一个飞跃。这个飞跃是随着现代科学的出现，随着人类思维由模糊的传统型向精确的现代型进化而发生的。

术语学的奠基人，无论是维斯特还是洛特(Лотте Д. С.)，从学科产生伊始，就对实行术语标准化提出了一系列要求，诸如，术语的单义性、术语的系统性、术语系统的准确性、术语的简短性、术语对语境的独立性，等等。随着标准化实践活动的展开，类似的要

---

* 本文为教育部人文社科重点研究基地2005年重大研究项目(05JJD740180)中期研究成果。

求也越来越多,像术语的理据性、术语的构词能力、术语的语言规范性、术语的国际化等 10 多个方面,也都成了为实行标准化应该努力满足的要求。

下面引用的这个表格选自俄罗斯科学院俄语研究所 1993 年出版的一本书。① 必须要说明的是,笔者对其中"要求"一项的排序,按后面"得票"的多少做了一点调整,但对其他原始数据均保留不动。其中"来源"一项下面的数字,分别代表 14 个出处。② 这些出处包括了不同语言、不同国家、不同流派、相关国际组织的文件

---

① 见 Лингвистический аспект стандартизации терминологии,Москва "Наука",1993,第 14 页.
② 这些出处是:
[1] Лотте Д. С. *Основы построения научно-технической терминологии*. Москва. 1961.
[2] *Краткое методическое пособие по разработке и упорядочению научно-технической терминологии*. М., 1979.
[3] *Как работать над терминологией*. Основы и методы. М., 1968.
[4] *Руководство по разработке и упорядочению научно-технической терминологии*. М., 1952.
[5] Канделаки Т. Л. *Системы научных понятий и системы терминов* // Вопросы разработки механизированной ИСП для центрального СИФ по химии и химической промышленности. М., 1965.
[6] Дрезен Э. К. *научно-технические термины и обозначения и их стандартизация*. М., 1936.
[7] *Методические указания по разработке стандартов на термины и определение* РД 50-14-83. М., 1984.
[8] Wuster E. *Intemational Sprachnomung in der Technik besonders in der Elektrotechnik*. Bonn, 1970.
[9] Mazur M. *Teminologia Techniczna*. 1961.
[10] Hirschfeld E. *Teminlolgie technologie obrabcki*. Praha. 1967.
[11] ISO 704-1987 *Principles and methods of teminlology.*
[12] *Построение, изложение и оформление стандартов СЭВ, содержащих термины и определения* (МС 86—81). М., 1981.
[13] Алаев Э. Б. *Экономико-географическая терминология*. М., 1977.
[14] Schmidt W. *Einige Grundfragen der Teminologie*. Berlin. 1980.

与著述。从中可以看出,对不同国家的不同术语学派来说,这些要求几乎都是一致的。

序号	要求	[1]	[2]	[3]	[4]	[5]	[6]	[7]	[8]	[9]	[10]	[11]	[12]	[13]	[14]
							来源								
1	单义性	+	+	+	+	+	+	+	+	+	+	+	+	+	+
2	简短性	+	+	+	+	+	+	+	+	+	+	+	+	+	+
3	理据性	+	+	+	+	+	−	+	+	+	+	+	+	+	+
4	系统性	+	+	+	+	+	−	+	+	+	+	+	+	+	+
5	构词能力	−	+	+	−	+	−	+	+	+	+	+	+	+	−
6	通行性	+	+	+	+	+	+	+	+	+	+	+	+	+	+
7	慎用外来词	+	−	−	+	−	+	+	+	+	+	−	+	+	+
8	语言正确性	−	−	−	−	−	+	+	+	−	+	+	−	+	+
9	简明易懂性	+	+	−	−	−	−	+	+	−	−	+	−	−	+
10	国际性	−	−	−	−	−	−	+	+	+	−	−	−	−	−
11	语境独立性	+	+	−	−	−	−	−	−	−	−	−	−	−	−

在术语标准化的过程中,特别是在 20 世纪 50—60 年代期间,通过有关部门(在俄国是科学院属下的科学技术术语委员会)的倡导与推行,尽力实现这些要求实际上变成了术语标准化工作的指导原则。然而,进入 70 年代以后,随着术语学理论的发展,特别是对术语本质特征认识的加深,这些看似无可置疑的要求,在俄国却越来越受到质疑与批评。有的学者把上述规定称为"行政性"的,因为其代表性人物多是专门从事术语标准化实际工作的专家。而提出质疑的多是从事术语学研究的学者,并且其出身以语言学为背景的居多。

问题也许应该从 1971 年在莫斯科大学召开的一次学术会议说起。这次会议的主题是讨论"科学、术语学与信息学语言的符号学问题"。提交会议的好几份报告都不约而同地指出,即使在业已

试论术语标准化的辩证法

颁布的作为国家标准加以实施的术语中,上述要求没有哪一条被完全遵守,但这并没有妨害术语执行自己的功能。由此可见,这些要求并不是术语必须具备的特点,或者说,它们不应该是术语必须满足的要求。例如,戈洛文(Головин Б. Н.)的看法就十分具有代表性。他写道:"尽管这些要求,其中一部分实际并没有被遵守,另一部分又毫无意义,但还是被设计成术语应该满足的系统要求。"[①]后来,还不断有涉及这一问题的著述发表,使讨论得到进一步深入。维护"要求"者解释说,这些要求是指"理想的术语"而言,而现实存在的术语总是有某些缺点,这些缺点需要通过对术语的整理不断地消除。在有些情况下,有些要求应视为使用术语的一种趋向。而反对者却竭力证明,多义性也好,存在同义词也好,以及其他不仅术语中存在,一般标准语中也同样存在的某些现象,想要避免或消除它们是完全徒劳的。

上述表格中的后 6 项,"得票"数没有超过半数。它们也许不能反映标准化的普遍性要求。因此,我们先来分析一下那些没有争议或少有争议的几项要求。

术语的单义性 从上表中可以看出,这项要求得了"满票",就是说,这是所有相关著述对术语的最基本的一致要求。单义性要求,无论对术语本身,还是对术语及其所表示的概念之间的关系而言,都是适用的。对于前者,它要求术语只能有一个意义;对于后者,它要求术语只能在一个意义上与相关概念相对应。或者,反过来说,一个概念只能对应于一个术语。对术语来说,具有多义或者

---

① Головин Б. Н. *О некоторых проблемах изучения терминов.* — 见:*Научный симпозиум. Семиотические проблемы языков науки. терминологии и информатики.* В 2-х ч. М., Изд-во МГУ. 1971, ч. I, с. 64.

具有同义词，那都是不容许的。落实这一点，可以说是术语标准化工作的基本任务与目标。

诚然，要求术语单义，对信息自动化检索，对借助计算机实行自动化管理等，都是非常必要的。但是，"对术语标准的分析表明，致力于确定术语与概念之间的单义对应并不总是能实现的"。当把某一个意义赋予一个术语，而这个意义与表示另一个概念的术语的意义具有共同特征时，这时就可能产生多义性。更为经常见到的则是所谓范畴多义性。例如，"过程"与"结果"应视为不同范畴的概念，可是，作为术语的"变形"一词，就既可能表示"过程"，也可能指"结果"，即是说，它是具有多义性的。同样，"语法"既可能指语言中存在的规则，也可能指研究这些规则的学科。类似的多义现象是很难避免的。再有，当一个术语同时用于不同的亲缘学科或交叉学科中，表示的又是虽然相近但却并非等同的意义时，也往往容易造成多义现象，而且对这样的多义，也不应该去消除。值得指出的是，《制定与整理科技术语方法简编》一书的作者，把由于指涉同一现象、但反映不同理论观点的概念而产生的两个或几个术语并存的现象，也看作是出现多义的原因，这其实是不对的。消除多义现象，只能局限于同一个学科内的同一个术语系统之中。不应该把分属不同学科或不同术语系统的同音术语也看作是术语的多义现象。对此，国内学者已有所涉及，此处不赘。特别是对那些当下飞快发展的学科来说，其概念呈现出极强的变动性。表示这些概念的术语，今天可能还算是单义的术语，由于概念的发展，明天就可能成为多义的。看来，维斯特与洛特所主张的"相对单义性"是一个更灵活、更可取的表述，它更接近术语的实际，也为实现这一要求保留了相对的回旋余地。

试论术语标准化的辩证法

达尼连科(Даниленко В. П.)有一段话,特别值得注意。"除了理想的术语系统,还存在着对术语的要求与实际的术语使用并不相符的自然形成的术语系统。对这些系统来说,不仅要考虑'规定范围',还要考虑'使用范围',在后者中,术语脱离开封闭系统的框框,而与一般标准的语言表述自由交融在一起,按作者的意愿来使用。"[①]这里所说的"规定范围"是指专业术语词典与标准之类的文本,而"使用范围"是指包括不同场合、不同语体的更广泛的专业交流文本或称言语活动。将这两者加以区分,已经为日后的所谓功能学派或称描写学派与传统规定学派的分野,埋下了重要的伏笔。

术语的同义现象 是与单义性相联系的另一个问题。曾经有过一种看法,认为术语中存在同义现象是不好的,甚至是有害的。但后来提出的与此对立的观点却认为,术语中的同义现象是词汇发展的"自然体现","在实践中,在标准化的术语中完全避免同义现象也是难以做到的"。"当然,同义现象不应成为规则,但它们却是如此常见的例外,以致无法硬性地把它们取消。"事实上,在发布的术语标准中,也不时会遇到完整术语的简洁说法。这种简洁说法与完整说法之间就会构成同义现象。一些国家的术语标准,以及国际电工协会(IEC)和术语标准化组织(ISO)所发布的术语标准中,在提供标准的术语的同时,往往还列出也"容许"使用的一个甚至几个同义词。这就等于对同义现象的默许与认可。

对同义术语,也要加以分析,区别出不同的情况。既然语言中

---

① Даниленко В. П. *Лексико-семантические и грамматические особенности слов-терминов.* — *Исследования по русской терминологии.* М., Наука. 1971.

存在同义词,包括所谓相对同义词与绝对同义词的差别,即使在同一题材的范围内,也可以并行地使用不同的说法,在不同的交际场合,如口语与书面语中,也应该容许使用术语名称的不同变体。在有的同义词之间,就语义来说可能完全相同,但它们可能有来自本族语与来自外语的差别,有词素构词上的差异,因而在构词能力、语体色彩以至使用范围等方面也会有不同。无视这些差异而对它们中的某些形式硬性限制或宣布取缔,不但显得武断生硬,而且在实际使用中也行不通。以信息学为例,由于学科处于形成与发展初期,经常出现这样的情况,一个新出现的概念,不同的作者可能会用不同的名称,究竟哪一个更好,哪一个最终能站住脚,这是要经过时间检验的。对那些经过不同的历史时期才最终形成的术语系统,要求完全避免同义现象,更是难以做到。因此,把对同义词的使用选择权,有条件地留给使用者可能更明智。

术语的简短性　许多相关的术语文件与著述都说,"术语应该尽可能简短"。但标准化的实践却又在否定这一论点。有俄国学者对语言学术语加以分析发现,有的术语竟包括十一、二个词。还有人对一万个抽样术语分析发现,一个词的术语仅占 10.2%,两个词的术语占 36.2%,而 53.6% 的术语都是三个词以上。包含前置词、连接词等的术语也占了 6.5% 以上。特别是现代产生的术语,这种趋势尤为明显。

学科的发展过程,其实也是对相关概念逐步加以区别的过程。为此,使用多词素词或多词的词组,也就成为不得已的事情。为了与相邻的概念相区别,就要指出至少一个区别特征。如果用一个词素表示属概念,另一个表示种差,这至少已经包括两个成分,遇到再复杂些的概念,词素数量自然还要增加。要保证术语简短,就要尽量减少构词成分,而构词成分少,就可能导致词的理据性模糊。

将外语术语翻译成本族语,也同样会带来过长的术语。有人将俄语术语与相对应的英、法语术语加以对比后发现,英、法语中的单个词术语,进入俄语则成了多词术语。其中的原因之一就在于,原文中通过隐喻表示的术语,来到译文则必须要作解释,而不能直接用原来的隐喻方法。例如,英语里的"dog-leg",进入俄语则译为"резкое искривление ствола скважины"。英语中的"belly"则成为"разливочная сторона конвертора"。看来,隐喻的民族性在这里发生了作用。要让读者明白术语的意义,就不能满足简短性要求。

这样看来,也许不说"术语要尽可能简短",而说术语长度要尽可能合理,换句话说,不求最短而求最佳,可能更准确,也更符合实际。对不同术语系统的术语,词的长度要求也应该不一样。当必须保证词的理据性清楚时,对词长的要求,就只能放在次要地位来考虑了。

术语的理据性 这项要求在不同的著述中,有不同的表述。有人把它称为"术语与概念的对应"(如洛特),"术语的准确性"(如科技术语委员会),"术语的逻辑性"(如 Mazur M.),"术语的自明性"(如 Schmidt W.)。近年来,似乎用"理据性"的情况更多。这实际上是要求术语的字面意义应该与它所表示的实际意义要对应一致。就对应的实际情况来说,可以区别出不同类型,即正导、中性与误导三种。显然,只有"正导"术语,即字面意义能从正面直接或从旁暗示出术语所表示的概念的情况,才是唯一符合理据性要求的。误导的术语应该尽力避免。所谓中性的术语,是指其字面意义或与实际意义没有联系,或者不能暗示其任何特征的术语,或者只与其非本质的特征有联系的术语,其称名的依据往往是以发现者或发现地的名字,或其他理据不清的情况。

要求术语具有理据性似乎入情入理,的确,这样的术语会有助于专业人员互相理解,也便于记忆,但是,正像有人所指出的,"这项要求潜伏了某种招致使用多成分的臃肿结构的危险"。为了让术语的意义"自明",结果建立了一些长度过长、实际无法使用的术语。在已经颁布的术语标准中,也不难找到许多这样的实例。这些术语从字面上与它们所表示的包含多个特征的定义几乎相等同,以致在它们之后再按要求附以定义已经毫无必要,会显得重复,于是只好干脆舍去了定义。这种情况也许是这一要求的倡导者始料不及的。

术语的系统性 自打术语学问世以来,系统性就是对任何学科术语的基本要求。一个学科的术语绝不是一些术语的任意组合,而应该是彼此有机联系、相互制约的系统。对术语的这一要求,到今天还是必须要坚守的。但是,就俄国的情况来说,从20世纪30年代到60年代,这样的要求,至少从表述上看,似乎越来越严格了。在洛特笔下,还只是说,在建立术语时,"最好要考虑"选择既能体现概念特征又能反映概念之间系统关系的术语。到了50年代,按有关"指南"的说法:"术语应该尽可能指明概念之间的联系并有助于确定它所表达的概念在其他概念中的地位。"到了60年代末,其相关文件则说,"每个术语都应该在其所在的术语系统中(就与其他术语的所属关系来说)具有确定的地位。并由这一地位来决定术语的结构及其成分"。这就是说,术语的构词词素、结构、顺序等都要看其在系统中的地位来决定。换句话说,有相同

试论术语标准化的辩证法

特征的不同概念的术语,应该通过同样的术语成分与结构来表示。最理想的例子如:"电子管"作为属概念术语,下有"二极管,三极管,四极管"等。有一种说法很能反映这一要求,即"知道一个术语所在的位置,就知道它的名称;知道它的名称,就知道它所在的位置"。

乍看起来,这样的要求也是合情合理的。但是,这其中却存在偏误。偏误发生在什么地方呢?偏误也许在于,这一要求把逻辑上的系统性与词汇的系统性等同起来混为一谈了。对术语来说,逻辑的系统性是必须坚守的,但对术语的词汇系统性要求,落实起来则比前者要难很多,甚至根本不能实现。要求那些有内在逻辑联系的术语,在表达语言手段与形式上,也必须一致,做到"横看成岭侧成峰",那是不现实的。特别是对于那些经过很长历史阶段才形成的术语系统,在不同年代逐步确定的术语来说,这样的要求,不但是做不到的,而且也未必是合理的。

上述分析说明,表中前5项较为一致认同的标准化要求,尚且存在许多令人质疑、不切实际的地方,后面的那些项则更不必说。看来,对术语标准化的要求只能区别对待。至少要区分开,哪些要求,在哪些情况下,是必须保证做到的,而另外一些要求,可以是有选择的,只能视术语类别之不同,使用范围之不同,在可能的情况下,尽力而为之。一旦做不到,也要给予理解与宽容。这种理解是出于科学认识的理解,这种宽容也是对事物发展规律的尊重。

面对每时每刻都在出现的违反术语标准的语言现实,人们自然会思考其中的原因所在。人们会从标准本身的合理性去找原因,更会从使用标准的人身上去找原因。人们会想到这与专业人员的素质与业务修养,直至术语意识的关系。这当然也对。然而,除此之外,还有没有更为深刻的原因呢?

辩证唯物主义理论告诉我们,事物总是在各种矛盾与对立中存在发展的。术语标准自然也存在这样的矛盾。从根本上说,实行术语标准化,是为保证专业工作者之间的信息交流顺畅服务的,但是,它的存在本身对信息交流也是一种限制,对新产生的或发展较快的学科更是如此。既然,术语词汇也是标准语词汇中的一部分,那么"语言的二律背反"原则在术语的使用中也是同样起作用的。所谓"语言的二律背反"是俄国学者在研究俄语词汇过程中,提出的一种说法。它是指语言使用中,存在可以同时成立的两个正相反对的命题(或规定)之间的矛盾。这一观点对分析术语的使用也是适用的。

首先,在术语使用中,说话人与听话人(或者说作者与读者)一方面会努力使用符合规范要求的术语;而另一方面,出于语用的目的,也会不时地违反这些要求。其次,被认可的用法与语言系统潜在可能之间也存在矛盾。一方面,术语系统所规定的术语使用框框常常限制词汇的潜能,而另一方面,具体的言语交际的条件又常常呼唤突破这些限制。再其次,符号与文本之间也存在矛盾。如果作者按已有的代码规定来创建文本,就会方便作者与读者之间产生等值的理解。但如果让文本充斥着术语,内容倒是做到紧缩了,但又必然会增加理解上的困难;如果尽力简化代码或尽量减少术语数量,那就只好采用描述手段来传达其内容,这又势必招致文本的扩大。复次,即所谓语言符号非对称性造成的矛盾。语言符号中的能指与所指之间存在的对应状态不过是暂时的。与此同时,能指总是趋向于获得新义,而所指总是趋向于获得新的表达手段。这在术语词汇中则表现为,多义现象与同义现象总是在不断地出现。最后,在语言的信息功能与表情功能之间也同样存在着矛盾,前者要求术语要尽量具有系统性与准确性,只有这样才有利于信息的准确传递,而语言的表情功能则会促使说话者的表达尽量多样化,并且富于变化。上述所有同时存在又正相反对的规律性的东西,可以帮助我们更深刻的理解实行术语标准化过程中出现的种种情况。

如此看来,合乎标准只是暂时的,相对的;而违反标准规定,这是永远的,绝对的。我们所致力追求的标准化,与其说是一个目标,不如说是一个过程。就像我们不可能认识绝对真理一样,我们也永远无法完全实现绝对的标准化。但是,这个规定和要求,却不能没有。一方面,当然要要求人们去遵守,另一方面,也要有"一定会有人违反"的准备。而且,有的违反也是有深刻根源与理由的。这样去看待标准化,可能更合乎辩证法。

(《中国科技术语》,2008,03)

术语在使用中的变异性[*]

语言是需要规范的。没有规范,就可能妨碍人们的正常交际。术语也是语言,是进行专业思想交流的工具,它也同样需要规范,甚至还需要标准化,即更为严格的统一要求。这些可以说是人所共知的道理。

那么,一经标准化并正式发布的术语是否在任何时候、任何场合都必须以规定的形式与意义使用呢?传统的"规定性"术语学,对此的回答是肯定的,任何偏离现有规定的意义与用法,往往会被视为有违标准化的负面现象。但是,近年兴起的认知术语学与篇章术语学,对此的回答却不是这样绝对,它们认为,术语在使用中发生某种变异,不仅有其理由,甚至还是必然的、必要的,也是符合语言规律的。

首先,对术语的认识及其背后科学的基本概念的确定,是应该随着对研究对象性质新认识的出现而不断加以充实调整的。作为一种新的科学知识范式,认知科学认为,术语所指称的专业概念,只能在人的认知过程中出现,并在认知过程中日益完善。术语作为语言动态模式的成分,是语言符号系统的稳定性与认识的不断发展创新性的辩证统一。术语并非仅对专业领域内的概念进行语

---

[*] 本文与孙寰博士合作撰写。

术语在使用中的变异性

言指称,同时,它还具有主观性,是术语创建者主观认识的反映。术语体现了个体(或由个体组成的群体)对现实世界的科学认知与思考,同时也受到科学家个体经验的影响。事实上,对事物和现象的认识经常是以科学概念产生前的朴素概念为依据与出发点,然后随着认识的步步深入,才逐渐形成科学概念。在这一过程中,日常的朴素思维和科学的理性思维不断相互影响。准确性、逻辑性和等值性,这些是理性思维的特点,而日常的朴素思维则具有隐喻性和开放性。不过,无论是一般概念,还是科学概念,它们都是对事物本质的概括,只不过有浅与深、粗与精的差别。这两种概念类型相互联系,相互制约,科学认知往往基于人最初对事物的认识,只有当某一学科领域的知识已发展到相当成熟的水平,才可能形成科学的概念。在这一意义上,可以说,术语是成熟的词,是反映认识达到相当高水平的词。但"成熟"和"达到相当高水平"都需要经历一个过程。变异是体现这个过程的方式。

对单个术语发生的变异,还必须从术语系统着眼来进行分析。系统性是术语的本质特征。术语系统的发展是对人类认识深化的过程和理论地把握世界的过程的一种语言表达。术语系统的自身结构反映一定的理论结构以及研究对象、对象的特征及其特征之间的联系。因此,术语系统也可以看作是某一知识和(或)活动领域的理论的逻辑—语言学模式。在某种程度上,术语系统是静态的,稳定的,没有这种相对的稳定,对学科的知识概念体系就很难进行描写,也难以进行传授和交流。但这种静态是相对的,一旦出现新知识,就可能需要对系统进行补充或调整。量的增长一般还可以在现有的术语系统框架内完成,但一旦有了新的理论或者新的观念产生,而且代表这种新概念的术语恰好处于术语系统的节点位置上,就会出现表达新概念的新术语,随之也会相继产生新的属种概念关系。这样,原有系统的稳定就会被打破。相反,如果这种稳定一成不变地永久维持下去,那就意味着这个学科的停滞不前。因此,唯有动态的术语系统,才能善于应对变化,才能满足科学认识不断向前发展的需求。

结构主义之后的语言学更关注对语言的功能、交际和使用的研究,其核心思想实际上是以人为本的思想,这对结构主义也是一种反动。这对术语学的研究也产生了重大影响。术语学研究从规定论走向描写论,开始对出现术语的文本加以区分,区别出"规定范围"与"使用范围"等不同性质的文本,并对其中的术语提出不同的要求。术语在使用过程中会发生种种功能变异,这甚至是语言本身的规律使然。语言是一个不断发展的创造过程,语言存在的形式是运动。人的言语行为及其产生的言语产品反映交际内容的变化,而后者反过来也会导致作为交际工具的语言发生变化,否则语言将难以履行其基本功能。语言是相对稳定的,与此同时,语言又总是在变化着。变异就是在一定限度内的变化。变异性作为语言的一种普遍特性而成为语言发展的重要因素之一。这一点适用于所有语言单位,无论是日常语言词汇,还是职业言语中的术语。否定术语的变异性就等于否定了术语继续向前发展的潜能。从某种意义上来说,语言变异的过程,既是对规范的某种偏离,又可能是对语言交流的某种完善。只有对术语各种形式的变异具有充分的了解和认识,才能对术语进行更合理的规范。

某一术语的产生或在术语意义中出现的细微差别总是与使用术语的人的目的有关。从语用的角度说,科学家不同的意向是术语发生变异的主要根源。科学家最善于发现研究对象所具有的某

术语在使用中的变异性

种新的特点、性质和功能。或提出新术语,或对旧有术语的语义内容进行补充使其准确,这都反映了科学家的个性创造,这也会促进专业语言的变异和发展。因此,在术语的形成过程中,常常会出现矛盾的现象。术语虽在各类文本中力求单义,但也可能会由于文本类型的不同而以各种变体形式出现。书面交流与口头交流,严谨的论文与一般的科普文章,对术语严格性要求应该是不同的。这些在使用过程中形成的各种术语变体形式与术语的常体之间,既相互排斥,也会相互转换,新的变异形式如适应术语系统的要求,也可能保存下来,逐渐转化为术语常体,它们相互之间不断吸引与排斥,从而使术语系统不断更新和发展。术语可以独立存在于文本之外,但它在文本中总是与其他词在上下文中有着这样或那样的联系。术语需要专业定义,但又并不总是如此。术语可以被创造和再创造。术语本身的双重性质体现了它的动态本质。

辩证唯物主义理论告诉我们,事物总是在各种矛盾与对立中存在发展的。从根本上说,实行术语标准化,是为保证专业工作者之间的信息交流顺畅服务的,但是,它的存在本身对信息交流也是一种限制,对新产生的或发展较快的学科更是如此。既然,术语词汇也是标准语词汇中的一部分,那语言的二律背反原则在术语的使用中也同样起作用。首先,在术语使用中,说话人与听话人(或者说作者与读者)一方面会努力使用符合规范要求的术语,而另一方面,出于语用的目的,也会不时地违反这些要求。其次,被认可的用法与语言系统潜在可能之间也存在矛盾。一方面,术语系统所规定的术语使用框框常常限制词汇的潜能,而另一方面,具体的言语交际的条件又常常呼唤突破这些限制。再次,符号与文本之间也存在矛盾。如果作者按已有的代码规定来创建文本,那么就会方便作者与读者之间产生等值的理解。但如果让文本充斥着术语,内容倒是做到紧缩了,但又必然会增加理解上的困难;如果尽力简化代码或尽量减少术语数量,那就只好采用描述手段来传达其内容,这又势必招致文本的扩大。复次,即所谓语言符号非对称性造成的矛盾。语言符号中的能指与所指之间存在的对应状态不过是暂时的。与此同时,能指总是趋向于获得新义,而所指总是趋向于获得新的表达手段。这在术语词汇中则表现为,多义现象与同义现象总是在不断地出现。最后,在语言的信息功能与表情功能之间也同样存在着矛盾,前者要求术语要尽量具有系统性与准确性,只有这样才有利于信息的准确传递,而语言的表情功能则会促使说话者的表达尽量多样化,并且富于变化。上述所有同时存在又正相反对的规律性的东西,可以帮助我们更深刻地理解实行术语标准化过程中出现的种种情况,以便更清醒、更自觉地推行术语的标准化。

(参见《术语的功能与术语在使用中的变异性》,商务印书馆,2011)

术语是折射人类思维进化的一面镜子

——《比亚韦斯托克宣言》阅读笔记

术语学是20世纪30年代创立的新兴学科。到了60年代末，国际上更倾向于把它看作是一门处于哲学（包括逻辑学）、语言学、符号学、信息科学、科学学等多种学科交汇处的综合性的独立学科。各门学科都离不开术语，也都要对本学科的术语进行不断的分析、整理、规范、标准化等工作。但只有术语学才是把各学科术语的一般性质与特征作为对象进行专门研究的唯一学科。它的研究成果又反过来指导各个学科的术语工作。

科学与语言实际上是并行发展的。在术语学产生之前，两者间的关系长期以来被人忽视了。术语学研究认为，科学越"科学"，语言在其中的分量就越重。这里所说的语言，当然首先指的是科学语言，或称专业语言（LSP—Language for special purposes）。实际上，要掌握一门专业，首先必须掌握该专业的语言。为了与一般意义上的语言相区别，术语学把它称为"次语言"（sublanguage）。影响次语言形成的基本因素，一是民族，一是地域，一是文化，一是行业。比较起来，行业与文化因素，具有更为主导的作用。地域与民族则较为次要。拉丁语可以用来作为证明这一说法的实例。它是医学与生物学的专业语言，它更是超民族、超地域的一种语言。

Widdowson 认为，一个人掌握了母语，他只是掌握了第一文化系统，这个系统只是反映说话人对现实的一般看法，诸如对动植物的称谓，对方位、地域的判别等。在这之上还会叠加不同的第二文化系统，其中的每个系统都有自己的分类，它们实际上包含着不同科学技术的次系统。而科学的分类系统与某个第一文化的分类系统是有区别的。科学工作者头脑中的第二文化系统仅仅在很小的程度上受到他所属的第一文化系统的影响。这种影响在他们的科学研究语言中可以找到，但是就某一知识领域用不同语言撰写的文本而言，更多的却是反映其行业相关性的内容。① Cluver 也认为，学习某一知识领域的语言，也就意味着去学习另一种文化。两个分属不同民族、身处异地并具有完全不同第一文化系统的人之间，却可能有同样的第二文化系统。②

术语无疑是专业语言的核心组成部分。可以把术语定义为指称某一专业知识领域内的概念的词和词组。一个学科的术语应该具有系统性。术语学的研究表明，一个学科并不是产生伊始就具有完备的、真正符合科学的术语系统。科学术语的形成要经历一个过程。原始术语（protterm）、初术语（predterm）等概念能帮助我们梳理分析这个过程。术语学把科学产生之前已经出现、并用来指称专业事物的词汇单位称作原始术语。它们不是对随之科学出现而产生的概念的称名，而只是对专业表象认识的称名。原始

---

① Widdowson 1979，151——转引自 *Суперанская А. В.*，*Подольская Н. В.*，*Васильева Н. В. Общая терминология. Терминологическая деятельность*. Изд. 3. 2005.

② Cluver 1988，7—转引自 *Суперанская А. В.*，*Подольская Н. В.*，*Васильева Н. В.*，*Общая терминология. Терминологическая деятельность*. Изд. 3. 2005.

术语是折射人类思维进化的一面镜子

术语多保留在流传至今的匠艺和日常词汇中,因为许多专业已经进入日常生活。随着科学学科的出现,专业表象认识会上升为理论性的认识并进入科学概念系统,其中有的还在专业言语中站住了脚,并进入到科学术语之中,有的则仍作为日常词汇存在于还没有形成科学理论的领域,或者作为所谓"民间术语"与科学术语并用,但却与概念系统无涉。初术语是用来指称马上还找不出合适术语的新概念的。它们是虽不符合术语要求但却被当作术语使用的专业词。与术语不同的是,它们具有临时性、形式不稳定性、非简洁性、非普遍接受性,有时其语体也不是中立的。多数情况下,初术语会被更符合术语要求的词汇单位所取代。如果它驻留很久,最终也可能会在专业词中立足,获得稳定的性质而成为"准术语"(quasiterm)。

原始术语、初术语、准术语等术语的理论意义是非常值得重视的。术语学著述中常说,"没有术语就没有理论,没有理论就没有术语。"这几个术语的理论意义也许就在于,首先,它们是对人类在不同知识领域中认识事物过程的共性特征的概括,同时,也是对语言与科学的平行发展过程的一个归纳。借助这些概念与术语,有可能梳理出各个学科的发展历程。再有,这些术语还把看似没有差别或极为相近的概念做了区分。以这几个术语概念为出发点与视角,就可能把术语学,尤其是历史术语学与人类语言学及认知科学紧密地联系起来,贯穿起来。

人类语言学(anthropological linguistics)作为语言学的一个分支学科,它是以人类思维进化在语言(主要是词汇)相关进化中的反映为依据,来研究人类思维进化的学科。它的出发点就是:人类意识、文化发展与知识增长中的所有历史性变化都反映在语言的词汇系统中。

2004年在波兰的省会城市比亚韦斯托克市,英国、德国、波兰、俄罗斯、乌克兰等国著名术语学家签署发表了《比亚韦斯托克宣言》,这是人类语言学发展历史上具有标志意义的事件。这份宣言由术语学家来提出,并非偶然。它至少能够显示,术语学与人类学、科学学、心理学直至认知科学等多种学科间的内在联系。研究术语在科学认识与思维中的作用也是术语学不可推卸的任务。就一定意义可以说,术语既是学科的元语言,也是对某一领域科学认识成果的确定与升华。术语学与包括思维科学、认知科学在内的多种学科的关系应该说是天然的。

《比亚韦斯托克宣言》首先列举了20世纪末出现的一系列加快人类语言学发展的前提条件,其中包括:语义场方法的创建;系统方法在科学研究中的出现与发展;个别词或词群词源与历时研究资料的积累;术语学的产生,特别是结合语义场开展的对民族术语的研究;对人类思维与认识模式化的语言学手段在人工智能系统中的作用愈加重视;对揭示思维基本原理研究兴趣的增长;认知科学、符号学、人类学、科学技术史、人工智能科学等的最新进展。

但是,上述学科都没有试图从语言,特别是词汇所反映出的认识的进化这一角度来研究思维的进化,而人类学的一些研究成果告诉我们,这对研究人类思维的进化是非常重要的一个方面。

《宣言》指出,进化论研究人类的历史,论证了从单细胞开始,经过鱼类、两栖类、鸟类、哺乳类动物等过渡阶段,最终进化到类人猿。进化论论证了人与猴子是近亲,但到此便止步了,似乎人不再有进一步的发展。现有的进化论,只是描述了从原生细胞到类人

术语是折射人类思维进化的一面镜子

猿的进化过程,但这不能被看作是人本身的进化过程。为了把进化理论用于人身上,还应该进一步论证,人是怎样进一步发展并最终导致与猴子的差别愈来愈大的。

众所周知,人与猴子的最主要的差别就在于,人有借助语言进行思维的能力。实验证明,猴子也能学会一百多个手势语言信号,能把两个、三个信号连贯组合起来,并教会其他猴子手势语。这说明类人猿有能力将表象综合起来,能将形成的复杂信息表达与传递,即具有一定类型的思维能力。接下来需要确定的是,人的思维发展的历史"详图",即更准确地回答人与动物的区别,人作为一个属种是否也有过进化,进一步确定人进化的现状与前景。《宣言》认为,依据语言学研究积累的资料数据,有可能做到这一点。

既然在认识与思维过程中,专业词汇起到非常积极的作用,那从认知角度对术语进行研究,就成为一个重要的研究方向,这也就是术语学下属的许多分支学科之一的认知术语学。《宣言》特别指出,近 15 年来,俄国学者从几十个不同学科术语的历史发展入手,对其中所反映出的不同学科的进化展开了研究。他们的依据就是,人的意识、文化发展以及知识增长中的所有历史性变化,都会反映在语言的词汇系统中。因此,有可能通过对某一知识领域术语的分析,勾画出理论思想发展的特点与规律。

人的思维能力发展的不同阶段,思维的性质是不同的。任何科学知识的形成历史都可以划分成一些阶段,首先是前科学阶段与科学阶段。一些古老知识领域的进化可以划分出三个时期,包括前科学时期,即人们在思维时借助表象用日常词汇来称名;接下来是原始科学时期或称早期科学时期,这时人们借助专门的但仍是表象的原始术语。接下来才是科学时期,即使用真正的科学概念与术语的阶段。术语是科学的元语言,是形成相应概念系统所必须借助的手段。如果对不同年代的不同学科的相关术语做共时的断面研究,就可以确定该历史年代人类对周围世界相关事物的认识水平,从而判断某一学科的专业化程度及其所处的发展阶段。这将为科学学研究,诸如揭示科学思想发展加速的原因与条件提供可靠的依据。这同样会为构拟文化发展的历史状况与走向提供可能。

有人将英语与俄语中的气象学词汇加以研究发现,气象学的术语发展,明显地呈现出三个阶段。最古老的词层都取自日常的词汇(如 дождь, снег, роса, град 以及相对应的英语词汇等),它们在共同斯拉夫语或共同日耳曼语中已经存在。接下来的词层形成于 15—18 世纪,多属与地域相关的对各种风的称谓(如 трамонтана, фен, суразу, хамсин, бугульдейка, вентания 等)。这些词已经反映出某些专业表象认识,它们是从不同语言中借用的外来语,并且已经属于专业词汇范畴。第三个层次是 19—20 世纪形成的词汇,大多是从拉丁语借用的指称概念的科学术语。上述图景绝不仅见于气象学,其他学科也呈现出大致相同的情况。

在科学知识发展的过程中,还可以区别出几种思维的历史类型,它们在人类进化的不同阶段分别居于主导地位,并决定该阶段认识性质的特点。

最古老的原始的思维类型是幼稚型,即利用日常的普通词汇,借助健全的理智与生活经验,来反映日常的表象认识。这些表象认识,具有相当模糊的性质。例如古英语中的词 mod,即现代英语中的 mood,同时具有"智慧、思考、理性、内心、精神、情绪、打算、看法、愤怒、大胆、骄傲、伤心、难过"等意义。现代人对这些词义肯定是要进一步加以区分的。除了模糊性以外，早期词汇的另一个特点就是带有所谓"共通性"。apple 这个词最初并不是专指"苹果"而是表示任何果实的。这在今天的一些语言中还存有遗迹：如德语称橙子为 apfelsine（字面义为"中国果"）；意大利语称西红柿为 pomo d'oro（字面义为"金果"）；法语称土豆为 pommes de terre（字面义为"土果"）。这是因为，苹果是最早被人认识的果实之一，后来的各种水果与蔬菜，都比照"苹果"来理解与命名。在没有其他证据的情况下，类似的事实可以用来帮助确定人发现与认识各种事物的先后次序。类似的情况还不仅在词汇方面有体现，在语法上也能找到例证。据研究，古英语与古俄语中，都没有表示将来时的手段。这说明当时没有相应的观念。而心理学的研究表明，三岁孩童只能理解"昨天"与"今天"的意义，但不知道"明天"是什么意思。儿童与人类早期思维发展过程的相似性表明，儿童的心理发展过程很大程度上是在重复人的社会历史发展过程。这一论点也得到当代许多哲学家和心理学家的认同。因此，通过研究儿童的发育数据，特别是与掌握语言相关的数据，有可能构拟远逝的古人的心理，并正确理解他们的心理活动。

对大多数国家与文化而言，知识发展的前科学时期，大致从自人类出现开始，一直持续到中世纪早期。这时期所使用的词汇，在现代语言里已经成为古旧词，其特点是意义的概括性与模糊性。这时使用的一个词的意义，在现代语言里，可能对应十几个不同的意义。

接下来是原始科学时期。这时期的词汇中已经出现了表示专业意义的词语，即原始术语。这说明，当时的人已经具有了与专性的匠艺活动有关的专业表象认识。这些词义往往是具体的,只有行业内的人才明白。这些词可能是从其他语言借入的外来语,如上述风的名称,或者是从希腊语或者其他地区语言借用的外来语,或者是从其他知识领域借用的词。这些词汇往往带有偶然性,地区变异性,结构多样性,系统关系缺乏形式表达的一致性,词义往往很具体,同时具有多个同义词。

与这一时期相应的思维类型是"匠艺型"思维,即借助健全的理智与专业的表象认识进行思维活动。就历史年代来说,这大约处在中世纪晚期与18世纪,即科学产生以前的近代。但在有些至今还没有形成科学的领域,直到今天,居于主导地位的仍是这样一种思维方式。

接下来就是现代的科学认知阶段,占主导地位的是"科学型"思维,即借助科学理论与概念系统,运用定义手段与准确的概念,科学的方法论,直至现代的研究工具所进行的思维。只有在这一阶段,我们才与真正的术语打交道,这些术语都具有严格、准确的意义,并且是经过自觉选择、甚至激烈争论后创建起来的术语。

认识发展的一个总趋势就是知识的专业化。现阶段新的学科正以几何级数在增长。知识的专业化,反映在语言上,就是词汇数量的扩大与词语意义的不断准确化。在一定意义上可以说,文明或者说人自身的进化,认识的发展,就在于不断地消除语义的模糊性。

生物学认为,个体发育与种系发生实际上是重复同一个过程。据此可以说,每一个单独个体的人的智力发展过程,也会再现人类社会思维发展进化的基本特点。

如果把这一论点用于研究人的思维进化及其在语言的反映

上，那么就个体发育来说，我们可以大致预言一个孩童的发展；同时，我们还可以把研究儿童各阶段发育的数据用来推断人在不同进化阶段的特点。

《宣言》中的如下一段话，很发人深思："强烈的感情用事连同思维的简单化，情绪的大喜大悲——只要对中世纪与文艺复兴时的作品加以仔细的分析，所有这些特点我们从完全是成年人的举止行为中也都可以观察到。"

《比亚韦斯托克宣言》最后说："现有的研究结果中最重要的结论之一就是：认识过程的加快实质上取决于专业词汇的发展水平。因此，各国的人士与政府应该清楚地懂得，他们致力于加快本民族专业词汇的发展，也就是在为本国的科学、工业与文化进步创造条件。"

这段话说明了术语学研究以及术语工作的重大意义。它既可以用来激励与鞭策术语工作者辛勤工作，也可以拿来论证开展术语学研究、加强术语工作的必要性。

(《中国科技术语》，2007，09.05)

试论语言学术语的特点

术语(term)是指称专业知识领域的概念的词或词组。每个学科的术语(terminology)都具有系统性;每个术语背后往往都有一个定义;术语在本学科术语系统内具有单质性,即术语最好是单义、不应该有同义词等;同时,术语一般没有情感色彩,语体中立。这些是各学科术语都有的共同特点。

然而,不同学科的术语又各有自己的不同特点。最早指出这一点的也许是俄国术语学的奠基人洛特(Лотте Д. С.),他注意到化学术语与法学术语有很大的不同。指出这一点,无论对从总体上认识术语,还是对个别学科的术语建设,都有很大的意义。

一般说来,自然科学的术语与人文科学的术语,两者之间是存在差异的。这种差异首先是因为自然科学特别是精密科学的元语言与一般标准语之间所存在的差异。与此相关,自然科学的术语对语境的独立性与语体的中立性也较人文科学要强。自然科学的研究对象往往是自然界的客观存在,而人文科学特别是某些人文科学如艺术理论之类,却是以人的主观感受为对象的。再加上思想意识的分歧与斗争的影响,这些都造成自然科学术语与人文科学术语之间的差别。

语言学术语的特点一直是人们关注的话题,这不仅是因为语言学研究与术语学研究有最亲密的直接关系,还因为语言学与认知科学、人工智能、信息科学等当代最热门的一些学科关系同样紧密。本文要着重讨论的就是语言学术语的若干特点。

1. 语言学术语具有两重性

它既是语言学的研究对象的组成部分,又是语言学研究的元语言。这也许是语言学术语诸多特点中最大的一个特点。一般说来,作为研究工具的元语言,应该是一种具有独立语义系统专门用来为描述研究对象服务的第二性语言,例如,数学公式、符号、图形可以用作物理学研究的元语言。说到语言学术语,它却总是与作为研究对象的人类语言存在于一体,同时,也总是借助具体语言,比如汉语、英语或俄语的词语来表达的。当然,元语言的概念比术语要宽,但术语无疑应该是元语言中最重要的、处于核心地位的部分。语言学术语这种一身兼二职的身份与地位,会造成许多麻烦和干扰。从理论上说,科学术语应该是对相关对象研究完成阶段的产物,但实际上,研究者一开始就被迫采用现有的、某种并未经过严格界定的词语作术语。当这种词语又恰恰是研究对象本身的组成部分时,情况就更为复杂了。要讨论意义,那首先就会提出"意义之意义"的问题。可是讨论是不能等这个问题得到彻底解决以后再进行的。这种情况的难处实际上在于,它是企图通过未知去求得未知,用尚待求证的东西来作为求证的根据,以尚不确定的东西去确定另一个有待确定的东西。西方人把这形象地比作一只小狗在追逐自己的尾巴。俗话说,"自己的刀削不了自己的把儿",其实也是说的这个意思。语言学术语既属研究对象又充当研究工具这一特点会带来同样的尴尬。

一些有世界影响的术语学家都曾强烈呼吁,要在术语研究方面开展不同学科专家之间的密切合作。当术语学还刚刚问世的时候,其创始人奥地利学者维斯特(Wüster E.)就认为:"科学地整顿语言(此处即指术语——本文作者)应该看作是应用语言学,正如同可以把技术称作应用物理学一样。在这项工作中,语言学工作者应该获取技术知识,而工程师应该学习语言知识,要进入这两个领域的临界地带,工程师比语言学家要容易些。"[1]进入20世纪70年代,当术语学在国际上已经被普遍视为一门独立的综合学科时,前面所说的"语言学工作者"就应该读作"术语学工作者"。当说到语言学本身的术语建设时,语言学家则成了上文所说的"工程师"。涉及各个学科术语的普遍性的理论问题,包括语言学的术语问题,应该是术语学作为独立学科要专门解决的问题。当然,如同工程师进入技术领域比语言学家要容易一样,语言学术语首先还是要由语言学家来整理研究,但语言学家仅仅依靠语言学的知识是不够的,他同样需要术语学知识的帮助。一部大型的语言学百科全书,竟然没有收"语文学"条目,这样的失误与其说是语言学性质的,还不如说是术语学性质的,因为它首先违背的是对术语最起码的系统完整性的要求。

2. 语言学术语的多学科性

语言是一种极为复杂的现象。语言学研究历来就与多种学科

---

[1] 转引自 Татаринов В. А. *История отечественного терминоведения* Том 2, Книга 2. Московский Лицей. 1999, с. 54—55.

有联系,特别是在当代,语言学研究无论是在方法论上,还是在具体理论观点上,都从其他学科大量地借鉴了许多有益的东西。语言学知识实际上兼有人文科学与自然科学两方面的特点。语言学术语在不同时期从其他不同学科借用或引进了许多概念及术语。虽然在当今时代,不同学科之间的融合与交叉是极为常见的现象,甚至是学科发展的重要途径,但语言学术语的多学科性,仍应视为其重要特点之一。

雅各布孙(Jakobson R.)认为,任何语言研究的实质都是用一种语义系统的符号来替代另一种语义系统的符号。这里,自然语言的语义系统符号是第一位的,而语言学理论的元语言是第二位的。研究与整理语言学术语不可避免地要从多学科的角度来揭示语言科学的原理与根据,同样,也要搞清这些根据与其他多种学科的联系。据此,甚至可以说,语言学术语的研究本身实际上也是一种科学学性质的研究,是一项跨学科性质的工作。有人对语言学术语做过仔细分析后指出,语言学术语包括了大量从哲学、逻辑学、社会学、解释学、认知科学、计算机科学、符号学、人工智能科学、文化学、交际理论等多种学科借用的术语。与其他学科术语相比,这肯定应该是语言学术语一个值得注意的特点。

3. 语言学术语的混杂性

前面指出的语言学术语的多学科性,主要是就语言学术语的学科来源说的,而这里说的语言学术语的混杂性则是指语言学术语本身在内部结构、科学程度等诸多方面的非一致性、非单质性、不均衡性等特征。可以从以下几个不同的角度来说明语言学术语的这一并不令人羡慕的特征。

任何一个学科的术语状况,都与这个学科的发展程度及其内部结构有关。当语言学对其他学科的术语兼收并蓄时,这些术语与原学科领域的联系并不会完全割断,于是,这些学科之间由于发展程度与内部结构不同所存在的差异,不可避免地会反映到语言学术语中来。于是,语言学术语的混杂性也就难免了。

任何学科的术语都存在一个系统性与其形成的历史性之间的矛盾。术语作为指称某一科学领域概念的词和词组,它应该具有严格准确的定义。一个学科的术语应该构成严格的系统,其中的每个术语作为其系统的组成成分,都受到相关的其他术语的制约。但科学的发展却往往会打破旧的概念系统,也使旧的概念进入新的相互关系之中。概念的范围或者内容可能已经发生了变化,但用作指称概念的术语名称却依旧沿用。这就会导致新旧术语之间关系的不对应甚至混乱。一个学科内尚且如此,多学科术语汇集的情况就更可以想见。

术语的意义总是离不开它所在的术语系统的制约。一旦脱离开这个系统,术语与它原来所指称的概念之间的联系,随着离异时间与程度的加大,就必然会衰减。同时,在新的术语系统中,也可能发生"术语错合"。法国学者穆南(Mounin G.)曾用"micro"、"macro"这两个来自化学的术语词素来说明这个问题。其实,我们也可以用"语境"、"话语"等出自语言学的术语为例。只要比较一下这些词在当下一般社会科学著述中所使用的意义,就不难发现这一点。

自然科学中的不同学派往往表现为所用术语的不同。按照历时的原则去厘清不同的语言学学说可以看作是语言学研究中传统的科学方法,但这个原则对于语言术语的研究却不大管用。不同的语言学流派或学派,在术语使用上未必是彼此完全对立的。在有的历史时期,不同的几个语言学流派还可能使用大致相同的术语,比如结构主义与传统语言学之间、结构主义的不同派别之间。同时,在某一学派的不同发展阶段之间,在术语使用上还可能有继承性,如洪堡特学说与新洪堡特学说之间。有时,甚至在彼此对立的学派之间也可能存在术语的继承性,比如在乔姆斯基(Chomsky N.)生成语法学派与后来反其道行之而产生的生成语义学派之间。

穆南曾形象地指出:"语言学的历史……是一个巨大的术语废车场,这些车几乎谁也没有乘坐过。叶尔姆斯列夫(Hjelmslev L.)创造的106个术语中,仍在通用的仅仅只有5%。"[1]他还指出,在近几十年间,创造术语成了语言学家的一种职业病。结果使语言学充斥着新术语。不管是一些资深的还是年轻的语言学学者都以为,似乎给某个概念起个名,就是发现了一个概念,尽管这个概念可能以前已经有人研究过并描述过。为了消除这种弊病,穆南还特别强调:"科学是一种集体创造,科学语言如同任何其他语言一样,也是一种交际工具,虽然只在较窄的范围内交往。因此,术语的创造者,不管他多么天才,他都要受制于社会。如果没有人读或少有人读,他的语言就不会被采用,而如果别人读不懂,通常也就被弃之一旁。"[2]他的话可以看作是对造成语言学术语混乱的人为

---

[1] 转引自 Слюсарева Н. А. *Терминология лингвистики и метаязыковая функция языка* // ВЯ. 1979, №4.

[2] 转引自 Слюсарева Н. А. *Терминология лингвистики и метаязыковая функция языка* // ВЯ. 1979, №4.

因素的批评。当然,天才学者因其思想超前,其所用术语不被人理解或使用的情况也是有的,索绪尔(Saussure E.)创造的术语就是在他死后约半个世纪才被接受与使用的。不过,也有相反的情形,一个学者思想的很快流行,其术语被广泛使用,也并不能证明这些术语背后一定有新内容。

总之,可以说,造成语言学术语混杂的原因,既有来自客观方面的,也有语言学家主观方面的。

4. 语言学术语在不同语言中对应术语的非等值性

这一点通过与其他学科术语的对比会看得更清楚。以医学术语为例,尽管不同民族的人外貌、肤色等会有不同,由于面对的同是人的身体、疾病等,不同语言中相对应的术语也是等值的。数学与物理学这样的精密科学术语就更不必说了。语言学术语则不然。语言学说到底是以人类的语言为研究对象的。为了强调这一点,尽管已知各种不同的民族语言可能在两千多种,有的语言学家还是特别指出,作为语言学研究对象的语言应该用"单数",它指的是全人类的语言。而语言学术语则总是依附或者说寄生在具体的语言"基质"(substratum)上的。这些语言在具有人类语言共性的同时,又具有自己的特点。当产生于某一种语言的术语用另一种语言来表达时,往往免不了要掺杂进来一些别的东西,同时也可能会失去一些东西。

其次,由于不同国家、不同语言研究的传统不同,甚至在属于同一语系的不同语言经仿造借用看上去完全相同的术语之间,其实际意义也可能并不相同。比如 Philology 这个术语,"在英国的用法中，大致相当于比较语文学。然而，在德国，语文学一般是指文学作品的学术研究；更为一般化的用法是指利用文学文献研究文化和文明。英国含义上的比较语文学，德语称之为'比较语言学'。"[①]同样，据说，morpheme 在法语传统中表示的是属概念，而在美国和俄国表示的却是种概念。而来到汉语中，情况就更加复杂化。是词素？还是语素？看上去这是不同的译法问题，实际上这指称的是完全不同的概念，不同的定义，其中甚至反映出不同的语言观。梅耶（Meillet A.）也曾指出，同一个语法术语可能用来指称不同语言中并不等同的现象。[②]

至于在一个国家语言学中大量使用的术语，在另外国家的语言学界完全没有术语与其相对应的情况，更是屡见不鲜。这类术语与解释性的译语之间就更谈不上等值了。

严格地说，上述的四个特征并不是处在同一个平面上的。其中，两重性特征是最主要的、特质的、具有决定性的。就广义上说，混杂性特征也可以包括多样性以及非等值性特征。这些特征可以看作是两重性特征的派生物。其他学科的术语，也同样可能存在某种多样性、混杂性、非等同性等。但就程度而言，就数量而言，不能与语言学术语相提并论。而就产生的根本原因来说，就更不相同。因此，不能因为其他学科术语可能多少也存在类似情况，就据此否定这是语言学术语的特点。

语言学术语的上述特点说明，语言学术语尚在形成过程中。真正科学的语言学术语的建立还有待时日。我国旅美学者李幼蒸

---

① 罗·亨·罗宾斯. 普通语言学概论. 上海译文出版社，1986，第17页.
② 转引自 Татаринов В. А. *История отечественного терминоведения* Том 2, Книга 2. Московский Лицей. 1999, с. 54—55.

先生在他的《理论符号学导论》一书中说:"其实,几百年来的科学史正是一部科学话语表达方式不断更新的历史;自然科学的进步从形式上即表现为词语准确性和系统性的不断增强。而不断创新的自然科学也是在新的词语概念系统中重新组织和构建自己的思考方式和表达方式的。""现代人文科学与自然科学的情况虽然有所不同,但自然科学词语表达系统的明确性对于人文科学话语的成效始终构成有力的挑战。人文科学家是无法拒绝话语表达系统精确化的理性要求的。特别是二次大战以后,60年代以来,人文科学的'科学化'全面加强,几乎一切学科中的人文话语都在经历着精确化的过程。"[①]据此,我们有理由相信,随着语言学的发展,语言学的术语也一定会越来越完善,越来越精确。但是,这个过程不会是短暂的。

(《外语学刊》,2006,03)

[①] 李幼蒸. 理论符号学导论. 北京:社会科学文献出版社,1999,第1页.

从术语学角度说"进化"及其泛化

拜读了赵敦华先生的《"进化"的科学意义》一文（载《求是学刊》2006,2），获益匪浅。该文主要从哲学视角，对源自生物学但早已不仅仅是生物学术语"进化"的意义及其使用过程中的"泛化"现象进行了深入的阐释，可谓条分缕析，鞭辟入里。其实，文中讨论的问题，并不仅仅属于哲学问题，它还涉及语言学、科学学、生物学等其他学科。本文着重从术语学角度对赵文提出一些补充意见，对个别地方也提出商榷。在倡导开展横向"跨学科"研究的今天，这样的讨论应该是有意义的。

术语学是研究术语的性质、特征、术语的发展规律以及如何对术语进行整理、规范与调控的学科。它产生于20世纪30年代，到了70年代初，国际上已倾向把术语学视为一门独立的综合性学科。任何科学都离不开术语，没有术语就没有知识。各门学科都免不了要与术语打交道，但以术语作为专门研究对象的却唯有术语学。就这个意义而言，在对任何学科的术语问题进行讨论时，去了解一下术语学的有关理论是怎么说的，应该算是很"对口"。只是由于我国的术语学理论研究基础薄弱，几近空白，相应的术语教育也无从谈起，术语学的一些基本理论原则同样鲜为人知。这种情况是亟待改变的。从术语对科学发展、信息交流直至文化教育与传承的作用而言，加强术语学理论研究是一件迫切要做的事情。

如同其他不少学科一样,术语学对自己的基本研究对象——术语,还没有一个被普遍接受的科学定义。但有一点认识却是共同的,毫无争议的,那就是,术语一定是对某一专业学科领域内概念的指称。既然术语是对概念的指称,那据此就可以把术语与一般日常词汇区别开来,后者仅具有意义或称词义,并不涉及专业概念。概念与词义的差别在此毋庸赘述,简言之,前者是对事物本质特征的抽象与概括,而后者反映的仅仅是一个朴素的、简单的、有时甚至可能是不完全符合科学的认识。如果说,语言学研究的是一般意义上的语言,那么术语学研究的则是范围相对比较狭小的"科学语言"、"专业语言"。术语学更习惯把"科学语言"、"专业语言"称为"次语言"、"亚语言"(sublanguage)或专用语言(LSP——language for special purposes),以与一般的"语言"(language)相区别。

术语学还认为,术语必须是成系统的。所谓"系统"是指处于彼此相关联并构成某一整体的成分的总和。因此,"系统"这一概念总是表明一系列进入一定"结构"的组成成分的存在。说到"系统",人们主要着眼于从其组成成分到整体这一方向来研究一个复杂的客体,而说到"结构",人们更侧重从客体整体到其组成成分及其相互关系的性质着眼。[①] 科学学认为,说到底,知识就其属性而言应该是成系统的,科学知识更是如此。说术语是成系统的,等于说,没有单独、孤立存在的术语。每个术语总是有与它处于同一层次或上一层次或下一层次的其他相关术语。这些处于同一系统内的术语之间具有密切的、相互制约、相互依存的关系。

---

① Суперанская А. В. *Общая терминология*. Москва. Наука. 2003, с. 115.

从术语学角度说"进化"及其泛化

术语的系统性是它所指称的概念所存在的系统性的反映,也受到后者的制约。但术语学对术语系统、概念系统以至词汇系统是严加区别的。对概念下定义常常要借助对象事物的上、下位关系来确定。最常见的就是"属加种差"方式。术语虽然要力求体现命名的理据性,但概念通常包含数个特征,这些特征不可能在组成术语的词素身上都反映出来。因此,术语又常常带有"熟语性",即它的意义往往不能通过组成它的下一级语言单位的意义推导出来。与日常词汇相比,术语对上下文的依赖性要小,即使脱离开上下文,术语所指称的概念在本行业专业人员中也应该是确定的,不然,就可能妨碍交际。

术语还总与理论分不开。简言之:"没有理论就没有术语,没有术语,也没有理论。"[①]术语系统不是一般地反映概念系统,而总是反映某一理论的概念系统。不同的学科,对看似由相同的词素或词构成的术语所指称的概念,往往会有不同的定义。这些术语应该看作是同音异义(homonymy)术语。比如,同样都说"言语",在心理学或生理学中所指的概念,与语言学,特别是索绪尔的语言学理论所指的概念,那是不一样的。具体说来,心理学中的"言语"主要是指言语活动的过程。而语言学中,"言语"也兼指言语活动的产物。在索绪尔笔下,"言语"则是与"语言"严格对立的概念。总之,虽然都说成是"言语",但它们并不是同一个术语,而是分属不同学科、不同理论的不同术语。即使在同一学科内,不同的理论,对看似相同的术语,也可能下不同的定义。比如,牛顿与爱因

---

① Лейчик В. М. *Терминоведение: предмет, методы, структура*, Bialystok. 1998, с. 73.

斯坦对"质量"的定义就不相同。在他们的各自理论中，就应视为具有不同意义的术语。从另一方面说，科学理论的创新，也常常是从对现有术语背后的概念提出质疑、修正直至提出全新的术语开始的。总之，术语既是对已有科学认识的固定，也可能成为新认识的生长点。

依据术语学的上述理论原则，再来看赵文中所说的"进化"，我们就会合乎逻辑地认为，政治学或其他学科所使用的术语"进化"与原本生物学中的术语"进化"，不应被看作是同一个术语。就是说，此"进化"非彼"进化"也。倘若分析这两个术语背后的概念的定义，两者肯定是不相同的。如果从与它们形成对立的反义术语来看，前者可能是"革命"，而后者可能是"骤变"或者"退化"。它们同样也不是同一个概念。即使都作为生物学的术语来看，如赵文指出，"进化"在拉马克的理论中与达尔文的理论中，其定义或其实际意义，也会有所不同。前者强调的是"用进废退"，后者更突出"自然选择"的作用。它们分属不同的理论，其术语所指称的概念内容并不相同，因此也是不能混为一谈的。

假如我们不把它们当术语分析，只把它们当一般语词看待，那就是另外一回事了。这时，我们就可以不去关注它们背后的概念所包含的理论差异，只要我们认识到"进化"是指"事物由简单到复杂，由低级到高级逐渐发展变化"就足够了。当然，我们还可能体会出，无论是指人类社会也好，还是指生物界也好，"进化"都包含"持续的渐变"或"有规则的变化"的意思。这层意思也许是"进化"一词使用"泛化"的内部理据。但这层意思基本没有完全超出语义层面，它还不是专业领域对所指事物本质特征的科学概括与严格定义。

从术语学角度说"进化"及其泛化

术语学理论认为,术语与普通日常词汇是有区别的,但它们之间又不存在不可逾越的鸿沟。任何一个日常生活词,都有可能成为术语词。就连"水"、"父"、"母"这些看似最普通的日常生活词,当它们作为某一学科的研究对象时,都可能获得更严密的科学定义,因而这些词也可能成为术语词。术语学把这种现象称为"术语化"(terminologization)。

"术语化"是指某一词汇单位由普通词语范畴向术语范畴的过渡。它往往包括两个过程。第一个过程是指语言中的某一词汇单位开始用于某一专业语言领域并开始行使某种类乎术语的功能。由于这时它还没有获得严格的科学定义,它还只能被视为"准术语"(quasiterm)。一般的行业用语也都可以看成是准术语。之所以要加个"准"字,是因为,尽管它们也是专业用语,但它们背后往往没有严格的科学定义。可以大胆地猜测,当"evolution"由本来的"展开"到用于生物学指"胚胎的成长"义时,该词已经开始了术语化的第一个过程。第二个过程是指该词汇单位由非术语或准术语正式取得术语资格的过程。这往往是在科学文本中获得定义并进入系统以后才最终实现的。

同样,术语词也有可能变成普通词,这种现象叫"非术语化"(determinologization)。"非术语化"与"术语化"相反,它是指某一词汇单位失去术语功能的过程。它通常也经历两个阶段。第一阶段指术语以具有术语意义的词汇单位的身份进入日常语言阶段。这时,它已经开始摆脱原有的术语系统,其本来严格的定义界限开始松动甚至模糊起来。从书面的科学文本,到口头的学术交流,再到一般普及性的科普、政论宣传,可能是这一阶段最有代表性的历程。第二阶段指术语词在日常普通语言中已经用于转义这一阶段。这时,术语词已经与原来指称的概念完全脱离,也不再受原来术语系统的制约。其单义性特点也会相应消逝。时下有人把"仿造"说成"克隆",把"发出警告"说成"亮黄牌",都可以看作是相关术语的"非术语化"实例。隐喻(metaphor)是实现这种意义扩展或引申的基础。当一个术语词发生"非术语化"时,对它的意义的解释也不必再借助专业概念,而可以大大简化,只要用一般人都能理解的语词来释义就可以了。其实,在当今时代,在科学语言与日常语言呈现出接近趋势的情况下,语言中的新词大多数都是由术语词经过"非术语化"后而进入日常语言的。

本来属于某一学科或某一理论的术语,也可能转而成为另一学科或另一理论的术语,这叫"术语转移"(transterminologization)。这种现象可能发生在单个术语身上,也可能是系统中某一"术语块"的整体转移。isomorphism(同形,同构)就是一个从数学转移向化学,进而又转向语言学的一个术语。有趣的是,深受达尔文学说影响的、著名的德国语言学家施莱歇尔(A. Sehleicher, 1821—1868)就曾将"进化"这一术语引入语言学研究,比照达尔文的进化论来说明语言的历史变化。但到了后来的青年语法学派那里,施莱歇尔的生物学论思想已被摒弃,他引进的术语也被语言学家重新审视定义。

对术语"进化"的"泛化"需要加以具体分析。在来不及搜集足够的语料之前,我们可以初步认定,这种"泛化"应属于上述的"非术语化"或"术语转移"现象。至于哪个意义究竟属于这两类中的哪一类,那还有待进一步分析证实。

赵文敏锐地注意到,"以泛化的'进化'概念为基础"已经孳生出"形形色色的'进化论'","制定出形形色色的'进化规律'"。看

从术语学角度说"进化"及其泛化

得出来,作者对这种状况的态度基本上是否定的。接下来,作者进一步追问:"你是在什么意义上使用'进化'的?对一个贴着'进化论'标签的学说,我们需要追问:这里有'自然选择'的理论吗?用'自然选择'解决了什么新问题吗?如果没有,那么就不要把这一学说当作科学理论看待,因为里边包含的只是非科学的思辨和遐想。"

第一个追问是完全合情合理的。这体现出一种严谨的、求真的治学态度。无论是作为作者还是读者,都必须搞清楚所用术语的意义,或者说术语背后所指的科学定义。不然,就可能发生许多无谓的争执与误读。但对第二个追问及其相关的结论,我们却觉得可能有武断之嫌。从上述的术语学理论角度看,当"进化"这一术语发生了"非术语化"或"术语转移"时,最初所包含的"自然选择"的内容是容许舍弃或忽略的。这里不能完全排除新孳生的理论中有的可能真的"非科学"甚至"反科学",但仅凭"自然选择"理论在其中的作用而对此作出判定,那可能会有失偏颇。

在当今这个所谓"知识爆炸"的时代,据说,大约每过25年,学科的门类数目就会翻一番。这种增长主要是通过现有学科的分化(如从物理学到声学到建筑声学),从现有学科的边缘处衍生(如从社会学与语言学边缘产生出社会语言学)以及几个学科的相互融通(如环境科学、信息学)等为主要途径而实现的。这些新学科的术语都免不了要从其源出学科借用。对原学科来说,就可能发生"术语转移"直至"非术语化"现象。这种现象的发生是以人的认知活动规律与心理活动规律为基础的。而隐喻与这两者都相关。隐喻是一种主要的联想思维活动,它以客观事物之间的相似性为依据。通过隐喻,人们可以借助原有的知识来理解或认识新事物。

隐喻在术语的生成中同样具有重要的作用。这些都是另外的话题,在此毋庸赘述。我们只想强调,根据某术语"泛化"过程中所伴生的部分原义的模糊甚至消逝来判断该新术语和该学科的科学性,可能是不完全科学的。如果再考虑到,这种现象的发生可能是新学科产生或跨学科研究必然经历的一个阶段,我们在要求严谨的同时,也需要一定的合乎理性的宽容。一个学科的术语的水平,离不开该学科本身的发展水平。术语是随着学科理论的进步而逐渐完善的。

(《求是学刊》,2006,04)

从术语学角度说 концепт 及其他

华劭先生的大作"概念还是观念？概念化还是观念化？概念分析还是观念分析？"(载《中国俄语教学》2010,2 期)，读后获益匪浅。正如"编者按"所说："近年来，俄语 концепт 一词在语言学各个学科中得到广泛的使用和不同的诠释。在我国俄语学界对该词的理解和翻译一直有不同的见解。"因此，可以说，华先生提出的是一个多少带有敏感性的热门话题。如果上网稍加浏览，就不难发现，俄国语言学界，对此也有不少观点各异的阐释文章。编辑部"希望引起广大俄语学者对这一问题的关注，参与广泛的讨论"，这不失为因势利导之举，理应得到大家的支持与响应。

翻查一下俄语的语文词典，концепт 的"入典"历史也算曲折。20 世纪 30 年代出版的乌沙阔夫词典，已经收入该词，但此后出版的奥热果夫词典、四卷本的小科学院词典、十七卷本的大科学院词典却都没有收，它仅见于《正字法词典》(1974) 与《苏联百科词典》(1980)。与西方国家的词典传统不同，俄语语文词典一向注重规范性。концепт 一词"入而复出"，最大的可能是因为其规范性尚不够格。进入 21 世纪，情况则发生了变化。同属俄罗斯科学院的不同研究所所编纂的两部词典都分别收入了该词，其专业标注分别为〈专〉或〈逻辑〉。① 由此可见,极有可能 концепт 至今仍是作为专业术语进入俄语词汇的。类似过程在术语学上称作术语的"非术语化"(детерминологизация),尽管对 концепт 来说,这个过程可能还正在进行中。

从词源上说,концепт 源于拉丁语的 conceptus,意义相当于俄语里的 понятие、мысль. представление 等。也有的辞书指出,它实际是通过德语(Konzept)进入俄语的。就词的内部形式来说,conceptus 与 понятие 是一样的,都分别来自相关动词 concipere,пояти。动词 пояти 在古俄语中表示"抓住,占有,娶为妻"之意。在现有的语文词典中,понятие 最主要的意义是"概念"。还有另外一个意义,那应该是"知晓"的意思,如 Я ни какого понятия не имею 句子中所用的意义。如果把 понятие(概念)看作是逻辑学的一个术语,那么这个由原本通用词转化成术语的过程,在术语学上称为"术语化"(термилогизация)。它与前面说过的"非术语化"过程相反。据说,最早在现代俄语中使用 концепт 的是一个名叫 С. А. Аскольдов- Алексеев 的学者,时间是在 1928 年。曾经有相当一段时间,在科学语言中,концепт 与 понятие 这两个词被视为同义词,可以互相替代使用。甚至由它们所派生出的形容词及其相关词组,如 концептуальное поле,在阿赫玛诺娃主编的《语言学术语词典》中,也是通过 понятийная область 来加以释义的。

---

① 这两部词典一部是:*Российская академия наук отделение историко-филологических наук институт русского языка им.* В. В. ВиноградоваРАН ТОЛКОВЫЙ СЛОВАРЬ РУССКОГО ЯЗЫКА Ответственный редактор академик. Ю. Шведова, МОСКВА, 2007;另一部是:*Российская академия наук институт лингвистических исследований* БОЛЬШОЙ ТОЛКОВЫЙ СЛОВАРЬ РУССКОГО ЯЗЫКА, Санкт-Петербург〈НОНИНТ〉, 2004.

从术语学角度说 концепт 及其他

现如今,特别是从 90 年代开始,концепт 与 понятие 却很少再这样不加区分地使用了,它们之间的界限开始变得逐渐分明。首先,концепт 与 понятие 应视为不同学科的术语。前者开始主要用于数理逻辑,而后者主要用于逻辑学与哲学。指出这一点,从术语学的角度来说,是非常重要的。通常,术语学把术语定义为"在某一专业领域内指称专业概念的词或词组"。一般说来,即使是语音形式完全相同的"能指",如果指称的概念分属不同学科,那么它们就应该视为不同的术语,或者称作同音异义术语(термины—омонимы),它们的实际所指是不一样的。在术语学看来,术语总是与一定的理论观点相关联。"没有理论就没有术语,没有术语就没有理论"这样的说法即与此有关。其次,术语总是处于一定的系统中,甚至有人说,脱离开系统的术语就不能称其为术语。既然它们分属不同的学科,分属不同的术语系统,因此所指称的定义也往往是不尽相同的。这里不妨举一个最容易让人理解的例子。通常语言学上所说的"语言"与"言语",应看作是现代语言学奠基人索绪尔的结构主义语言学里的基本概念与术语。试想,如果以神经科学理论为据,诊断一个患者已"失去言语能力",这其中的"言语"与索绪尔理论中的"言语",其所指当然不是同一个概念,因此也不能看作是同一个术语。同样,如果从声学角度研究言语中某个音的响度,这个"言语"与上面所说的言语,指的也不是同一个概念,因此,也不应该看作是同一个术语。它们分属不同的学科,不同的术语系统,因此只能算是同音异义术语。就这一点来说,концепт 与 понятие 即使都译作"概念",在汉语里,也应该视为同音异义术语,而不是同一个术语。

还有一点也不应该忽略,即前面术语定义中所说的"指称"一词,也是具有深意的。在大多数情况下,术语的意义是很难通过组成术语词的语素意义体现出来的,尽管对术语的定名有理据性的要求。这是因为,专业领域内的概念往往包含多个本质特征,其实是无法仅仅借助一个词或词组就把这些本质特征都传达出来的。随便从词典里找一个例子。比如,"自由基"是指"化合物分子中的共价键受到光、热等的影响后,均等断裂而成的含有不成对价电子的原子或原子团",仅靠"自由基"三个字怎能传达出这么复杂的多重意思呢？再比如,越来越频繁见诸于媒体的科技术语"云计算"或"蓝牙"也是如此。仅从字面上看会不知所云。在给术语下定义时,如果要做到准确,那就不应该说术语"表达"或"传达"某某概念,而最好说它是用来"指称"某某概念。通过一个词或词组是无法表达或传达出那么多专业内容的。启功先生曾把典故比作集成电路,意思是说,它的"体积小,容量大"。其实,术语在这一点上与典故相似。术语只是一个约定好的符号。每个术语都指称确定的概念,只能作如此确定的理解,那是因为有专业工作者的约定。也正因为如此,不管把 концепт 译成"概念"也好,"观念"也好,其严格的术语意义,都不应该是现有语文词典里所注明的意义。如,"观念",按《现代汉语词典》的解释,它一是指"思想意识";一是指"客观事物在人脑里留下的概括的形象(有时指表象)"。《辞海》里的解释,因为接近专业词典,比这要详细深入一步,指出:"观念"译自希腊语 idea,接着还列举出它在西方各派哲学中所具有的不同涵义。但这与我们讨论的 концепт 的意义即使有联系,也仍是相去较远。因为,我们所说的 концепт 首先是文化学的意义,其次是语言国情学以及认知语言学上的意义。这个意义当然与该词的其他专业意义有联系,但严格说肯定不是一回事。就这一点来说,把它译成"概念"也好,"观念"也好,反倒不是那么重要了。不管译成什么,都要给它重新下一个定义。因为它们与现有的"概念"与"观念"的定义,是不完全一样,甚至是完全不一样的。应该说,华劭教授已经敏锐地体察到了这一点,因此他才会说:"понятие 与 концепт 两个词,人们均以译成概念时居多,但又感到有些不妥,因为这会忽略俄语中(其实是所讨论的学科中——引者注)所强调的两者间的区别,加上汉语辞书中对'概念'一词有比较明确的界定,很难完全包含 concept/концепт 的全部内容,这就造成了理解上的困惑。"他还说:"看来,концепт 译成'观念'比译成'概念'包容性更大,较可取,尽管也不十分理想。"不难看出,华劭教授作出的这个选择,多少有点儿勉强和无可奈何,对此我们深表理解。其实,类似的勉强与无可奈何还不仅见于这两个术语。语义学研究中的 значение 与 смысл 也属类似的情况。人们几乎顺其自然地、不假思索地把 смысл 译成"意思",以与"意义"相区别,但这里的"意思"到底是什么意思?如果不去查看只有语言学术语词典上才有的释义,那是很难明白其准确涵义的。但可惜的是,使用术语的作者,却往往不去对这个"意思"做严格科学意义上的交代。

有人把文化学意义上的 концепт 解释为"人的意识中的某种文化凝缩,文化以此形式进入人的心智世界。另一方面,人又通过它自己进入文化,有时又影响文化"。[①] 也有人把 концепт 说成是某种"文化基因",这显然是在强调它在文化传承中的作用。总之,文化学专家,语言学不同分支学科的专家,都可能提出不完全相同的定义。探究这些定义的优劣不是本文的任务。甚至在笔者看

---

① Степанов Ю. С. *Константы Словарь русской культуры Опыт исследований*. Москва. школа Языки русской культуры. 1997,с.40—76.

来，由于研究的视角不同，最关注的方面不同，比较它们孰优孰劣，未必是很明智的。但有一点不能不指出，即在当代，不同学科间的相互渗透，相互交叉，已成为科学发展的一个总体趋势。对人文科学来说，文化研究的成果，已经开始被越来越多的学科所吸纳。每个新的知识领域都需要有自己的概念与术语。对许多学科来说，концепт 就是这样一个正在被磨砺的基础性的术语。就这一点来说，华劭先生提出的问题是很有意义的。但也正如有人所说："术语在科学的确立时期，总是与使用随意、界限模糊、与近义词混淆等现象分不开。例如，在研究著述中经常看到把 когнитивный концепт 同 лингвокультурный концепт 混同的现象。"①因此，从某种意义上说，目前俄语界在 концепт 与 понятие 的使用与翻译上存在的暂时的混乱与困惑，也实属无奈，这是一个学科前进与发展过程中必然遇到的问题。

一般说来，人文科学的术语与自然科学的术语之间是存在差异的。这种差异首先是因为自然科学特别是精密科学的元语言与一般标准语之间存在着差异。自然科学的研究对象往往是自然界的客观存在，而人文科学特别是某些人文科学如艺术理论之类，却是以人的主观感受为对象的。再加上思想意识的分歧与斗争的影响，这些都造成自然科学术语与人文科学术语之间存在明显差别。

从另一个角度说，一个学科所使用的术语的科学水平，取决于该学科本身的发展水平。就这一点来说，语言学术语值得夸耀的

---

① Степанов Ю. С. *Константы Словарь русской культуры Опыт исследований*. Москва. школа Языки русской культуры. 1997, с. 40—76.

地方实在不多。

首先,语言学术语的来源具有多学科性。语言是一种极为复杂的现象。语言学研究历来就与多种学科有联系,特别是在当代,语言学研究无论是在方法论上,还是在具体理论观点上,都从其他学科大量地借鉴了许多有益的东西。语言学知识实际上兼有人文科学与自然科学两方面的特点。语言学术语在不同时期从其他不同学科借用或引进了许多概念及术语。虽然在当今时代,不同学科之间的融合与交叉是极为常见的现象,甚至是学科发展的重要途径,但语言学术语的多学科性,仍应视为其重要特点之一。雅各布孙(Jakobson R.)认为,任何语言研究的实质都是用一种语义系统的符号来替代另一种语义系统的符号。这里,自然语言的语义系统符号是第一位的,而语言学理论的元语言是第二位的。研究与整理语言学术语不可避免地要从多学科的角度来揭示语言科学的原理与根据,同样,也要搞清这些根据与其他多种学科的联系。据此,甚至可以说,语言学术语的研究本身实际上也是一项跨学科性质的工作。有人对语言学术语做过仔细分析后指出,语言学术语包括了大量从哲学、逻辑学、社会学、解释学、认知科学、计算机科学、符号学、人工智能科学、文化学、交际理论等多种学科借用的术语。与其他学科术语相比,这肯定应该是语言学术语一个值得注意的特点。

其次,语言学术语具有相当的混杂性。前面指出的语言学术语的多学科性,主要是就语言学术语的学科来源说的,而这里说的语言学术语的混杂性则是指语言学术语本身在内部结构、科学程度等诸多方面的非一致性、非单质性、不均衡性等特征。可以从以下几个不同的角度来说明语言学术语的这一并不令人羡慕的特征。

任何一个学科的术语状况,都与这个学科的发展程度及其内部结构有关。当语言学对其他学科的术语兼收并蓄时,这些术语与原学科领域的联系并不会完全割断,于是,这些学科之间由于发展程度与内部结构的不同所存在的差异,也不可避免地会反映到语言学术语中来。于是,语言学术语的混杂性也就难免了。

任何学科的术语都存在一个系统性与形成的历史性之间的矛盾。术语作为指称某一科学领域概念的词和词组,它应该具有严格准确的定义。一个学科的术语应该构成严格的系统,其中的每个术语作为其系统的组成成分,都受到相关的其他术语的制约。但科学的发展却往往会打破旧的概念系统,也使旧的概念进入新的相互关系之中。概念的范围或者内容可能已经发生了变化,但用作指称概念的术语名称却依旧沿用。这就会导致新旧术语之间关系的不对应甚至混乱。一个学科内尚且如此,多学科术语汇集的情况就更可以想见。

术语的意义总是离不开它所在的术语系统的制约。一旦脱离开这个系统,术语与它原来所指称的概念之间的联系,随着离异时间与程度的加大,就必然要衰减。同时,在新的术语系统中,也可能发生"术语错合"。法国学者穆南(Mounin G.)曾用"micro"、"macro"这两个来自化学的术语词素来说明这个问题。其实,我们也可以用"语境"、"话语"等出自语言学的术语为例。只要比较一下这些词在当下一般社会科学著述中所使用的意义,就不难发现这一点。

自然科学中的不同学派往往表现为所用术语的不同。按照历时的原则去厘清不同的语言学学说可以看作是语言学研究中传统的科学方法,但这个原则对于语言术语的研究却不大管用。不同的语言学流派或学派,在术语使用上未必是彼此完全对立的。在有的历史时期,不同的几个语言学流派还可能使用大致相同的术语,比如结构主义与传统语言学之间以及结构主义的不同派别之间。同时,在某一学派的不同发展阶段之间,在术语使用上还可能有继承性,如洪堡特学说与新洪堡特学说之间。有时,甚至在彼此对立的学派之间也可能存在术语的继承性,比如在乔姆斯基(Chomsky N.)生成语法学派与后来反其道行之而产生的生成语义学派之间。

穆南曾形象地指出:"语言学的历史……是一个巨大的术语废车场,这些车几乎谁也没有乘坐过。叶尔姆斯列夫(Hjelmslev L.)创造的 106 个术语中,仍在通用的仅仅只有 5%。"[1]他还指出,在近几十年间,创造术语成了语言学家的一种职业病。结果更使语言学充斥新术语。不管是一些资深的还是年轻的语言学学者都以为,似乎给某个概念起个名,就是发现了一个概念,尽管这个概念可能以前已经有人研究过并描述过。为了消除这种弊病,穆南还特别强调:"科学是一种集体创造,科学语言如同任何其他语言一样,也是一种交际工具,虽然只在较窄的范围内交往。因此,术语的创造者,不管他多么天才,他都要受制于社会。如果没有人读或少有人读,他的语言就不会被采用,而如果别人读不懂,通常也就被弃之一旁。"[2]他的话可以看作是对造成语言学术语混乱的人为因素的批评。当然,天才学者因其思想超前,其所用术语不被人理解或使用的情况也是有的,索绪尔创造的术语就是在他死后约半

---

[1] 转引自 Слюсарева Н. А. *Терминология лингвистики и метаязыковая функция языка* // ВЯ. 1979, №4.

[2] 同上.

个世纪才被接受使用的。不过,也有相反的情形,一个学者思想的很快流行,其术语被广泛使用,这也并不证明这些术语背后一定有新内容。

语言学术语在不同语言中对应术语往往存有非等值性。这一点通过与其他学科术语的对比会看得更清楚。以医学术语为例,尽管不同民族的人外貌、肤色等会有不同,由于面对的都是人的身体、疾病等,不同语言中相对应的术语也是等值的。数学与物理学这样的精密科学术语就更不必说了。语言学术语则不然。语言学说到底是以人类的语言为研究对象的。为了强调这一点,尽管已知各种不同的民族语言可能在两千多种,有的语言学家还是特别指出,作为语言学研究对象的语言应该用"单数",它指的是全人类的语言。而语言学术语则总是依附或者说寄生在具体的语言"基质"(substratum)上的。这些语言在具有人类语言共性的同时,又具有自己的特点。当产生于某一种语言的术语用另一种语言来表达时,往往免不了要掺杂进来一些别的东西,同时也可能会失去一些东西。

其次,由于不同国家、不同语言研究的传统不同,甚至在属于同一语系的不同语言经仿造借用看上去完全相同的术语,其实际意义也可能并不相同。比如 Philology 这个术语,"在英国的用法中,大致相当于比较语文学。然而,在德国,语文学一般是指文学作品的学术研究;更为一般化的用法是指利用文学文献研究文化和文明。英国的比较语文学,德语称之为'比较语言学'。"[①]同样,据说,morpheme 在法语传统中表示的是属概念,而在美国和俄国

[①] 罗·亨·罗宾斯. 普通语言学概论. 上海译文出版社,1986,第 17 页.

表示的却是种概念。而在汉语中,情况就更加复杂了。是词素?还是语素?看上去这是不同的译法问题,实际上指称的是完全不同的概念、不同的定义,其中甚至反映出不同的语言观。梅耶(Meillet A.)也曾指出,同一个语法术语可能用来指称不同语言中并不等同的现象。

至于在一个国家语言学中大量使用的术语,在另外国家的语言学界完全没有术语与其相对应的情况,更是屡见不鲜。这类术语与解释性的译语之间就更谈不到等值了。

语言学术语的上述特点说明,语言学术语尚在形成过程中。真正科学的语言学术语的建立还有待时日。我国旅美学者李幼蒸先生在他的《理论符号学导论》一书中说:"其实,几百年来的科学史正是一部科学话语表达方式不断更新的历史;自然科学的进步从形式上即表现为词语准确性和系统性的不断增强。而不断创新的自然科学也是在新的词语概念系统中重新组织和构建自己的思考方式和表达方式的。""现代人文科学与自然科学的情况虽然有所不同,但自然科学词语表达系统的明确性对于人文科学话语的成效始终构成有力的挑战。人文科学家是无法拒绝话语表达系统精确化的理性要求的。特别是二次大战以后,60年代以来,人文科学的'科学化'全面加强,几乎一切学科中的人文话语都在经历着精确化的过程。"[①]据此,我们有理由相信,随着语言学的发展,语言学的术语也一定会越来越完善,越来越精确。但是,这个过程不会是短暂的。

---

① 李幼蒸. 理论符号学导论. 北京:社会科学文献出版社,1999,第1页.

"术语学派"的提法要慎用

曾几何时,在与术语研究相关的著述中,在谈到世界上术语研究的状况时,差不多总是通过列举奥地利-德国、俄罗斯、捷克、加拿大等有影响的学派来加以描述。笔者个人也在不同场合采用过类似做法。作为对术语学发展历程的历史回顾,这样说当然可以。列举这样几个有影响的学派,可以帮助读者大致把握术语学研究的主要历史脉络。但是不能不承认,进入21世纪,在术语学已经有了许多新发展的今天,仅凭这样的描述,已经不能反映出当今世界术语研究的总体实际状况。

首先,这与世界政治形势的发展与变动有关。由于苏联的解体,原"苏联学派"自然已不存在,简单地改称"俄罗斯学派"并不能涵盖苏联的许多加盟共和国,诸如乌克兰、拉脱维亚、立陶宛等独联体国家。而这些国家中,有不少又是现今术语学研究极为活跃的。其次,说到现今世界术语研究的总体状况,另有一些新崛起的国家与地区也是绝对不能忽略的,其中包括自北欧到非洲的广大地域,如丹麦、瑞典、挪威、芬兰、尼日利亚等国家。不难发现,在较新的资料中,用东欧地区、北欧(或称斯堪的纳维亚)地区、日耳曼语区、罗曼语区(包括使用法语、西班牙语等广大地区)、英语地区(包括美国)等地域名称以代替"学派"名称的表述更为普遍。

"术语学派"的提法要慎用

这其中的原因还不仅仅是由于术语研究在世界上广大地区有了新的扩展,传统上列举出的学派已经很不全面了,更为主要的是,这里还有一个学理上是否严谨,名称是否准确和科学的问题。对于术语学研究来说,这一点当然尤其重要。

什么是学派?《现代汉语词典》把它解释为"同一学科中由于学说、观点不同而形成的派别"。我倒更倾向把它理解为"某一学科内,由于地域、文化背景接近,渊源一致,因而学术思想具有极大共性的学者群"。这后一个说法是我个人根据一本介绍维也纳语言学派的俄文专著归纳出来的,但并不是原书里对学派下的定义。① 《现汉》的解释从相关语素的意义入手,似乎突出了"派"与"派"的差异(这当然也是称其为"派"的一个必要条件),更像是语文性的释义。后一种解释则侧重从属与种差别上着眼,看上去更像是下定义。

乍一看,前面说到的那些学派,似乎也符合上述定义所规定的条件,诸如有一定的地域文化背景,有自己的创建、领衔人物,有共同的学术理论与研究方法等。那为什么说,今天仍沿袭这种说法就会有失严谨与科学呢?让我们从21世纪初召开的几次国际性的术语学研讨会说起。

进入21世纪,随着国际形势大气候的变化,国际术语学界的联系与交往也更密切了。2001年,在芬兰的瓦萨(Vasa)由国际术语学研究所(International Institute for Terminology Research)发起召开了一次术语学理论大型研讨会(英语称作 colloquium)。2002年,在丹麦学者 Heribert Picht 等人的倡议下,西方学者开始

---

① 参见 В. Г. *Кузнецов Женевская Лингвистическая Школа*. УРСС, Москва. 6.

了有计划地了解、熟悉俄罗斯以及乌克兰等苏联加盟共和国国家的术语学研究状况的活动。先是在拉脱维亚首都里加召开了一次纪念苏联与洛特(Лотте Д. С.)齐名的术语学家德列津(Дрезин Э. К. 他是拉脱维亚人)的活动。接着,在维也纳又出版了一本专门介绍俄国术语学理论的著述 Russian Terminology Science(1992—2002)。全书篇幅有 462 页之多。文章都是用英语与德语写的。撰稿者都是当今俄国术语学界的领军人物和有代表性的学者。2003 年,在英国的萨里郡(Surrey)又一次召开了大型的国际学术研讨会。据会议主办方说,这次会议的主要目的是给"俄国同行"一个向各国学者展示近年来俄国术语学发展成就的机会,此前由于各方面的原因,包括语言上的障碍,这是很难做到的。会上有 5 位来自俄罗斯与乌克兰的学者做了发言。每个发言之后,都有两名分别来自英国、奥地利、美国、尼日利亚等国的学者当场进行评议。2005 年,在意大利的贝加莫(Bergamo)又举行了第三次这样的大型学术研讨会,其宗旨就是对东欧、奥地利、北欧等国家术语学研究的方法进行对比研究。同年,一些来自丹麦、德国、拉脱维亚等国的术语学家又参加了在莫斯科召开的术语学研讨会。这些活动加深了国际术语学界相互间的了解与合作。

作为上述一系列大型国际研讨会的一个重要议题,由丹麦学者 Chister Lauren// Heribert Picht 牵头,完成了一项对不同学派进行对比研究的课题(Approaches to Terminological Theories: A Comparative Study of the State-of-the-Art)。其中,对"术语学派"这一概念的看法是 6 个对比方面中的一项。如课题作者指出,"术语学派"(Terminological Schools),这个 80 年代之前甚为通行的说法,在术语学文献中,从来没有明确地下过定义。实际上,这

"术语学派"的提法要慎用

是在维斯特去世后才提出的说法,而维斯特本人从来没有把他率先开创的术语学研究看作是一个"学派"。并且,此"学派"也并不是严格哲学意义上的学派,而更像是出于实际需要与研究志趣形成的不同群体。这里所说的严格"哲学意义",按我个人的理解,更多是指理论出发点的对立性,不可调和性。例如类似"唯实论"与"唯名论"、"唯理论"与"经验论"这些相对立的哲学流派。而术语学派之间从来不是如此对立、如此互不相容的。这个课题研究表明,它们之间的差异更多表现在研究方法与兴趣的侧重点不同上。

课题作者进一步说明,按俄国人对"学派"概念的理解,由洛特、德列津及其追随者代表的、自1930年到1980年存在与发展起来的"苏联术语学派"未必是单一性质的。而现今,俄罗斯学派已经不存在了。对不同话题,都存在着有内部联系的不同的观点与方法。对于晚近崛起的北欧国家来说,无论是术语理论研究者,还是实践工作者,从来都对"学派"这一概念采取抵制态度。他们也从来不用这个说法来描写北欧这些国家的方法与关注点。在他们看来,理论的发展总是持续变化的,它不应该受到来自某一源头思想定向的支配。在加拿大,术语工作基本上始于70年代。这时,由维斯特开创的术语学一般理论,根据实际需要,已经有了变动与修正。理论正沿着面向应用与受应用制约的方向发展。加拿大人意识到,来自不同渠道的不同方法都会对理论发展产生影响,让几种不同方法比肩并存,比宣称追随某学派要好得多。对罗曼语地区来说,也从未宣称过什么"术语学派"。今天,在罗曼语的不同地区,采用的是视其需要而不同的研究方法或者是不同方法的结合。但总的来说,还是以语言学的方法为主导。在存在相对较久的日耳曼语地区,"术语学派"概念的第一次引入是1977年维斯特逝世以后的事。维斯特本人从来没有考虑把他开创的理论作为一个"学派"来与其他方法相对立。这个概念大概是由费尔伯(Felber H.)受俄罗斯或布拉格学派的说法启发而引进来的。今天"学派"这个概念由于其缺乏严格的令人满意的定义已经不具有任何重要性。但是,在文献中仍在使用"学派"这个词,更多是指其他方法论者,而不是指维斯特的。在英语地区,也从来没有宣布谁代表某个"术语学派"。如果偶尔在文献中使用,更多的是指自己称为"学派"的那些人。而且更多的是把它看作一个与地理相关的概念,而不是思想上的。再说,由于许多方法并不是英语地区率先使用的,因此,宣称什么学派就更不适宜了。而在以尼日利亚为代表的非洲地区,就更谈不到什么"学派"了。[①]

那么俄国学者是怎样看待这个问题呢?当今著名的俄国术语学家舍洛夫(Шелов С. Д.)与列依奇克(Лейчик В. М.)在提交给2005年贝加莫会议的论文中清楚地指出,"俄罗斯术语学派"这种说法不过是长期以来的一种习惯用法。问题在于,俄国或者更正式地说苏联术语学者从来都不是对术语与术语学有统一观点难以区分的群体。"把所有俄国术语学的研究都归为单一的统一术语学派是没有依据的。""不同地区不同学科方向术语学者之间思想的变化,以及理论与应用性结果的变化,一直是苏联与俄国术语学

[①] Chister Lauren// Heribert Picht, *Approaches to Terminological Theories: A Comparative Study of the State-of-the-Art*, 167—169. //Heribert Picht *Modern Approches to Terminological Theories and Applications* PETER LANG Bern, 2006. Serguey D. Shelov/Vladimirl M. Leitchik, *Terminology Science in Russia: Social Needs and Object Content* 16, 19. //Heribert Picht *Modern Approches to Terminological Theories and Applications* PETER LANG Bern, 2006. Larissa Alexeeva/Valetina Novodranova, *A cognitive Approach to Terminology*, 26. // Heribert Picht, *Modern Approches to Terminological Theories and Applications* PETER LANG Bern, 2006.

历史上具有代表性的进步特征。"另两位俄国学者在另一篇提交会议的论文中,也同样指出:"总之,我们要说,在俄国与欧洲术语学者之间,只有很小甚至有时是没有什么差别的,因为其理论预设是相联系的。"

这样看来,无论是后来兴起术语研究的国家,还是传统上被称为"学派"的国家,都不赞成、不接受"术语学派"这一提法。

我个人在国内某些个别场合听到过有人用"创建中国术语学派"这样的说法。如果这只是表达一种美好的愿望,作为对术语学研究者的一种鼓动与激励,倒也无可厚非,似乎对此也不必过于认真。考虑到术语学研究在我国还刚刚起步,倡导建立学派实在为时过早,因此,我曾表示过要慎用"中国术语学派"这样的说法。现在看来,这还不仅是个谦虚谨慎、实事求是的问题,更主要的是还存在一个严谨、科学与准确性的问题。写下这篇短文,是想再次正式提醒,无论是针对国外还是国内,使用"术语学派"这个说法要慎之又慎。

(《俄语语言文学研究》,2008,04)

国外术语学研究现状概观[*]

无论是一般关注术语工作的人,还是准备投身术语学研究的人,都会有愿望了解国外术语学的研究现状。从这一意义上说,本文的题目应该算是一个有意义的话题。笔者承担的"国外术语学理论研究"课题,也要求就这一题目作出回答。对这一点,笔者虽然早就心知肚明,但却迟迟不敢动笔。这其中的主要原因就在于,总是自感掌握的资料还嫌不足。在信息如此发达的时代,这话似乎有些说不出口,但这却是个实实在在的苦衷与无奈。更多的不说,要想对国外术语学研究的总体现状作出描述,总得对以往所说的几个著名的国家与学派,例如,奥地利-德国、俄罗斯、捷克、加拿大等国家的情况,有第一手材料的了解。这就要求起码有德语、俄语、捷克语直至法语、英语的阅读能力。(在这一点上,英语所一贯具有的强大"话语权"似乎略有削弱,它往往沦为第二手了。)可惜笔者本人乃至课题组其他成员并不完全具备这种能力。但是该做的事,终归还是要做,哪怕一下子做不太好,也得有个开始。笔者正是抱着这样的想法开始撰写本文的。

既然我们无法采用细腻的笔触,描摹出一幅当今国外术语学研究的全景图,那我们只好退而求其次,试着用粗线条大致勾勒出

---

[*] 本文与梁爱林先生共同撰写并联名发表。

一幅框架式的轮廓图。我们从现有的资料中,筛选出若干角度与视点,提出一些线索,再循着这些线索,小心地做出分析与求证。对取自一种语言资料的观点,也力求从其他语言的材料中找到印证与支持。我们期望通过这种做法,帮助读者对当今国外术语学研究的总体状况有个粗略的了解。这样做虽然差强人意,但却聊胜于无。我们选定的视点可以概括为如下方面:1.抛开"学派说",从"地域"角度着眼;2.从对学科的定位透视研究状况;3.从研究的侧重点看各自的优势;4.近年研究的大趋势与新方向;5.术语教育的状况;6.有关国际组织的活动。下面就这些方面,分别展开叙述。

1. 抛开"学派说",从"地域"角度着眼

曾几何时,在与术语研究相关的著述中,在谈到世界上术语研究的状况时,每每通过列举奥地利-德国、俄罗斯、捷克、加拿大等有影响的学派来加以概括,但对各学派的具体情况,却多语焉不详。作为对术语学发展历程的历史回顾,这样说当然也不一定错。列举这样几个有影响的国家,可以帮助读者大致把握术语学发展的主要历史脉络。但是不能不承认,进入 21 世纪,在术语学已经有了许多新发展的今天,仅凭这样的描述,已经不能反映当今世界术语研究的总体状况。

首先,这与世界政治形势的变动与发展有关。由于苏联的解体,原"苏联学派"自然已不存在,简单地把它改称"俄罗斯学派"并不能涵盖苏联的许多加盟共和国,诸如乌克兰、拉脱维亚、立陶宛等独联体国家。而这些国家中,有不少又是现今术语学研究极为

活跃的。麻烦还不仅仅在此,更为主要的是,这里还有一个学理上的严谨与否,名称是否准确与科学的问题。

什么是学派?《现代汉语词典》把它解释为"同一学科中由于学说、观点不同而形成的派别"。我们倒更倾向把它理解为"某一学科内,由于地域、文化背景接近,渊源一致,因而学术思想具有极大共性的学者群"。这后一个说法是根据一本介绍维也纳语言学派的俄文专著归纳出来的,但并不是原书专门给学派下的定义。[①]《现汉》的解释从相关语素的意义入手,似乎突出了"派"与"派"的差异(这当然也是称其为"派"的一个必要条件),更像是语文性的释义。后一种解释则侧重从属与种差上着眼,看上去更像是在下规定性的定义。

乍一看,前面说到的那些学派,似乎也符合上述定义所规定的条件,诸如有一定的地域文化背景,有自己的创建、领衔人物,有共通的学术理论与研究方法等。那么,为什么说,今天仍沿袭这种说法,会有失严谨与科学呢?

几年前,由丹麦学者劳任(Chister Lauren)与皮契特(Heribert Picht)牵头,完成了一项对不同学派进行对比研究的课题(Approaches to Terminological Theories:A Comparative Study of the State-of-the-Art)。如课题作者指出,"术语学派"(Terminological Schools),这个 80 年代之前甚为通行的说法,在术语学文献中,从来没有明确地下过定义。实际上,这是在维斯特(Wüster E.)去世后才提出的说法,而维斯特本人从来没有把他率先开创的术语学研究看作是一个"学派"。并且,此"学派"也并不是严格哲学意

[①] 参见 В. Г. Кузнецов *Женевская Лингвистическая Школа*. УРСС, Москва. 6.

义上的学派,而更像是出于实际需要与研究志趣形成的不同群体。这里所说的严格"哲学意义",按我们个人的理解,更多是指理论出发点的对立性,不可调和性。例如类似"唯实论"与"唯名论"、"唯理论"与"经验论"这些相对立的哲学流派。而所谓术语学派之间从来不是如此对立、如此互不相容的。这个课题研究表明,它们之间的差异更多表现在研究方法与兴趣的侧重点的不同。请注意,"侧重"仅是侧重,绝不是互相对立,更不是互不相容。

值得注意的是,在反映近年召开的术语学国际会议内容的论文集中,更多的都是从"地域"角度着眼,来描述当今术语学的研究状况。其中包括日耳曼语区、罗曼语区、英语地区等。这后两个语区可以把南北美洲也涵盖在内。此外,引人注意的,还有自北欧(或称斯堪的纳维亚),如丹麦、瑞典、挪威、芬兰、冰岛等国家,直到非洲如尼日利亚等国家的术语研究介绍。这是起步虽晚但发展势头很强劲的地区。按照这个方式,我们还可以把传统上属东欧的国家,如俄罗斯及其他独联体国家以及捷克、波兰等斯拉夫语国家也归为一类补充进去。这样,我们会得到一个术语研究的"新版图"。这个"新版图"显然比以往罗列几个"学派"的内容更全面、更合理,也能反映出近年来术语研究在地域上的新拓展。当然,我们留意到,这里完全没有提及广大亚洲地区。这多少令人感到遗憾。但从一定意义上说,这是研究状况使然,与采用这种描写视点无关。如果需要,我们还可以把参加"东亚术语论坛"的国家的情况也补充进去。

在劳任与皮契特看来,对于晚近崛起的北欧国家来说,无论是术语理论研究者,还是实践工作者,从来都对"学派"这一概念采取抵制态度。他们也从来不用这个说法来描写北欧这些国家的方法与关注点。在他们看来,理论的发展总是不断变化的,它不应该受到来自某一源头思想定向的支配。对罗曼语地区来说,也从未宣称过什么"术语学派"。今天,在罗曼语的不同地区,采用的是视其需要而不同的研究方法或者是不同方法的结合,虽然总的来说,还是以语言学的方法为主导。在英语地区,也从来没有宣布谁代表某个"术语学派"。如果偶尔在文献中使用,更多的是指自己称为"学派"的那些人。而且,更多的是把它看作一个与地理相关的概念,而不是思想上的。再说,由于许多方法并不是英语地区率先使用的,因此,宣称什么学派就更不适宜了。而在以尼日利亚为代表的非洲地区,就更谈不到什么"学派"了。

作为传统学派以外国家的学者这么说,那么,作为"当事人"的国家又是怎样看待这个问题的呢?当今著名的俄国术语学家舍洛夫(Шелов С. Д.)与列依奇克(Лейчик В. М.)在 2005 年提交给在意大利的贝加莫(Bergamo)召开的国际术语学会议的论文中明白指出:"'俄罗斯术语学派'这种说法不过是长期以来的一种习惯用法。问题在于,俄国或者更正式地说苏联术语学者从来都不是对术语与术语学有统一观点的难以区分的群体。""把所有俄国术语学的研究都归为单一的统一术语学派是没有依据的。""不同地区不同学科方向术语学者之间思想的变化,以及理论与应用性结果的变化,一直是苏联与俄国术语学历史上具有代表性的进步特征。"[①]另两位俄国学者在另一篇提交会议的论文中,也同样指出:"总之,我们要说,在俄国与欧洲术语学者之间,只有很小或者有时

---

① *Russian Terminology Science* (1992—2002). Termnet Publisher, Vienna, 2004,5.

并没有什么差别,因为其理论预设是相联系的。"

在日耳曼语地区,"术语学派"概念的第一次引入是1977年维斯特逝世以后的事。维斯特本人从来没有考虑把他开创的理论作为一个"学派"以与其他方法相对立。据说,这个概念大概是由费尔伯(Felber H.)受俄罗斯或布拉格学派的说法启发而引进来的。今天"学派"这个概念由于其缺乏严格的令人满意的定义已经不具有任何重要性。但是,在文献中仍在使用"学派"这个词,更多是指其他方法论者,而不是指维斯特。

在加拿大,术语工作基本上始于70年代。这时,由维斯特开创的术语学一般理论,根据实际需要,已经有了变动与修正。理论正沿着面向应用与受应用制约的方向发展。加拿大人意识到,来自不同渠道的不同方法都会对理论发展产生影响,让几种不同方法比肩并存,比宣称追随某学派要好得多。

这样看来,无论是非"学派"国家的学者,还是传统上被称为"学派"国家的学者,都不赞成、不接受"术语学派"这一提法。即使偶尔有人使用,也没有严格规定的意义。因此,我们在相关场合,对"术语学派"的使用也应该慎之又慎。我们在考察与描述国外的术语学研究现状时,也不妨多从地域视角着眼。

2. 从对学科的定位透视研究的深度与广度

产生于20世纪30年代的术语学到底是一门怎样的学科?该如何给它定位?

劳任与皮契特的研究报告称,这个问题最早是由俄罗斯的学者于20世纪60年代末提出来的。尽管俄罗斯的学者对此也有过不同的看法,但最终的倾向性看法却是明确的,即认为术语学是一门独立的学科。术语学的产生与发展,总是从语言学、逻辑学、信息学、认知科学等多种不同学科寻求理论依据与支持。同样,术语学遇到的问题,也不是哪一个学科单独就能解决的。

在日耳曼语地区,对这个问题给予较多关注则是近20多年来的事。维斯特在70年代的文章中,把术语学看作是几个学科间的"临界领域"(Grenzgebiet Zone)。进入80年代,奥塞(Oeser)在专门的调查报告中,则认为它是一门独立的学科。后来布丁(Budin)等学者也接受并承袭这种观点,还做了进一步的补充论证。

后来崛起的北欧国家的术语学者对这个问题经历了一个认识过程。70—90年代中,多把它看作是一个跨学科的知识领域。但自80年代末,随着研究的扩展,尤其是对术语的符号性认识的加深,学者们更倾向把术语学看作是广义语言学的一个组成部分,尽管也不否认它具有某种独立性。

我们从另外的俄文资料中可以看出,以往所说的捷克学派是以布拉格语言小组的语言学思想为基础的。两者的关系密不可分,甚至其代表性人物也有重合。其主要理论依据与出发点就是功能理论与社会文化学方法。从这一点出发,他们把术语词汇视为职业语体的组成成分,特别关注术语在篇章中的功能,特别致力于创建与德语以及希腊语、拉丁语术语相对应的斯拉夫化的本民族语言的术语。他们把语言看作文化、文明与技术领域中的交际工具。在术语的实践工作中,更着重分析科技文本,采取所谓自觉干预的语言文化政策,贯彻包括构词法在内的称名理论以及概念与术语的逻辑分类原则。

加拿大近十年来的术语工作更偏重于术语应用方面,即具体的术语产品的产出,是可以看得见的东西,例如术语库的开发与完善、术语记录的建设。加拿大政府机构如翻译局与大学的学术机构对术语学的重视,主要是出于翻译或者语言规划的需要。那里始终把术语学视为一个与广义定义的现代语言学关系密切的学科。

术语学在英国,在萨格(Sager)这样有影响的学者看来,是语言学的一个部分。用隆多(Rondeau G.)的话说,"他比维斯特更多地从语言学的角度考察术语学",但进入21世纪之后,他也开始把术语学定位为一门独立的学科,但是其理论基础是以语言学等业已确立的学科为"母体"。

以上叙述提及的国家与地区,大致是按其定位主张从独立学科到附属语言学递减排列的。接下来,我们大胆地提出一个想法,那就是,对术语学学科独立性的认识与接受程度,是否与一个国家或地区对术语学研究本身的深度与广度有直接联系呢?

众所周知,20世纪30年代,在奥地利与俄罗斯,术语学几乎同时问世。而在加拿大、北欧以及某些罗曼语与英语地区,术语学研究历史相对较短,多始于70年代。学科研究历史短,积累就少,扎下的根基相对较浅,视界也自然较窄,这些因素会不会在学科的定位问题上,有所反映呢?笔者特别注意到,上文引述的北欧学者的"随着研究的扩展,尤其是对术语的符号性认识的加深……"之类的话。英国的情况也有雷同。反观奥地利当代著名术语学家布丁,他在介绍德语地区术语学发展的哲学基础时,列举出一长串哲学家的名字,包括莱布尼兹(Leibniz)、康德(Kant)、费希特(Ficht)、弗雷格(Frege)、卡纳普(Carnap)、维特根斯坦(Wittgenstein)、胡塞尔(Edmund Hussel)、石里克(Schlick),并简述了他们的哲学思想对术语学产生与发展的影响。这是该地区术语学研究深厚的哲学根基的体现。维斯特本人也深受维也纳小组的影响。俄罗斯的术语学者,也能举出本国的哲学家、思想家,直接或间接论及术语的哲学论述,如"白银时代"的弗洛连斯基(Флоренский П. А.)以及 20 世纪的洛谢夫(Лосев А. Ф.)等。从当今俄国的术语学著述中,我们也不难找到专门从哲学视角论述术语性质的著作,如苏尔塔纳夫(Султанав А. Х.)的《词与术语——名称哲学导论》(Слово и термин——Пролегломены к филосохии имени)。说到这里,我们也许会更理解,为什么奥地利、德国以及俄罗斯学者坚称术语学是一门独立学科的原因。对捷克的情况,前面已有述及。至于加拿大的情况,推动术语研究的动因,一直与它国内特有的"语言政治"国情分不开,这一点自然也会在对学科地位的认识上有所反映。

看来,不同国家与地区学者对术语学的不同定位,可能是单纯的因为观点不同,但也不能排除,研究的深度与广度也会制约这些观点形成。随着学科的发展,这种定位是有可能发生变化的。自维斯特把术语学视为具有跨学科的属性之后,术语学这门新兴的学科便作为语言学、逻辑学、本体论、计算机科学、认知科学等学科的交叉学科,术语学与其他学科的界限一直是模糊的,是难以准确定位的。甚至它的"综合性"涉及的学科,不同国家所列的也不完全相同。但随着研究的深入与拓宽,就会越倾向于把它视为独立的学科。反过来,根据一个国家对术语学学科的定位,也可以间接地大致判断这个国家的研究深度与广度。

3. 从研究的侧重点看各自的优势

不论如何给术语学这个学科定位,但有一点是共同的,那就是,大家都认为,术语学是由理论术语学与应用术语学两部分组成,就根本属性来说,术语学是一门偏向应用性的学科。

既然习惯上被称为学派的不同国家,未必是真正严格意义上的学派,"它们之间的差异更多表现在研究方法与兴趣的侧重点不同上",那么,接下来,主要以德国-奥地利与俄国为例,看一看这些国家与地区在术语学研究方面的不同侧重点。

劳任与皮契特的对比研究报告,把各国术语理论研究所占有的重要性及其发展状况作为第一个对比参项。在谈到俄国的情况时,他们用"极为重视"、"具有长期的历史传统"这样的话,并列举出从语言学到概念研究,直至近年兴起的认知研究等多种研究方法。谈到德语国家的情况,他们也用"其术语学理论及其积极的发展具有可以追溯到术语学科创建人的悠久传统。这方面这一地区与俄国极其相似"。显然,作者认为,这两个国家在术语理论研究方面,还是要领先于其他国家。

隆多也曾经比较过"德国-奥地利学派"与"苏联学派"在术语学研究方面各自的侧重点。他认为,对前者来说,"概念体系是术语的基础,首先要划分概念,然后才能划分概念的名称。""一个概念体系是由一个具有层级结构的逻辑体系构成的。正是在这个问题上,术语学才与逻辑学和本体论发生联系。"而在"苏联学派"看来,"哲学对术语学的影响不像德国-奥地利学派所认为的那样深远。""苏联学派的代表人物从一开始就对术语学的基本问题很关心。它们包括：术语的划分，术语的特性，术语中的概念，术语的定义，术语在其他学科中的地位，术语与全部词汇的区别。"从这段话中，大致可以看出，仅就理论术语学来说，德国-奥地利学派更侧重从哲学、逻辑学来研究术语，而苏联学派则更偏重从语言学出发更关注术语学中具有普遍性的基本问题。

布丁本人曾撰文谈及德语区的术语学研究状况。他为以上的观察结论做了很好的注脚。他详细地论述了德语国家术语学研究的哲学基础与渊源。远在维斯特之前，莱布尼兹、康德与费希特、弗雷格、维特根斯坦、石里克，都发表过与术语研究有关的哲学论述。正是基于这样深厚又多元的哲学基础，维斯特才可能开始他的系统研究。他最初是以世界语为对象，借助本体论、语言批评（Sprachkritik）和特定专业领域国际交流的语言规划，通过编纂辞典，来实现规划语言的目标。显而易见，维斯特用系统研究方法所形成的术语学理论，其研究的基本问题与几个世纪以来的哲学家所探求的问题是一致的，如现实是什么？如何认识现实世界？现实中的客体是什么？如何观察客体？如何表达现实世界？如何为客体定名？等等。维斯特、费尔伯和布丁都把本体论和客体理论熔铸成术语学的理论支柱。

俄国学者曾声言，"按大多数国内外专家的一致意见，俄罗斯术语学派是世界上领先的学派之一；而在我们看来，当今这一学派仍然大大领先所有其他国家的学派"。在同一篇文章的另一处，作者认为他们领先"15—20年"。笔者的一位研究生曾就术语学的基本理论问题调查过国外的相关著述。就涉及问题之广与著述之丰而言，俄国的确处于领先地位。俄国的研究优势与贡献主要在术语学的一般理论上。如术语的本质、术语与普通词汇的差别与关系,术语的定义等问题上。单就数量而言,俄国的相关著述也要多得多。

进入21世纪,随着国际形势大气候的变化,国际术语学界的联系与交往也更密切了。在劳任与皮契特看来,这一时期,不同国家的术语学家就共同感兴趣的问题开展了很好的国际合作,可以用非常富有成果与平和发展来描述。2001年,在芬兰的瓦萨(Vasa)由国际术语学研究所(International Institute for Terminology Research)发起召开了一次术语学理论大型研讨会(英语称作 colloquium)。2002年,在丹麦学者皮契特等人的倡议下,西方学者开始了有计划地了解、熟悉俄罗斯以及乌克兰等苏联加盟共和国国家的术语学研究状况的活动。先是在拉脱维亚首都里加召开了一次纪念苏联与洛特(Лотте Д. С.)齐名的术语学家德列津(Дрезин Э. К. 他是拉脱维亚人)的活动。会后,出版了《俄国术语学研究选读》(Selected Readings in Russion Terminology Reseach, 1993)。接着,在维也纳又出版了一本专门介绍俄国术语学理论的著述《Russian Terminology Science (1992—2002)》。全书篇幅有462页之多,文章都是用英语或德语写的,撰稿者都是当今俄国术语学界的领军人物和有代表性的学者。2003年,在英国的萨里郡(Surrey)又一次召开了大型的国际学术研讨会。据会议主办方说,这次会的主要目的是给"俄国同行"一个向各国学者展示近年来俄国术语学发展成就的机会,此前由于各方面的原因,包括语言上的障碍,这是很难做到的。会上有5位来自俄罗斯与乌克兰的学者做了发言。每个发言之后,都有两名分别来自英国、奥地利、美国、尼日利亚等国的学者当场进行评议。2005年,在意大利的贝加莫又举行了第三次这样的大型学术研讨会,其宗旨就是对东欧、奥地利、北欧等国家术语学研究的方法进行对比研究。同年,一些来自丹麦、德国、拉脱维亚等国的术语学家又参加了在莫斯科召开的术语学研讨会。这些活动加深了国际术语学界相互间的了解与合作。从西方术语学界对俄国术语学研究的浓厚兴趣,也能透视出俄国术语学研究的优势地位。当然,究竟确切领先了多少年,也许不必加以深究。

在肯定自身优势方面的同时,俄国学者也承认自己的不足。这更多地体现在应用术语学方面。例如,在谈到术语库的建设时,坎黛拉吉曾写道:"一般说来,语料库——其中包括术语库的建设工作,我们还没有开展起来,在加拿大,就有渥太华、魁北克以及蒙特利尔三个语料库。"这当然是指70年代的情况,但近年来也并没有实质性的改变。俄国学者谈到术语库的建设情况,首推的还是"西门子"公司。另一位俄国学者在比较"维也纳学派"与"俄罗斯学派"时说,如果把术语学研究归纳为10个方面,那么"维也纳学派"在这些方面是"均衡"发展的。这位学者在同一本书中,在谈到属于应用术语学内容的术语编辑工作时,肯定"德国与奥地利等国家对术语编辑工作给予极大的重视","而我国对这项术语活动却重视不够。由个别编辑进行的这项工作,就规模与质量来说,还是参差不齐"。

总之,从全面的"综合指数"来看,奥地利-德国与俄罗斯也许可以看作是术语研究处于领先的"第一集团"国家。其领先方面又各有不同。北欧国家是术语研究"上升最快"(列依齐克的话)的地区。加拿大是术语工作"最活跃"(隆多的话)的地区。这些概括性的说法都准确反映了术语研究的状况。

4. 近年研究的大趋势与新方向

综观近10多年来的术语学研究的发展,无论是在西方,还是在东方,呈现出的一个明显的趋向就是,对术语学理论研究的兴趣锐减,转而从事围绕术语语料库建设等实际应用性活动的人数剧增。对此萨格也曾公开承认。这种倾向在俄国也很明显。它体现在学位论文的数量上。1990年为90篇,1991年为37篇,1992年为41篇,1993年为16篇,1994年则降到了9篇。有的俄国术语学家把这称为"术语学的彷徨"。

应该如何看待这样一个趋势呢?我们认为,不妨从三个方面来考虑。第一,不应该忘记,术语学是一门偏重应用的学科。如果说任何学科都离不开术语学,那首先还是术语学的应用部分,包括术语的标准化、术语编纂、术语的翻译、本学科术语语料库的建设等。就这一点来说,上述趋向应属正常。特别是随着计算机技术的普及与应用的推广,以及其潜在的市场开发价值的诱惑,人们趋之若鹜地转向以计算机技术为核心的应用领域,也是再自然不过的事。第二,在任何学科的发展历史过程中,实际经验的积累与理论上的升华,总是交替发生的。二者总是互为条件、相辅相成的。某一个时期偏重于某一方面,也是符合事物的发展规律的。第三,任何时候都不应该忘记理论对实践的指导作用。正如俄国术语学家所指出:"事实越来越明显,许多术语学研究仍然带有描写性质,这就愈发使其远离实际工作的本质性问题与需求,并进而限制理论与术语实践活动的发展。"应该相信,尽管现时期理论研究处于低谷,但在实际呼唤理论的时候,总会有人站出来提出相关的理论观点,因此,也不必对目前的理论研究的低迷表示悲观。

即使在奥地利-德国这一地区,术语学也已经进入"后维斯特"时期了。当今这一地区的代表人物,如加林斯基(Galinski)、布丁等,特别热心于术语学的普及与启蒙工作。他们在"从中国到拉丁美洲"的许多国家,致力于宣讲术语学理论及应用问题。其他西方国家的学者也群起效尤,进一步促进了术语知识的推广与术语工作经验的传播。与此同时,摆脱维斯特理论的趋向也逐渐显现出来。

在上述总趋势大背景下,我们又不难理出几个值得注意的新方向。代表这些新方向的关键词分别是:术语知识工程学、篇章术语学与认知术语学。

20世纪70年代末,在计算机科学快速发展的背景下,费尔伯率先提出了术语知识工程学(Terminological Knowledge Engineering)。当时出现计算机技术的新的应用领域,如人工智能(AI)和知识工程等,顺应了维斯特术语学理论的跨学科概念,或者说是这一概念的自然产物,因为维斯特早在1974年就明确指出,本体论和计算机科学都是术语学理论的主要支柱。于是,费尔伯,加林斯基和奈道比提(Nedobity)在80年代沿着这个发展方向展开研究。1988年,加林斯基与日本一家软件公司在术语知识工程领域开展课题研究。加林斯基还于1987年在特里尔大学发起了首届术语学与知识工程学研讨会。这次会议对德语国家和国际术语学史产生了深远的影响,也可以说它对术语学的发展具有里程碑意义。此后,术语知识工程学(TKE)研讨会每三年举办一次,1990年在德国的特里尔,1993年在德国的科隆,1996年在奥地利的维也纳,1999年在奥地利的因斯布鲁克,2002年在法国的南锡,2005年在丹麦的哥本哈根等。许多年轻的研究人员受到术语学传统的影响,均有志于术语知识工程学领域的研究。历届会议的论文集能够反映出术语理论与方法论研究的现状与动态。目前,这一新的研究方向方兴未艾。不过,所用名称不尽相同,也有的称为"知识库"、"知网"等。

其基本内容在于,在术语库的基础上,在具有相同内容特征的术语之间,建立起逻辑与联想联系,包括属与种之间的联系,种与种之间的联系。所用这些联系都是借助于分析相关概念,通过揭示与提取它们之间的区别特征来实现的。在可能的情况下,还可以借助专门的程序,构建出直观展现某一术语系统内多层次结构的示意图,一个个环环相扣的定义系统。它甚至可以向从事术语统一的专业工作者提供可供选择的术语及其定义。

另一个新的研究方向就是篇章术语学。最初,研究术语的使用往往是脱离开文本语境孤立进行的,而篇章术语学则是越来越重视研究术语在文本中使用的问题。这种研究引导人们注意不同性质的文本对术语使用的不同要求。与此相关,这里自然会涉及诸如术语的形态变化、一词多义、同义术语、术语的短语搭配、术语的概念所指、概念间的内在关系、术语的单位和组成等问题,因为这些问题可以帮助我们更好地观察术语在篇章中的行为特征。这种研究得以开展,主要借助于信息技术的发展,使电子文本的获取与利用随手可得,互联网成为了术语工作的重要资源。另外,术语的翻译研究也是篇章术语学发展的主要推手。翻译研究人员采用以语料库和文本为基础的研究方法,建立了平行的语言语料库,在比较语料的基础上,从平行的双语或者多语文本中寻求解决术语翻译所遇到的各种问题。的确,科技文本的翻译过程在很大程度上也是一个从事术语活动的过程。从对原文本的理解,编码信息的查询,包括出处的查询,到翻译的新文本的产生,都会涉及术语在文本语境中的具体使用情况。译出语与译入语文本中的术语信息是否匹配一致?术语是否发生了变异现象?术语的概念是否能够保持等值?解决这类问题的最好方式就是在文本语料中,在特定的语境中,来观察术语的行为表现。应该看到,同样是在文本中研究术语,但是计算语言学学者与翻译学者的注重点是有差别的,前者注重从文本中提取术语等信息,然后用形式化的表达方式来操作,而后者偏重从文本中提取术语等信息后,经重组再把它们用不同的语言形式还原回去。这样做必然会带来术语在不同程度上以不同形式发生变化、"走样"甚至扭曲。这一点也正是它对传统规定术语学研究的一个挑战。

认知术语学研究是随着认知科学、认知语言学的兴起而跟进的。术语与人类认知能力的联系可以说是天然的。不同学科在不同时期所用术语的完善水平,是这个学科发展水平的体现,也是折射人类思维能力的一面镜子。有学者指出,认知术语学研究,绝不仅仅是术语学一个新的研究方向,而是对术语、术语集、术语系统以及各种术语文本等一个全新的观点体系。也许有一天,20世纪末之前形成的术语学理论的所有范畴与概念,从认知术语学的立场来看,都可能需要重新审视。在认知术语学看来,术语是对在认知过程中出现并完善的专业概念的口头化或称在言语中或称话语中物化的东西。它应该被理解成将稳定的符号系统与反复变化的认识辩证地结合在一起的语言动态模式的成分。术语可以看作是对研究者意识中发生的某种心智行为的特别校正物,因此,术语又能透出术语创建者主观世界的主观性特点。同时,术语又是具有语言符号共同特征的普适的语言范畴。由此看来,认知术语学给术语学研究带来的变化极可能是革命性的。让我们对此拭目以待。

5. 术语教育的状况

无论是从事术语学理论研究,还是应用性的术语工作,都要求有语言学、逻辑学、信息科学、计算机科学等多学科知识。按传统的专业分类实施的教育,具有这类知识结构的综合性人才是很难培养出来的。于是,人们很快就意识到开展定向术语教育的必要性。在不同国家与地区,先是举办一些短训班性质的术语培训活动。通常,这类短期培训活动开始多是介绍术语学这一新知识领域的一般性问题,后来则愈来愈专门化。但是,作为高等学校一门课程的较为完整的教材却长期缺失。从70年代始,这个问题愈发尖锐,并引起了相关组织的注意。先是由国际应用语言学联合会下属的术语学与词典学委员会,在20个国家的140所高等学校开展了一项术语专业人员培养调查。接着,1978年,在加拿大又召开了一次国际术语教育研讨会。会议通过了一个提纲,指出术语专业人员的培养,可以以某学科专业知识或语言学知识为基础,按不同方式分别进行。80年代,在加拿大和法国,分别有隆多与费尔伯编撰的术语学教材问世。1979年,在奥地利,也有维斯特编写的接近教科书性质的读本。加拿大魁北克的科学与应用术语跨学科研究小组(GIRSTERM)还制定了一系列分别以术语学、翻译理论与实践以及计算机应用等不同学科为侧重点的专题培训提纲。

这里有必要对 Infortem 开展的面向国际的术语教育活动多说几句。自80年代开始,该组织对第三世界的术语教育活动表现出特别大的热情。从非洲到亚洲到拉丁美洲,一些术语专家都多次留下了他们的足迹。各种短期讲学与咨询调查活动不断。每年暑期,在维也纳也总有面向世界各国青年学者的培训班。在布鲁塞尔,自1984年起,每年也都有欧盟国家的术语专业人员以及翻译人员的培训。

按劳任与皮契特的调查,俄国是最早开展术语教育的国家。早在50年代,在大学里,术语学作为其他学科的组成部分,已经开始讲授,第一本手册性的材料已经出版,后来,又有各种不同类型的术语学教材出现。对此,笔者已经有专文介绍,此处不赘。而在德语国家,最先是奥地利,在70年代初,由维斯特开始了"在学术水准上"的专业教育活动。80年代初,术语学课程多由国际术语中心承担。尔后,则由多所大学通常作为翻译课程的组成内容讲授。北欧国家的专业教育工作始于70年代中期,此后一直呈上升态势。课程由大学及相关组织,如瑞典的技术名称中心(TNC)承担。在大学里,术语学通常是作为专用语翻译或职业交际学科的组成部分。加拿大的情况基本与北欧接近。在罗曼语地区,如在西班牙,从90年代术语学开始登上大学讲堂,并成为所有大学的必修课程。而在拉丁美洲的一些国家,80年代已经开展了对教师或调查人员的术语培训工作,同时有相关材料出版。在英语国家,80年代开始,术语学也作为翻译学的相关学科内容讲授,并有手册类读物出版。在尼日利亚为代表的非洲国家,术语学知识也作为其他学科的组成部分在一些大学讲授,其主要目的则是面向语言规划方面。

一个学科专业人员教育与培养工作的水平，受制于该学科自身的发展与普及水平，同时，它也在一定程度上决定了今后一段时间内的发展潜力。这里特别值得就苏联解体之后的情况单说几句。列依齐克在2003年的一篇文章中写道："出版术语学著述的地域相当广泛——从圣彼得堡到东西伯利亚的克拉斯诺亚尔斯克，从秋明到克拉斯诺达尔。这是可以理解的。因为俄国很早就以大学为中心开展普及学科理论与培养年轻干部的工作，其中包括术语学基础理论与部门术语的应用培训。虽然近年来，令人遗憾的是，由于一些俄国城市学派的领衔人物的相继去世，使这些学派的活跃程度有所下降，但也有一批新的、年轻又富有激情的术语学工作者涌现。""作为学科成熟的标志，也出现了一些可作为术语学初学者案头书的著作。"这段话实际是在说，由于术语教育工作做得好，俄国的术语学研究与实践工作是后继有人的，并且一直保持良好的发展势头。

1995年，欧盟开始把"术语师"列为未来最有需求的专业之一，据统计，在欧盟，每年用在翻译上的开支费用达300亿美元，且按15%的比例每年递增。有待开发的潜在市场仍有30%。可以期待，随着术语学的发展，全球范围内术语教育的势头一定会有增无减。《比亚韦斯托克宣言》说："现有的研究结果中最重要的结论之一就是：认识过程的加快实质上取决于专业词汇的发展水平。因此，各国的人士与政府应该清楚地懂得，他们致力于加快本民族专业词汇的发展，也就是在为本国的科学、工业与文化进步创造条件。"可以相信，随着各国政府重视程度的不断提高，术语教育肯定还会更快地发展。

6. 有关国际组织的活动

与术语活动相关的国际组织,绝不仅仅是一两个。如果按开始活动的时间年表为序,首先应该从国际电工协会(IEC)说起。这个组织成立于 1906 年 10 月。它的主要目标就是制定一套世界通用的电工电子标准。IEC 下设 80 多个专业技术委员会,其中的第一委员会专门负责制定该领域使用的术语及其定义。它正式建立于 1910 年。1938 年,该组织出版了包括 2000 多个术语名词的《国际电工词典》第一版。1955—1970 年间,该组织又致力于第三版的修订工作。由于 IEC 从事术语工作的历史较久,且电工与电子术语涉及多种其他学科,因此,它所遵循的术语工作原则以及与其他专业领域的协调办法,都成为国际上术语工作的共同财富。它与国际标准化组织(ISO)都是联合国的甲级咨询结构。

第二次世界大战以后,随着科学与技术的进步与国家间交往的发展,在全世界范围内实行科技术语规范化的要求愈来愈强。首先关注并致力于解决这个问题的国际组织当推联合国教科文组织(UNESCO)。它发布了一系列与科技术语工作有关的文件,其中包括单语种与多语种对照的科技术语词典书目,个别的术语标准,以及有关搜集与实现术语标准化的决议。这些都为开展国际间的术语合作提供了基础。

首先遭遇术语问题的是科技翻译工作者,对新术语的翻译是最令人头痛的事。因此,国际翻译协会(FIT)与从事术语工作的机构发生了频繁的联系与交往。双方都从中感受到开展术语国际合作的紧迫性。直到 1971 年,联合国教科文组织才与奥地利标准学会签订了一个建立永久性机构的协议,这个机构就是国际术语情报中心(Infoterm)。

维斯特的术语遗产还包括术语学领域中国际组织的设立。早在1936年,国际标准化组织(ISO)就设立了一个术语标准化委员会(第37分会);第二次世界大战结束后,ISO/TC 37重建,由奥地利接管了秘书处的工作。维斯特在联合国教科文组织的资助之下成立了国际术语信息组织(INFOTERM),同时也是奥地利标准研究院的一个部分。1989年,术语网(TermNet)作为一个国际的术语网络成立,同时,IITF也作为国际术语研究的机构成立。1986年GTW(术语与知识学会)成立。1996年INFOTERM按照奥地利法律再次作为国际性的组织组建,国际术语信息组织仍然主持ISO/TC 37秘书处的工作。

(《辞书研究》,2010,02[术语学研究专辑])

俄国的理论术语学研究

俄国的术语学研究占有相当重要的国际地位。曾几何时,在与术语研究相关的著述中,在谈到世界上术语研究的状况时,每每通过列举奥地利-德国、俄罗斯、捷克、加拿大等有影响的学派来加以概括。如今,国际术语学界在澄清了"术语学派"这个说法的不确切之处以后,这个提法似乎用得少了。即使偶尔读到"某某学派",那也多半是指一个地理上的概念,而不是用于哲学上的意义,即突出该学派理论主张的独特性。当今的国际术语学研究,不同国家具有不同的特点。如果按全面的"综合指数"来看,奥地利-德国与俄罗斯可以看作是处于领先的"第一集团"国家。北欧国家是术语研究"上升最快"的地区。加拿大是术语工作"最活跃"的国家。尼日利亚则是非洲最重视术语研究的国家。

术语学本来就是一个开放的学科。进入 21 世纪,随着国际形势大气候的变化,国际术语学界的联系与交往也更密切。2001年,在芬兰的瓦萨,由国际术语学研究所(International Institute for Terminology Research)发起召开了一次术语学理论大型研讨会。2002 年,在丹麦学者皮契特(Heribert Picht)等人的倡议下,西方学者开始了有计划地了解俄罗斯以及乌克兰等苏联加盟共和国国家的术语学研究状况的活动。先是在拉脱维亚首都里加召开了一次纪念苏联与洛特(Лотте Д. С.)齐名的术语学家德列津

(Дрезин Э. К.——他是拉脱维亚人)的活动。会后,出版了《俄国术语学研究选读》(Selected Readings in Russian Terminology Reseach, 1993)。接着,在维也纳又出版了一本专门介绍俄国术语学理论的著述 Russian Terminology Science (1992—2002)。全书篇幅有 462 页之多,文章都是用英语或德语写的,撰稿者都是当今俄国术语学界的领军人物与有代表性的学者。2003 年,在英国的萨里郡又一次召开了大型的国际学术研讨会。据会议主办方称,这次会的主要目的是给"俄国同行"一个向各国学者展示近年来俄国术语学发展成就的机会,此前由于多方面的原因,包括语言上的障碍,这是很难做到的。会上有 5 位来自俄罗斯与乌克兰的学者做了发言。每个发言之后,都有两名分别来自英国、奥地利、美国、尼日利亚等国的学者当场进行评议。2005 年,在意大利的贝加莫又举行了第三次这样的大型学术研讨会,其主题就是对东欧、奥地利、北欧等国家术语学研究的方法进行对比研究。同年,一些来自丹麦、德国、拉脱维亚等国的术语学家又参加了在莫斯科召开的术语学研讨会。这些活动加深了国际术语学界相互间的了解与合作。从西方术语学界对俄国术语学研究的浓厚兴趣,也能透视出俄国术语学研究引人注目的优势地位。

俄国学者自己曾经声言:"按大多数国内外专家的一致意见,俄罗斯术语学派是世界上领先的学派之一;而在我们看来,当今这一学派仍然大大领先所有其他国家的学派。"在同一篇文章的另一处,作者认为他们领先"15—20 年"。[①]

---

① Гринев С. В. Лейчик В. М., *К истории отечественного терминоведения*// *Научно-техническая информация*. 1999, с.7.

几年前,由丹麦学者劳任(Chister Lauren)与皮契特牵头,完成了一项对不同学派进行对比研究的课题(Approaches to Terminological Theories: A Comparative Study of the State-of-the-Art)。这个对比研究报告,把各国术语理论研究所占有的重要性及其发展状况作为第一个对比项。在谈到俄国的情况时,报告用"极为重视"、"具有长期的历史传统"这样的话,并列举出从语言学到概念研究直至近年兴起的认知研究等多种研究方法。谈到德语国家的情况,报告也用"其术语学理论及其积极的发展具有可以追溯到术语学科创建人的悠久传统。这方面这一地区与俄国极其相似"。[①]

总之,可以肯定地说,俄国术语学研究的重要地位,特别是理论研究的传统与当今的优势,是得到国际同行普遍认可的。

对俄国术语学研究的理论优势的形成与体现,也许可以从以下几个方面加以分析。

以深刻的哲学研究为先导 哲学绝不仅仅是一般意义上的与术语学研究相关的学科。实际上,术语学的产生首先需要以相关的哲学思想为先导,而对术语学理论研究的有些问题,诸如术语的本质,只有站在哲学的高度,才能提出并做出有深度的解答。

当代奥地利著名术语学家布丁(Budin G.),曾撰文详细地论述德语国家术语学研究的哲学基础与渊源。远在术语学创始人维斯特(Wüster E.)之前,莱布尼兹(Leibniz)、康德(Kant)、费希特(Ficht)、卡纳普(Carnap)、维特根斯坦(Wittgenstein)、胡塞尔

---

① Lauren Ch. Picht H. *Approaches to terminological theories: A comparative study of the state-of-the-art*, 166.

(Edmund Hussel)、石里克(Schlick)等,都发表过与术语研究有关的哲学论述。正是基于这样深厚又多元的哲学基础,维斯特才可能开始他带有开创性的系统研究。

在俄国,存在术语哲学(философия термина)这样一个概念。一提到术语哲学,人们会列举出一系列哲学家的名字,如弗洛连斯基(Флоренский П. А.)、布尔加科夫(Булгаков С. Н.)、洛谢夫(Лосев А. Ф.)以及什佩特(Шпет Г. Г.)等。作为著名的思想家,他们的名字已经为我国学界所熟悉。但作为语言哲学家,特别是术语哲学家,他们的思想可能还不大为人知晓。即使在俄国,由于种种原因,他们个人命运的多舛,他们关于科学哲学与术语哲学的论述,也仅仅是在近年,才被逐渐深入发掘与理解的。

原来,在20世纪最初的二十多年间,俄罗斯哲学研究中曾有过一个被称为"名称哲学"(философия имени)的哲学流派,这里的"名称"是兼指人名或物名的。其思想源头可以追溯到东方正教与西方天主教分道扬镳之时甚至更久远。上述哲学家中的多人,就直接以此为题发表过相关著述。限于篇幅,我们无法在此详细地逐一介绍他们的思想。我们只想列举出他们的一些论断,借此展示他们深邃的思想,以及它们与术语研究的紧密联系。

"任何科学都是一个术语系统。因此,术语的生命就是科学的生命,这对任何科学都一样。""藉名以知,藉知以名"(弗洛连斯基)。"语词不是编造出来的,不是挑选出来的,也不是冥思苦想出来的,它是与意思同时产生的。"(布尔加科夫)"仅仅研究词的形式,并以此为依据,构建出词不过是由某种意义连接成的音的组合这样皮毛的定义,这是不够的。事物的名字,是领会者与被领会者,更确切地说,是认识者与被认识者,两者相会的舞台。"(洛谢夫)"提出一个术语,这本身就是把它纳入一个概念系统,这些概念以自己特有的规律、以其间的理想的关系组成一个语境。"(什佩特)

请原谅我们所采取的这种过于简单化的、"断章取义"的做法。这些在术语学问世之前迸发出的思想火花,还是能昭示出他们作为哲学思想先驱的引导作用。当代俄国著名术语学家阿列克谢耶娃(Алексеева Л. М.)认为,这些哲学家对术语理论的重大贡献在于,他们揭示了术语相矛盾的方面,即作为术语系统成分的术语,却具有与赋予它的品格不同的性质,这就是动态性(динамичность)、活动性(подвижность)与变异性(вариативность)。单纯的术语学家搞不明白,为什么术语的性质与系统所规定的性质并不相符。因此,确定个别与整体的联系成为哲学家的目标,只有以哲学为基础,才可能探究出术语的性质。术语哲学的意义恰恰在于,在术语学形成之初,哲学家们就让他们注意到术语的复杂性与综合性特征。实际上,术语被赋予的本质属性与术语的语言基质之间所存在的矛盾,永远是术语学特别是应用术语学要致力于解决、却又无法彻底解决的问题。一方面,术语置身于语言之外,另一方面术语又由语言来表达。这正是术语认知功能根源之所在。术语既属于认知的主体,同时又属于被认知的客体。[①]

术语学与术语哲学的关系是辩证的。术语哲学是术语学产生的先决条件,而术语哲学则是术语学自然发展的结果而产生的。与认知相关的术语哲学使术语学不至于变成一门仅仅是规定性的

---

① Алексеева Л. М. *Философия термина в русской традиции* // *Терминология и знание*, материалы Ⅱ *Международного симпозиума*. Москва. 2010.

知识。它阻遏科学的对象沦为科学的材料,即科学史实的简单系统。术语哲学的重要性在于,它触及的恰是术语的根本实质性。术语哲学提供了理解术语性质的钥匙。阿列克谢耶娃的上述观点,不仅有助于理解术语哲学对术语学的意义,更有助于认识俄国的术语哲学对俄国理论术语学发展的意义。

以宽广的语言学积累为基础 谈到与术语学研究相关的学科,不同国家所列举的学科是不尽相同的。但语言学与逻辑学,是大家共同首选的学科。因此,探寻俄国理论术语学研究优势的成因,不能脱离开俄国的语言学研究。

纵览俄国的术语学发展历史,有一点很引人注意。那就是,在四位被尊称为术语学的"经典人物"中,有两位是非常著名的语言学大家。他们是维诺库尔(Винокур Г. О.)与列福尔玛茨基(Реформатский А. А.)。他们都是著名的莫斯科语言小组的重要成员。他们又都有术语学方面的堪称奠基性的经典著作。他们的许多著名论断也成为某种理论见解的经典表述。"术语并不是特殊的词,而只是用于特殊功能的词","充当术语的词的特殊功能是称谓功能","任何一个词都能完成这一功能,但在术语中这一功能表现得最为明晰,而且日常术语是称谓东西,而科技术语则一定是称谓概念"。[①] 维诺库尔的这些话早就广为人知。列福尔玛茨基是具有重要影响的语言学教授。他于 40 年代写就的经典语言学教科书《语言学引论》中,在词汇学部分已经辟有专章论述术语问题。由于这是大学语文学专业的基础课程,许多学生都是从这里开始接触术语学论述的。他的确是许多术语学研究后来者的领路人。

---

① 转引自郑述谱. 俄罗斯当代术语学. 商务印书馆,2005,第 92 页.

至于他所说的术语"一仆二主",即它要同时"效忠于""词汇系统与科学概念系统"这两个主人,更是流传甚广的重要理论观点的形象表述。

综观当今俄国的术语学研究现状,也不难发现,俄国的术语学理论研究呈现出"多点开花"的局面。术语学理论研究的领衔学者,大多不在术语工作的主管机构,而在高等学校。主管机构只能有一个,而高等学校却可以遍布全国。这些高等学校的分布也并不局限于首都莫斯科或者圣彼得堡这样的文化中心城市,还包括其他多个城市与地区(如下诺夫哥罗德、彼尔姆),不仅在俄国的欧洲部分,还包括亚洲部分(如托木斯克、伊尔库茨克)。这样广泛的地理分布本身就是研究实力的体现,同时对保持学科的可持续发展也有其合理之处。

俄国的术语学理论研究已经形成相当全面而又清晰的学科结构。最近国内翻译出版的俄国学者格里尼奥夫(Гринёв С. В.)的《术语学》一书的目录就是一个很清楚的展现。在理论术语学部分,列举出的研究方向有:普通术语学、类型术语学、对比术语学、语义术语学、称名术语学、历史术语学、功能术语学、认知术语学以及术语学的逻辑方面等。[①] 词汇学是俄国语言学研究的优势学科。对俄国词汇学研究较为熟悉的读者,从中会很容易地发现上述术语学研究方向脱胎于词汇学研究的明显痕迹,但与此同时,又不难找到超出词汇学甚至语言学研究的内容。从广义的词汇研究角度来说,一般词汇学、个别词汇学、语义学、称名学、历时词汇学(或称历史词汇学)、对比词汇学,都是俄国传统词汇研究所包含的

---

① 参阅格里尼奥夫. 术语学. 郑述谱等译. 商务印书馆,2011,第1-2页.

学科方向,而功能词汇学则是近年来方兴未艾的功能语言学在词汇研究领域合乎逻辑的延伸。至于说到认知术语学,它既是近年作为科学研究前沿学科之一的认知科学在术语学领域的最新发展,同时还潜藏着给术语学带来革命性变革的可能。它也是俄国术语学界作为近年研究的新动向与新成果着力向外推介的研究方向。这一点,从俄国最近几年召开的几次国际术语学研讨会的中心议题就会看得很明显。对认知科学的研究,以至认知语言学的研究,美国的起步更早。但在认知术语学方面的研究,俄国人已经显出领先的势头。

突出术语学的方法论意义与作用 俄国学界认为,术语学属于社会科学范畴,但就其采用的方法而言,它同逻辑学、心理学、信息学、系统论一样,更接近方法论学科。不错,术语学面对的基本材料属于自然语言符号,但与语言学、篇章学直至语文学等不同,除去自然语言的符号单位以外,术语学的研究对象还包括术语成分(терминоэлемент)与术语系统(терминосистема)等。它们是不能归入自然语言的组成中去的。此前,大多数学者都曾认为,术语学应存身于语言学之内,因为它的研究对象也是词汇单位,即词或词组。但随着研究的深入,人们越来越认识到,术语学的研究对象不仅是术语,还应该包括术语系统,而后者很难纳入语言学范畴。其次,从关注的问题的性质来说,理论术语学研究的问题,属于语言学性质的也许能占50%。但在应用术语学范围内,几乎90%的问题并不属于语言学性质。(这一点,我国辞书界特别是从事专业词典编纂的一些学者,也很早就意识到了。因此,在80年代,才引发了辞书学的学科属性问题的讨论。)再有,就术语学的方法而论,它也绝不仅限于语言学所使用的方法。总之,认识到语言学以外的术语学内容,这是理论术语学研究的一个重要成就。

方法与方法论,单从字面上也不难看出它们之间的联系。但就实质来说,二者却不能等量齐观,而是必须加以区别的。方法与方法论,这是战术与战略的关系,也可以说是"器"与"道"的关系。在俄国,无论在术语学本身的研究中,还是在其他学科的建设与发展过程中,术语学的方法论意义与作用得到了充分的肯定与体现。

术语学著述中常说,没有术语就没有理论;没有理论就没有术语。任何学科都有自己的理论,因此,也都有自己的术语。正是在这个意义上,可以说,学习一门学科,首先就是掌握这门学科的术语,或者确切地说,是掌握这门学科的术语系统。阅读俄国的术语学著述,对此也许会有更切实的体会。人们不时会发现一些体现俄国人独有的理论观点与理论创新的术语。对这些术语有了很好的理解,也就可能对俄国的术语理论有更深的把握。

原始术语(прототермин-protterm)、初术语(предтермин-predterm)、准术语(квазитермин-quasiterm)等术语的提出,就是一个很能说明问题的例子。术语学的研究表明,一个学科并不是产生伊始就具有完备的、真正符合科学的术语系统。科学术语的形成要经历一个过程。原始术语、初术语等概念能帮助我们以术语产生历史与所处阶段为视角区别与分析这个过程。俄国术语学把科学产生之前已经出现、并用来指称专业事物的词汇单位称作原始术语。它们不是对随着科学出现而产生的概念的称名,而只能算是对专业表象认识的称名。原始术语多保留在流传至今的匠艺和日常词汇中,因为许多专业已经进入日常生活。随着科学学科的出现,专业表象认识会上升为理论性的认识并进入科学概念系统,其中有的还在专业言语中站住了脚,并进入到科学术语之中,有的则仍作为日常词汇存在于还没有形成科学理论的领域,或者作为所谓"民间术语"与科学术语并用,但却与概念系统无涉。初术语是用来指称短期还找不出合适术语的新概念的。它们是虽不符合术语要求但却被当作术语用的专业词。与术语不同的是,它们具有临时性、形式不稳定性、非简洁性、非普遍接受性,有时其语体也不是中立的。多数情况下,初术语会被更符合术语要求的词汇单位所取代。如果它驻留很久,最终也可能会在专业词中立足,获得稳定的性质而成为"准术语"。

原始术语、初术语、准术语等术语的理论意义在于,首先,它们是对人类在不同知识领域中认识事物过程的共性特征的概括,同时,也是对语言与科学的平行发展过程的一个归纳。借助这些概念与术语,有可能梳理出各个学科的发展历程。再有,这些术语还把看似没有差别或极为相近的专业词汇做了进一步的区分。以这几个术语概念为出发点与视角,就可能把术语学,尤其是历史术语学,与人类语言学及认知科学紧密地联系起来,贯穿起来。它们很能体现科学理论与术语之间的密切关系。其他类似的例子在俄国术语性著述中,可以说是不胜枚举。诸如对术语、术语集、术语系统、名称集的严格区别,术语的变异性、术语规定范围与使用范围的提出,无一不是以背后的理论为支撑,同时也是对相关理论的高度凝练与概括。

术语学的方法论意义还直接体现在术语学本身的研究活动之中。这说起来似乎是天经地义,但这又很能反映研究群体的"集体意识"。术语学的研究者们早已发现用 terminology 表达"术语学"的不当之处,但在用英语撰写的著述中,大多仍在沿袭这一用法。与之相比,俄国学界早已用 терминоведение 取代了 терминология，甚至在有关工具书中已经明确注明，后者属于旧的用法。从中人们会感受到俄国术语学界集体的"术语意识"。

术语学界如何对待自己本学科的术语？对本学科术语的理解与使用上是否能自觉做到协调一致，遵守规范？这牵涉到术语学界如何"以身作则"的问题。但这一点并不是仅仅靠自发与自觉就能自然做到的。这是需要有保障措施的。在这方面，格里尼奥夫的有关著述给人留下深刻的印象。一部《术语学术语历史系统化词典》(*Исторический систематизированный словарь терминов терминоведения*)，它不仅把术语学的重要术语用清晰、严格的直观形式展示出它们之间的内在逻辑系统，而且对每个术语最早出现的时间，由谁最先使用，在什么意义上使用，都有清楚的交代。读后不能不使人发出由衷的感慨，这样的工作才是扎实、严谨、真正意义上的研究工作与学科建设。

说到术语学的方法论意义在其他学科建设中的体现，我想说说我个人的几点感受。几年前在《辞书研究》上读到的一篇文中的一段话，曾给我留下很深的印象。一位可能是数学研究者的作者说，比较了不同百科辞典对有关数学概念所下的定义，发现《苏联百科辞典》的定义最准确又最简练。开始从事术语学研究以后，我比以前更敏感地发现，俄国出版的各学科专业术语词典之多，质量之高，成书之及时，都令人印象深刻。称名学虽然是词汇研究的一个重要方面，但在俄国也算不上什么热门学科。即使对这样一个"不起眼"的学科，也有其专门的术语词典。篇幅虽然不大，但编纂之规范，定义之严谨，体例之合理，都是值得称道的。再以认知语言学研究为例。这本是近年兴起的语言学研究方向。但在1997年，就有库布里亚科娃(Кубрякова Е. С.)等人编写的《简明认知术语词典》(*Краткий словарь когнитивных терминов*)问世。类似的术语词典,有的堪称对学科理论研究成果的归纳与总结,有的只是对相关学科术语的清查与整理,但作为一个初步成果,它解决"燃眉之急"的作用,它对进一步完善术语系统的作用,对统一、规范术语使用的作用,进而推进学科健康发展的作用,却是不容低估的。至于说到术语教育,如劳任的报告所指出,俄国是开展最早的国家。可以肯定地说,之所以能这样做,那一定是基于对术语学所具有的方法论意义的深刻认识。

上述所举的实例,也许应该看作是一个值得注意的文化现象。对这个现象最简单的解释,那就是,术语学作为方法论学科的意义与重要性,对人的能力,特别是认知能力的培养,在俄国得到了充分的认识、贯彻与实施。

关于术语学理论建设的几点思考

自从全国科学技术名词审定委员会与黑龙江大学签订了共建术语学研究所的协议以来,我们就一直在考虑这样一个问题,那就是如何在我国进行术语学的理论建设。创建与发展中国的术语学理论应该是术语所的中心任务,怎样才能做好这项工作也是我们这次会议要讨论的中心问题。趁着国内各方专家学者齐聚我校之际,我想谈谈我们对这一问题的想法,期望各位与会者能为我们献计献策,以便使术语所的工作能尽快地走上轨道。

1. 充分认识开展术语学理论研究的必要性与迫切性

人们常常用"知识爆炸"这样的说法来描述信息时代知识飞速增长的状况。据说,在当今时代,每隔 25 年,人类的知识总量就要翻一番。而术语是凝集一门学科系统知识的关键词,是承载科学知识的载体。没有术语就没有知识——这句话很好地说明了术语与知识之间的关系。因此,随着"知识爆炸"的发生,必然也要发生"术语爆炸"。实际上,这种"爆炸"的"冲击波"我们已经感觉到了。新词的大量涌现就是一个证明。据国外的统计数字,在 80 年代,科技词占新词的 80%,进入 90 年代,则占了 90%。其实,在任何语言中科技术语词的数量都要远远超出普通词汇的数量。就这一意义来说,只研究普通词汇而不管专业词汇,可以说是"捡了芝麻,丢了西瓜"。术语与一般普通词汇有一个很大的不同,术语不是自发产生的,用一句国外著名学者的话来说,术语是"想出来的",是人为干预的产物。那么,面对如此庞大的"爆炸物",拿什么作为理论依据对其进行干预?怎样干预?这是只有专门的术语学才能解决的问题。任何一门学科,都有自己的术语系统,都要研究并规范自己的术语,不然,这门学科就很难成立,更难顺利发展。但是,涉及各学科术语的一般性、普遍性理论问题的研究,则只有专门的术语学才能完成。仅就这一点来说,加强术语学的一般理论建设,特别是在当前,就具有极大的必要性与迫切性。认识到这一必要性与迫切性,可以增强我们的紧迫感与责任感,更进一步激发我们的工作热情。

2. 给术语学以准确的科学定位

术语学产生于20世纪30年代,到60年代末,已发展成为一门独立的综合学科。相应的国际组织,为此还确定了学科的正式名称,在英语里,用terminology science来取代此前的terminology。在俄语里,则用терминоведение替代терминология。这在术语学发展历史上,应被视为一件具有重大意义的标志性事件。

在笔者的印象中,国内学界对术语学的性质与地位还没有明确的、普遍一致的认识。强调术语学学科的综合性、边缘性的多,而明确肯定术语学是一门独立学科的少。然而,是否承认术语学的独立学科地位对该学科的建设与发展具有至关重要的意义。边缘性的东西,不可能成为学科发展的主流,难免常常受到冷落,甚至沦为少人问津的冷门。综合性的东西,涉足的人会多些,但往往浅尝辄止,难以深入。因此,仅靠这样的认识和提法无法从根本上推动与促进术语学的发展。把术语学看作是一个独立的学科,这也是我们组建术语学研究所的一个基本出发点。这与国际上的通常认识是一致的。这样来考虑问题,对术语学的发展,情况会大不一样。作为单独的学科,它应该获得"计划单列"的待遇,需要有人从学科自身的规律与特点以及我们所处的现状出发,积极地通盘考虑并规划该学科的建设与发展,而不是消极地听凭其自生自长或由其他学科作为边缘来随意安排。

一个学科是否具有独立性,科学学对此是有明确的衡量标准的。按国外学者的说法,这些标准大致可以归纳为以下几点:1)具有相关领域的文献;2)具有相应的培训与研究机构;3)具有全国性的或国际性的学术组织;4)固定的常备人员;5)专门的研究对象;6)关于研究对象的实际阐释;7)对该领域内的现象作出解释与预见的理论;8)研究的方法;9)专业的科学语言,等等。如果要把术语学当作一门独立的学科来建设,那也不妨沿着这些标准所提供的思路来衡量我们所处的现状,提出有待解决的任务,以推动学科建设向前发展。这些任务大致可以归结为:理论探讨、人才培养与组织建设三个方面。这三个方面也应该成为术语学研究所规划自己任务的出发点。

3. 术语学理论建设可分三步走

上述的判定学科独立性的标准中,后几项实际上都是与学科的理论建设相关的。可以说,任何学科立足的基石都在于它是否

关于术语学理论建设的几点思考

有对该学科研究对象做出解释与预见的理论。如果从20世纪初算起,在我国,有计划、有领导的术语活动开展已有百余年了。特别是新中国成立以后,术语的定名统一工作,已经取得了很大的成绩。但说到术语学的理论建设,却只能说是乏善可陈。其中的原因是多方面的。这当然与术语学本身的性质有关,也与我们的教育体制、教育理念有关。更多的不说,严格的文理科分家对术语学人才的脱颖而出就极为不利。没有清醒理论指导的实践活动,就很难避免盲目性。加强我国的术语建设,先要加强术语学的理论建设,这是势在必行的。

术语学的理论建设可以沿着"引进"、"结合"、"创新"这三个步骤来开展。

他山之石,可以攻玉。术语学的理论建设,可以先从引进做起。引进可以采取多种不同的做法。此前曾有人很少量地翻译了几本国外的术语学著作,如加拿大隆多(Rondeau G.)的《术语学概论》,以及其他个别文章等。这也许是最直接的,也是最容易想得到的。除此之外,还可以在研究的基础上,对某一学派、某一大家的术语学思想或活动进行综合的介绍、分析、研究。即将由商务印书馆出版的《俄罗斯当代术语学》就是这样一部书。再进一步,还可以派专人、就专题去特定的国家,进行定向的研修考察。与此同时,我们还可以采取"请进来"的做法,邀请国际上不同学派的有代表性的学者来华讲学。借著名学者来华之机举办学习班或研讨会,让更多的人有机会了解国外的研究状况,以开阔我们的眼界。总之,我们应该有计划、有步骤地、以更大的力度加强国外术语理论的引进工作。这也许是术语学理论建设在目前起步阶段首先要做的工作。

"结合"是指国外现有术语学理论与汉语术语实际相结合。这是用国外的术语学理论之"矢"射汉语术语之"的"的过程,也是进一步消化吸收国外理论、解决汉语术语实际一般性问题的过程。这里我要坦白地承认一点,对于黑龙江大学现阶段能实际参加术语所工作的人来说,实现这种结合可能比完成引进要难。但是,随着工作的开展,我们相信,黑龙江大学作为综合性大学的优势会逐步显示出来。为了实现这一结合,有关方面应该创造必要的条件。比如,要有选择、有步骤地让研究所的研究人员逐步熟悉有关术语委员会实际定名工作中的丰富经验以及成功案例,让他们参与华语圈内的术语学术活动,以及更广泛的国际学术交流,等等。此外,要最终实现这种结合,必须有更多的人,包括外语界、汉语界、社科界、科技界的有志者,做出一些跨学科的、横向发展的努力。当然,我们更期待,随着教改的深入,有更多的、知识结构合理的年轻人能脱颖而出,投身到术语学研究领域中来。

　　现有的国外术语学理论是随着现代科学的发展而发展起来的,哲学特别是认识论,逻辑学、符号学、信息学、控制论、科学学等多种学科都为术语学的发展提供了许多理论观点与方法,因此,术语学的基本理论,对各种不同语言中的术语现象都有解释力。但是,也应该看到,国外的术语学理论毕竟是在印欧语"基质"上产生的,汉语或者所谓华语圈内的术语,肯定有其特殊性。我们在引进、消化、吸收、结合之后,面对汉语术语的特殊性问题,必须要有创新,才能最终建立起具有特色的中国术语学理论。这不是短期内就能完成的任务,但它应该成为我们的一个努力目标。

4. 推广术语教育,培养术语学专门人才

人才的培养是一个学科建设的根本。说到底,有了人,形成了队伍,才能谈到其他。笔者注意到有关部门已经有"努力谋求在大学设置系统的术语学课程,并探讨开办术语学远程教育(e-learning)的网络体系"的想法。这一构想应该得到肯定与支持。它不仅体现了推进素质教育、促进科学教育与人文教育交融的教育理念,更是从根本上增强我国术语工作的内在实力的重大措施。我们期望,上述想法能早日落实。其实,在国外,在术语研究发达的国家,早在20世纪六七十年代就已经开始这样做了。我们现在要做的就是急起直追。

在高等院校开设的术语课应该是面向文理各专业的共同课。它应该是培养学生基本知识、技能与方法的基础课。它也完全可能成为这样一门课。就其性质而言,这还是属于术语学的推广教育、普及教育。与此同时,还有一个从提高入手的问题。两者是互相促进、互为依托、并行不悖的。实际做起来,两者各有自己的难点。笔者以为,目前也许应该先从培养高层次人才抓起。

就目前国内的情况而言,我们也许还没有术语学科班培养出的人才。既然术语学是一个专门的独立学科,那么其他学科出身转而从事术语工作的人,在相当长的时间内,总是很难弥补专业知识结构上的先天不足。而术语学又恰恰是一门与多种学科具有密切关系的综合学科,这无疑又增加了由外行转变为内行的难度。胡锦涛总书记指出:"以培养造就高层次人才带动整个人才队伍建设,促进各级各类人才协调发展。"这一思想也同样适用于术语学

人才队伍的培养与建设。我们的突破口也应该首先选择在高层次人才的培养上。培养这样的人才,高等学校责无旁贷。可以选择有条件又有积极性的一所或几所高等院校为依托,由有关方面牵头,联合多方力量,调动并充分利用国内外的一切有利因素,招收培养硕士以至博士学位的研究生。这样,经过三五年之后,我们就会有真正术语学科班出身的高层次专门人才。他们应该起到火种的作用,应该成为未来术语学科建设的中坚力量。通过他们的努力,术语学科的知识会得到进一步的普及。

5. 目前要做的几项工作

1) 确定选题,抓紧立项

研究所的中心任务与日常工作就是围绕着课题做研究。术语学研究所的中心任务就是开展华语圈内的术语学理论研究。从上面谈到的几点认识出发,我们初步设计出如下几个研究课题:

《术语学理论问题研究》——这应该是反映就某些术语学理论问题所进行的更深一步研究成果的论文集,这些问题可能会包括:奥地利术语学派与俄罗斯术语学派的对比研究;系统方法在术语学研究中的运用;某些学科如语言学、法学等学科术语的特点;某些著名术语学家术语理论的介绍等。

《术语学名篇选读》——这是一部以介绍国外各著名术语学学派有影响的术语学著述为主要内容的著作。它的主体应该是对原作的准确翻译,同时也要附有对这些著述或重要论点的解释与说明。通过这个选题的研究,可以使一些以外语见长的人更进一步深入到术语领域中来,同时,也可以帮助没有条件直接接触术语学经典著述的人熟悉术语学的理论。这一课题可能是其他相关课题的副产品。

《俄国军事术语研究》——这是一部以术语学的一般理论为指导、以一个具体专业的术语为实例,对该学科的术语做出全面理论阐释的著述。它既可以更深入地消化吸收并实际运用术语学的一般理论,同时也是对一个学科术语的产生、发展规律以及现状的揭示。

《术语学概论》——这是一部以大学生等一般读者为对象、结合汉语术语实际、较全面阐述术语学理论内容的普及型著作,也可作教材使用。

《术语学原理研究》——这是一套结合汉语术语实际从更深的理论高度上阐述术语学基本原理的系列著作。它应该涵盖与多种不同学科的术语学原理,比如《术语的语言学原理》、《术语的符号学原理》,等等。它应该是国内术语学研究最高水平的体现。

我们恳切地希望各位专家对上述课题的可行性与合理性加以论证,并在可能的场合对这些课题的立项给予支持,为这些课题的顺利完成给予具体指导。

2) 健全机构,网罗人才

前面说到的学科成立的标准中,有好几项是与学科的组织建设相关的。比如:要求"具有相应的培训与研究机构","具有全国性的或国际性的学术组织","具有固定的常备人员"等。这方面我们也有许多事情要做。全国科学技术名词审定委员会作为国家授权的术语建设的领导机构,担负着涉及全局性的规划、指导与协调等重大任务,这一点是毫无疑问的。以国家名词委为核心,还应该建立能更广泛地联系并团结有志于术语学研究或从事术语实际工作的群众的学术团体。据笔者了解,目前,除去专门的研究机构之外,高等学校也有相当一部分人的工作直接或间接地与术语工作有较为密切的关系。在某些词典学、词汇学或科技翻译、语料库建设的研讨会上,不时会有人谈及与术语学有关的话题。但他们只能是处于会议主要议题之外,和者甚寡,甚至根本找不到对话者,更不用说找到知音了。围绕某一学科术语的工作会议可能很多,但就一般术语学普遍性问题的学术讨论会却很少很少,甚至没有。这种局面显然不利于术语学的发展。应该尽快地建立这样一个学术机构,为更广泛的研究者提供自由讨论术语问题的场合。

由国家科技名词术语委员会与黑龙江大学共建的术语学研究所,愿意以上述课题为纽带,广泛地联系、团结有志于术语学建设的各行专家以及青年才俊,真诚地与他们携手合作,为他们创造一个宽松的环境,提供必要的物质条件,为推进我国的术语学建设做一些力所能及的实事。

我们恳请与会专家对以上想法提出批评指正。

(《科技术语研究》,2005,01)

回顾与思考

——术语学研究10周年记

我开始从事术语学研究的具体时间是有案可查的,那就是1999年10月21日。这个"案"其实是我所在的黑龙江大学辞书研究所与全国科学技术名词审定委员会签订的一个合作协议。转眼间,已经过去整整10个年头了。

在这之前,当然也有过一段酝酿时期。进入90年代,当我所在的辞书研究所的绝大多数前辈陆续离退休之后,继续从事我已经干了二十多年的大型词典编纂工作已经变得不大可能,于是我就面临一个下一步做什么的"出路"问题。我偶然间读到了一本俄文的术语学理论著述,知道了在一个个具体学科术语之上,还有一门专门研究各学科术语普遍性问题的独立学科——术语学,当即萌生了搞术语学研究的念头。此前我在搞《苏联百科词典》的翻译编辑工作时,曾经较多地接触过术语,但那只能算是具体的术语工作,而对作为一门独立学科的术语学的性质与研究状况,几乎一无所知。我带着疑问向我在参加全国辞书评奖活动中结识的名词委当时的负责人黄昭厚先生请教,得到了他的热情鼓励与大力支持。接下来就有了上面说到的那个协议。说实话,当初为了找出路而投到了术语学门下,看似多少有些偶然,10年后,在对术语学有了较多了解的今天,特别是对术语学与词典学的关系有了更深入的认识之后,可以说,这偶然又寓于必然之中。

今天看来,我从投身术语学研究一开始就与名词委结缘,这对我后来10年间所做的事,具有很重要的意义。它提升了我的立足点,扩大了我的视野,拓宽了我的思路,也增强了我的责任感与使命感。

10年间,围绕术语学理论研究,我和我后来的同道,都做了哪些事呢?

首先,我与我负责的课题组先后完成了教育部人文社科重点研究基地的两项重大研究课题。这两项课题分别是:"俄国术语学理论与实践研究"与"国外术语学理论研究"。前一课题的研究成果集中体现为《俄罗斯当代术语学》(商务印书馆,2005)一书,后一课题成果的形式为有待出版的3部译著,1部专著,而围绕这两个课题发表的论文约40余篇。译著、专著加论文的总字数大约100多万。其次,这期间我个人结合课题前后指导了4名以术语学为研究方向的博士研究生(其中3人已经通过答辩,1人在读)。再次,由我所在的由名词委与黑龙江大学共建的术语学研究所先后主办了3次"中国术语学建设研讨会"。最后,我提出了"术语教育研究"课题,列为名词委2008—2010年间的研究项目;我还设计了另一个国际间的术语合作项目,通过名词委、科技部,已经纳入2009—2010中俄两国政府间的合作项目。

如果不是像上面这样用数字,而是用略加概括的语言,来总结我们10年来围绕术语学研究所做的工作,那么可以说,我们做了以下这几件事。第一,我们清醒地、有计划地向国内学界引介了国外术语学理论,与此同时,也扩展并加深了我们自己对术语学的认识。从俄国一个国家的术语学理论与实践切入,到进一步扩及整个国外术语学理论研究,从借助俄语一种外语为工具,到借助德、英、俄三种外语为工具,从一般的情况介绍到提出带有自己理论思考的观点,从以一种语言里的术语作为研究对象,到以术语学具有普遍理论意义的问题作为研究课题,这中间是经历了一个扩展、深化过程的,这个过程是认识规律的必然。10年前,我们只能人云亦云地说世界上有著名的几大术语学派。今天,在我们完成了国外术语学理论研究的课题之后,对诸如应该在何种意义上使用与理解"术语学派"这种提法,不同学派的优势与特点何在,当今术语学发展的大致趋势与动向如何,等等。与10年前相比,我们的认识丰富、充实多了。第二,我们自觉地为中国术语学学科的创建做了一些前期铺垫工作。这里我想特别提醒注意"自觉"与"前期铺垫"。所谓"自觉",是指我们对所做的事情的意义从一开始就有比较清醒的认识,同时我们的目标又始终如一。我们毕竟是经过一番酝酿思考之后,以理论研究为切入点跨入术语学大门的。从开始研究国外术语学理论起,我们就认定这是一门很有用的学科,是一座值得开采的"富矿"。我们心中的目标就是创建中国术语学。我们召开的几次术语学研讨会之所以都冠以"中国术语学建设"的字样,其原因也正在于此。说是"前期铺垫",是因为我们深知,中国术语学建设任重而道远,我们目前所做的,还只是类似大工程开始之前的前期准备工作,或者说是主题乐章开始前的前奏曲。真正的主体工程似乎尚未开始。什么时候开始,我们也不知道。基于我们对术语学学科综合性的认识,我们对来自不同学科领域凡是与术语研究相关的研究成果,都给予极大的关注与由衷的欢迎,并乐于引为同道,寄希望有一天会相聚在术语学研究这块园地上来。在不同学科的研讨会上,例如,在汉语词汇学以及辞书学等学者的聚会上,我们都曾满怀热情与期待地呼吁更多的学者,关注并投身到术语学研究中来。我们充分利用一切可能,在不同级别的科研立项上,国际间的、国家级的、省级部级的,都提出并确定了一些与术语学有关的研究题目。第三,我们还在术语学的人才培养上,取得了一些成绩。越来越多的青年学者已经自立门户,通过自己的辛勤劳动,从事研究,指导学生,在不断扩大术语学的影响,这对术语学建设来说,是最扎实、最基础性的工作。不过,总的来说,就我个人的感觉而言,面对横跨多种学科的、带有综合性的术语学,我们仍是刚刚入门。我们不敢也不想用"开拓创新"、"填补空白"这类字眼来评价我们10年来所做的事,它们显得过于庄严、过于厚重,但我们还是做到了"锲而不舍"、"孜孜不倦"。

　　静下心来,稍加思考,我们依稀感到,有不少事关术语学建设的重大问题,我们并没有认真讨论过,更谈不到达成共识。我不揣冒昧,提一个话头,意在抛砖引玉。

　　先从一个具体问题说起。"中国术语学建设研讨会"里的"中国术语学建设"应该怎样译?凭我水平有限的英语,我想到可能有两种译法:一是译作"building chinese terminology",一是"building terminology in China"。这两种译法所传达的意义应该是不一样的,前者似乎突出了"术语学"的"中国特色",而后者更多地是表示在中国这片土地上创立此前这里没有的术语学。如果英语的表述确有这样的差异,我们该选择哪种译法呢?看上去这仅仅是在两种不同译法中作出一个选择,其实,这背后牵涉一个更重大的问题,就是对我们所致力建设的中国术语学究竟该如何理解?中国术语学仅是用术语学的普遍理论来解决汉语术语为主的种种问题,还是一定要有由中国人提出的、同样带有理论意义的某些主张?这里似乎也存在一个"全球化与本土化"问题。如今,在世界经济发展愈来愈呈现一体化趋势的大背景下,许多学科、部门直至行业都面临这个问题。术语学在中国如果能一直走下去,会不会终有一天也提出这个问题?即使在今天,如果要对中国术语学建设做出某种战略性的规划,这个问题可能也无法回避。

接下来的另一个问题多少也与此有关,我先从一种阅读时的心理感觉说起。每当在外国人写的术语学著述中,读到引用孔子的"名不正则言不顺,言不顺则事不成",心里总是感到几分满足,几分得意,好像与术语学的心理距离也拉近了不少。但仔细一想,又会提出一些疑问,中国古代先哲所说的这句名言的意义,究竟有多少与术语学这门新兴学科是实际相通的呢?如果再多留意一下目前学界讨论的一些热门话题,诸如中国古代有没有哲学?东西方哲学能否进行对话?中医究竟是不是科学?等等。那么,上述疑问可能还会进一步加深。不应该忘记,术语学是一门与哲学、逻辑学等多门学科有紧密联系的学科。它之所以首先在奥地利问世,这与德国或德语国家的哲学传统密不可分。它之所以在20世纪30年代产生,这也与西方哲学在20世纪初所发生的"语言转向"有直接的关系。通常所说的术语学与哲学的密切关系,无疑指的是"西方哲学"。而这种西方哲学与东方哲学的差异,诸如一个重分析,一个重综合,一个长于从微观建立概念进行推理,一个长于宏观的整体把握企望顿悟,等等,这已经是大家的共识。如果总体上来比较东西方哲学,那一定是各有所长,不过,如果单就西方哲学、逻辑学加上语言学衍生出的术语学来说,它与我们传统哲学思想与传统文化之间的隔膜、抵牾甚至对立,则会被凸显出来。罗素把逻辑学看作是哲学的本质,而逻辑"萎缩"恰恰是中国哲学一贯的"病症",是中国文化的内在缺失。记得好像是许国璋先生说过,西方文明的核心精髓是逻辑,而中国文明的核心精髓是汉字。这两个精髓之间好像是两个不同的"配型"。当在术语学这个以哲学与逻辑学为基石的狭小领域内两者"短兵相接"时,人们不免常常会有方枘圆凿、南辕北辙之感。在术语学建设过程中,这种隔膜、抵牾与对立会不会成为一种内在的阻力呢?

我个人不时感觉术语学在很多方面很像"软科学"。软科学是一门新的综合性科学技术,它以阐明现代社会复杂的政策课题为目的,应用信息科学、行为科学、系统工程、社会工程、经营工程等正在急速发展与决策科学化有关的各个领域的理论或方法,依靠自然科学方法对包括人和社会政策在内的广泛范围的对象进行的跨学科的研究工作。由于软科学面对的是政策课题,自然容易引起重视。而术语学似乎更富有"软性"。一些明显违背术语学原理的"硬伤"却可能安然存在而不易被人察觉。这样的实例实在是太多了。对于历来讲究"经世致用"的国人来说,很难感到建设术语学这样学科的迫切性。

术语学是一门实用性很强的应用科学。回顾 10 年来走过的路程,缺乏实践是我们最大的不足。我们没有机会,哪怕是对一个学科的术语,从头至尾地进行过整理、分类,确定其间的逻辑关系,即按术语标准化工作的种种要求和步骤,全过程地做下来。总之,我们没有系统完整的术语工作经历,曾经有过的多年编纂辞书的实践,还不足以完全弥补这一不足。为此,我们曾经有意识地利用可能的机会参加过一些有助于了解术语实践工作的活动。我们发现,我们看到的实际与我们想象中的术语工作,

回顾与思考

从理论认识到实际操作步骤,都有不小的差异。这使我们感到很困惑,甚至不解。怎么会是这样?是我们自己"食洋不化"、教条主义,还是我们看到的实际工作缺乏理论依据,方法有待完善?由于我们自身的不足,我们缺少足够的底气与胆识对此做出明确的判断。

不知该说是"有幸"还是"不幸",有一位值得敬重的前辈学者似乎也感受到了同样的问题。他比我们受到过更为严格、更为系统的专业科学训练。更为难得的是,他既谙熟术语学理论,又长期从事过不同学科术语框架系统的整理设计工作。他就是中国大百科全书出版社的全如瑊先生。我们隐约感到的问题,他的感觉更真切,而且表述得更明白。他曾撰文指出,术语工作可以概括为定名、定义、定位三项内容。而目前我国的术语工作大多仅偏重其中的第一项,而且老实讲常常不是定名而是译名。术语学要求,有了定义才能定名;对于现代科学技术来讲,这必须是现代定义。现在术语工作的一个重点内容就是要建立各学科和各部门的术语系。建立术语系并不是将搜集到的术语简单地归类再汇集成册就算了事,而是要建立完整的概念系。这个系不仅要便于检索,更要能反映该学科或部门的系统内容等。的确,如果我们对国内集中发表术语研究成果的期刊稍加留意,就不难发现,这里关注最多的是术语定名、译名、用字选词等问题,而对定义与定位,除去偶有一般性的理论阐述,极少有人针对实际结合实例提出问题。而形成对照的是,国外的术语学著述中,常常会就已经颁布的国家标准中的定义,提出严格的逻辑分析,指出其中存在的种种问题与有待改进之处。是我们的总体逻辑修养已经达到无可挑剔的水平,还是我们压根儿缺乏这种严密的思维习惯?好像更可能是后者。我们在不同场合,包括我本人,都曾经说过,建国以来,我国的术语学理论研究几近空白,而术语定名成绩斐然。但稍加思考,就不能不提出疑问,不是说没有理论指导的实践是盲目的实践吗？理论几近空白,实践工作又能"斐然"到何种程度？如果真的抛开定义与定位,或者说,不充分考虑术语背后到底是指称一个什么概念,也不深究它在术语系统中所占的位置,在术语定名过程中,不要求绘出概念关系的示意图,这样的术语定名的科学性肯定是要大打折扣的。

21世纪初,术语学研究发达国家的学者曾在波兰一个省会城市聚会,会后发表的《比亚韦斯托克宣言》说:"现有的研究结果中最重要的结论之一就是:认识过程的加快实质上取决于专业词汇的发展水平。因此,各国的人士与政府应该清楚地懂得,他们致力于加快本民族专业词汇的发展,也就是在为本国的科学、工业与文化进步创造条件。"反观我们的术语工作的领导机构,却是以"审定"为核心命名的。"审定"者,审查决定之谓也。这更像是一道行政工作程序。当然,与最初的"编译馆"比较起来,已经有很大的改进,但与国外不同国家同类机构名称相比较,却总感到另类。这究竟是理性认识上的差距还是具体定名的不当,或者是两者兼而有之呢？再有,国际有关组织的文件与其他国家的术语标准化文件通常都是以2000个术语为上限,而我们的××名词大多在3000多个,这与我们从不在理论上区别术语与名词,在使用中总是混为一谈是否有关呢？

总之,以理论的眼光去观察实际,总会发现很多问题,有的问题可能有道理,有的未必有道理,第一位的还是要向实践学习。但有一点是肯定的,只有理论与实践相结合,中国术语学建设才能健康发展。而目前更紧缺的,还是术语学理论的切实指导。

这就是我从事术语学10周年之际,最想说的一席话。如有不当,欢迎指正。

(《郑述谱集》,黑龙江大学出版社,2011)

给术语词典学以应有的地位

术语词典学（terminography）按著名词典学专家哈特曼（R. R. K. Hartmann）等的解释，是研究有关术语词典的设计、编纂、使用以及演进活动的一门学科。这与我们通常更习惯说的专业词典学或专科词典学是一个意思，尽管从严格意义上说，术语与专业词汇应该是有区别的两个概念。

到底应该怎样认识术语词典学的地位与意义，怎样加强术语词典学的研究，怎样才能从根本上切实提高术语词典的编写质量，这都是一些有待深入思考的问题。

1. 透过数字看现实

当今时代的一个特点就是国际间的交往愈益密切和频繁，"地球村"的说法即是对此一个形象的写照。那国与国之间，人们最想从对方得到的是些什么信息？或者说，人们相互间交流的内容集中在哪些方面？下面的统计数字对此做出了解答：

　　—商务　　　　　　35.4%
　　—工业　　　　　　21.0%
　　—科学　　　　　　20.0%
　　—法律　　　　　　9.3%

给术语词典学以应有的地位

—时事新闻　　　　3.5%

—影视　　　　　　2.1%

—教学　　　　　　1.5%

—文学　　　　　　0.3%

—其他　　　　　　6.9%

合计　100%①

原来,在人们印象中曾经占有重要地位的时事新闻、文学艺术方面的交流与商务、工业与科学相比简直可以说是微不足道的。不用说,在商务、工业与科学信息的交流中,专业词汇占有绝对大的比重。

据科学学的研究统计,在现代社会,每隔 25 年,学科数量的增长就会翻上一番。信息时代,知识爆炸——这两个描写当今时代知识增长特点的说法早已经为人们所熟悉。但与此有紧密内在联系的另一个概念——术语爆炸,还较少见诸于媒体。其实,从科学与语言并行发展的历史进程来看,从认识论的角度,从知识系统与概念的关系,以及概念与术语的关系,可以合乎逻辑地论证出,在信息时代,随着知识爆炸的出现,新学科的成倍增长,术语爆炸的发生是完全必然的,统计数字也可以显示出这样一个事实。

据统计,1604 年出版的第一部英语词典仅包括 3 万个词。1750 年出版的约翰逊英语词典收词达 4.35 万个,而 1973 年出版的简明牛津词典已经包括 16.3 万个词。

---

① 转引自 Марчук Ю. Н. *Научно-технический перевод*. М., Наука. 1987, 140.

1690年法国出版的法语通用词典共收5万个词。1964年法兰西科学院词典包括的常用词不过2.5万个,而声称收容了全部法语词的10卷本的拉鲁斯百科词典达45万个词。

前一组数字能显示一般语词词典收词增长的情况,后一组数字大约能显示出常用词与非常用词数量的差异。这里的非常用词主要是由专业词构成的。

至于说到专业词的增长,则远远超过上述词的增幅。据统计,20世纪初德语科技术语词的总量是350万。而今天,仅仅电工学一个专业的德语术语词总数就达400万。俄语的统计数字也显示出同样的结果。17卷本的科学院词典收词约12万条,而80年代出版的全苏工农业商品分类总目包括的名称共2400万个。再看新词增长的数字分析。以俄语的新词为例,60年代收集的新词新义中,专业词约占80%,而90年代的出版物则认为:现代语言中出现的新词,专业词占了90%。

以上统计数字足以证明,各种语言中术语词的急骤增长是一个不争的事实,"术语爆炸"并不是什么骇人听闻的说法,而是这一事实的真实写照。

另一个与此相关的事实是,专业术语词典出版与术语词数量呈现同步增长的趋势。整个80年代,全世界累计出版的专业词典约0.3万部。这就是说,世界上差不多每天都有一部专业词典问世。1950—1979年,全世界各国专业词典的出版数量可从以下表格中显示出来:[1]

---

[1] 本文列出的统计数字表格均转引自:Марчук Ю. Н. *Основы терминографии*. Москва. 1992, с. 19—21.

国家	专业词典总数	其中包括：		
		单语专业词典	双语专业词典	多语专业词典
全世界	6433	3195	2258	980
美 国	1101	842	200	59
德 国	734	472	171	91
苏 联	691	190	454	47
法 国	556	390	97	69
日 本	479	153	237	89
英 国	420	311	63	46
意大利	309	258	29	22
	...	...	...	...
巴 西	43	30	10	3
加拿大	35	1	33	1
中 国	108	16	77	15
印 度	97	14	81	2
丹 麦	28	14	10	4

从不同的角度对这些数字进行对比分析，还可以发现另外一些值得注意的情况。就单语词典的出版数量而言，美国占全世界总量的23%，居第一位，而就翻译词典的出版量而言，则占第四位。德国的词典出版则呈现出各种类型的词典数量比较均衡的态势，其单语词典出版数量占64%，双语词典占23%，多语词典占13%。自70年代起，法国词典的出版数量开始增长，上升到第三位，就涉及的学科专业来说，是最广泛的。

词典的出版数量与一个国家科学技术的发展进步密切相关，最典型的例子是日本。50年代之前日本的词典出版量是微不足道的。但从1950年开始，在日本经济腾飞之前，词典事业则提前呈现出升温之势。就专业领域而言，建筑、化学、冶金、物理、汽车工业等专业领域的词典占大多数。这对日本的专业人员获取和利用先进的,主要是来自英语的科学技术知识起到了很大的推动作用。

印度是发达国家中一个很典型的例子。印度出版的、属于压倒优势的词典类型是双语词典,学科专业分布多属于基础科学,而技术专业所占的比重相对较低。

通过另外一些统计数字,还可以看出,有一些专业领域,呈现稳定增长的趋势,有一些领域则呈现逐步萎缩的趋势,也有一些专业领域则呈现急剧增长的趋势。就第一版词典的统计数据而言,领先的专业范围是如下一些:

学　　科	1950年	1960年	1970年
信息科学(计算技术)	8	88	144
环境保护	1	4	39
动力学	2	11	21
语言学	1	11	35
聚合物	10	27	31
生物学、生物化学	30	56	68

显而易见,最热门的新兴的学科专业如信息科学、环境保护也是专业词典出版数量增长最快的专业。

以上有关术语与术语词典的增长统计,可以看作是一面镜子,它能准确无误地折射出时代发展、科技进步、语言变化的总体状况,不同国家的相关国情也能从中显示出来。

2. 对旧日一场讨论的新思考

90年代初,《辞书研究》杂志曾就词典学的性质及学科属性问题开展过讨论。概括起来说,当时最大的观点分歧在于,一种意见认为,词典学(或称辞书学)已经从语言学中分离出来,成了一门独立的学科;反对的意见则认为,词典学仍然属于语言学的研究范畴。在我的印象中,这场讨论最后并没有得出什么一致的结论。所以,在后来发表的一些著述中,不时还能看到争论的余波。事隔多年,现在想来,似乎力主词典学是属于独立学科的,多是一些从事专业词典编写的专家,而以语文词典及双语词典编写为主的学者则多持与此相反的意见。倘若这个印象大致不错,那今天看来,讨论"壁垒"的这种分野也许并不是偶然的。其中隐藏着更深刻的、很值得探究的原因。

语文词典或一般双语词典的编者多是与普通词汇打交道,而专业词典的编者主要是与专业词汇打交道。存在决定意识。争论双方的这种不同"出身",不同业务活动对象,对他们的观点的形成是会有影响的。

为了说明这个问题,也许应该从普通词汇与专业词汇的区别说起。普通词汇与专业词汇究竟有什么差别?这本身就是一个大话题,属于术语学研究的一个重要内容。在一些情况下,这两者之间的界限并不是泾渭分明的。比如说"水"这个词,就不好武断地说它是普通词还是专业词。但是,既然这是两个不同的概念,它们肯定具有不同的性质特征。简单地说,首先,它们的使用范围不同。普通词汇用于日常生活,而专业词汇多用于某一专业范围内,虽然,随着科技的发展,不少专业词也越来越多的在日常生活中出现。其次,术语是为了指称概念的。这一点决定了术语内容的准确性与定义的严格性。再其次,术语不是在自然语言条件下自发产生的,它是经过人为约定创造出来的。

以专业词汇为研究对象的学科叫作术语学(terminology)。

术语学论集

术语学最早产生于 20 世纪 30 年代的奥地利,其代表人物是维斯特(Wüster E. 1898—1977)。如今,在国际上除了奥地利学派以外,最有影响的还有俄罗斯学派、加拿大魁北克学派、捷克的布拉格学派等。经过大约半个世纪的发展与积累,到了 20 世纪 70 年代,大家都一致认为,术语学已经发展成为一门独立的综合学科。但它与许多相关的亲缘学科如语言学、逻辑学、认识论、系统方法论、控制论、信息学等都保持并将继续保持密切的联系。术语学科之下又形成了几个不同的分支学科或称为研究方向,一般术语学、术语标准化、术语词典学等,应该算是其中最主要的几个。这里最值得一说的当然是术语词典学。如同词典学与词汇学有密切联系一样,术语词典学与术语学也有紧密的联系。术语学研究的许多问题是在编写术语词典的过程中产生的,术语学研究提出的解决办法,反过来又直接影响术语词典的编纂。可以说,术语词典既是术语活动的一个结果,同时又是日常术语活动的一个工具。

专业词汇与普通词汇的差异,必然导致专业术语词典的编写与一般语文词典的编写也存在一些不同之处。比如,由于术语有严格的系统性,术语词典的条目选择、术语的定义都要求有更高的科学性,也需要有深厚的本体学科的修养。专业词典编写中遇到的问题,靠一般词汇学或词典学当然也能解决一部分。但是,术语学对解决专业词典编写中遇到的大量问题更直接、更有效、更有针对性。这是不言自明的事实。

可以想见,主要从事专业术语词典编写的国内学者,似乎敏感地察觉到了一般词汇学、语言学无法解决他们的编写疑难,而他们用以解决专业词典编写问题的知识,又绝不是语言学所能包括得了的。也许正因为如此,他们才提出,辞书学应该算是独立于语言学之外的一门学科。的确,单就术语词典编写所遇到的问题来说,它比语文词典和双语词典编写与语言学的疏离程度肯定要大得多。今天看来,别的理由不说,既然术语学70年代在国际上已被公认为一个独立的学科,那作为术语学属下的一个分支学科,术语词典学的相对独立性也自然应该得到承认。

3. 几点认识

谢尔巴在他那篇现代词典学的开山之作中写道:"人们早就开始编纂各种词典,但迄今尚无关于编纂词典的一般理论。""有关技术词典的理论和有关其他词典的理论比较起来,情况也差不多,或许可能更差些,因为人们都认为编纂技术词典不需要什么理论,认为只要当了工程师,就能解决编纂技术词典的各种问题。"[①]

事隔60余年,仅就我国的情况来说,一般词典学的理论研究已取得长足的进步。但术语词典学的研究却依然乏善可陈。那种"不需要什么理论"的想法的影响可能在逐渐减少,但编纂术语词典究竟需要什么理论?这些理论是些什么样子?到什么地方如何把这些理论引进来?怎样才能使它得到有效的传播?这些问题,人们的认识依旧茫然。

这种状况的发生,有很多方面的原因。其中的一个重要原因可能在于,管辖术语词典学所属的术语学本身的多学科性。它不仅与语言学、逻辑学、认识论、控制论、系统方法、信息学等多种学科关系密不可分,同时又与各类本体学科有关,这自然增加了它的

---

① 石肆壬. 词典学论文选译. 商务印书馆,1981,第42页.

研究难度。从事语文词典与双语词典编纂以及一般词典学研究的往往是语言学工作者,而编纂专业词典的往往是语言学以外的各专业本体学科的专业工作者,前者与后者往往都把术语词典学的研究工作排除在自己的业务领域之外。这如同当初术语学所处的情况一样。语言学、科学史、本体科学都不把术语当作自己的研究对象,直到奥地利学者维斯特提出这个问题,并进行了开拓性的研究。因此,他也就成了现代术语科学的奠基人。在国外,随着术语学的发展,术语词典学的研究已多有建树。如果把术语词典学也划分成实际编写与理论研究两部分,那国内的专业词典编纂可以说是成绩斐然,而术语词典学理论研究却明显薄弱,这不能不对专业词典的编写实践直接造成负面影响。因此,为了提高专业词典的质量,加强术语词典学的理论研究是一件迫在眉睫的事情。

把上面说到的透过数字看到的现实,与我们自己亲身经历的那场讨论联系起来,再结合专业词典学研究目前所处的状况,会引发我们许多有益的思考。

处在信息时代、知识爆炸、术语爆炸这样一个大的时代背景下,术语词典的编纂与出版是与国家的振兴、经济的腾飞、民族科学精神的培养这样一些头等大事紧密联系在一起的。我们作为从事词典实际工作的人员,在这方面该做的事实在太多太多。面对外部世界的飞快发展,以及我们自身所处的现实状况,我们会增加许多紧迫感、压力感、责任感。

然而,心急归心急,压力归压力。在我们准备要奋起直追的时候,我们更不能忘记,要尊重科学,要按科学规律办事。一个知识领域是否能构成一门独立的学科,是有客观的衡量标准的。这是科学学研究的内容之一。有人把这一标准归纳成如下几个方面：1)具有相关领域的文献；2)具有相应的培训与研究结构；3)具有全国性的以及国际性的学术组织；4)常备的人员；5)专门的研究对象；6)关于研究对象的实际阐释；7)对该领域研究内的现象作出解释与预见的理论；8)自己的研究方法；9)专业的科学语言，等等。①

今天再回过头来说那次讨论，当初已经有人叩响了这扇真知之门，也产生了正确思想的萌动，但最终未能使众人信服，这未免令人可惜。不过，人的认识总有个发展深化过程。说到底，这还是与我们当时认识的深度与理论的积累有关。从某种意义上说，术语工作的进展和水平，能直接反映出全社会知识积累和科学进步的程度。即使今天，在确知国外的有关观点之后，拿前面说到的衡量学科能否成立的条件来看，就凭我们在术语学与术语词典学方面现有的只能说是菲薄的理论积累，我们还是不敢坚持说，我们已经创建起了这门学科，尽管从理论上说，它是完全可能成为相对独立的学科的。

既然，我们已经知道，术语学已发展成为一门独立的综合学科，那本属于这门学科之下的术语词典学的建设和发展，就绝不是轻而易举、一朝一夕就可以搞定的事情。别的不说，就其综合性来说，就其专业性来说，就词典工作本身的劳动密集性来说，都会大大增加术语词典学学科建设的难度。作为一个学会，我们能做的工作是很有限的。我们应该努力办好短期培训班，丰富并深化教

---

① Шульце Д. *Развитие новых областей знания и проблемы классификации наук*// Методология развития научного знания. Москва. 1982, c.16.

学内容。我们还应该积极向有关部门建议,做一些我们力所不及但应该有人做的建设学科的大事。笔者注意到有关部门已提出,注意现代术语学理论与工作方法的教育与普及,"努力谋求在大学设置系统的术语学课程,并探讨开办术语学远程教育(e-learning)的网络体系"。相比而言,这应该是更具有战略意义、从根本上提高民族的科学素养、人文素养的重大措施。看来,只有对术语词典学的认识到位,提出的相关措施与解决办法才可能更切实、更有效。

洛特怎样编《德俄汽车词典》

洛特是谁？洛特怎样编专业词典为什么值得一说？这是首先应该向读者交代的两个问题。

俄国术语学派是继以维斯特（Wüster E.）为代表的奥地利术语学派之后世界上最有影响的术语学派。洛特（Лотте Д. С. 1898—1950）则是这个学派的奠基人。1933 年，根据洛特的提议，苏联科学院成立了技术术语委员会，后又更名为科技术语委员会（1938），现在则易名为科学术语委员会。洛特本人担任了该委员会的第一任副主任兼秘书长职务。主任则由科学院院士恰普雷京（Чаплыгин С. А. 1890—1942）担任。这个机构的基本任务就是研究术语学理论和规范术语的方法。

洛特一生撰写了许多有关术语学的著述，这些著述为俄国术语学奠定了理论基础。洛特本人是工程师，但是他却非常专业地分析了术语词汇中的一系列语言学问题。对此，有人解释说，这一方面是因为他本人具有良好的语言学修养，同时也得力于他有机会与当时许多著名的语言学家如维诺格拉多夫（Виноградов В. В.）、维诺库尔（Винокур Г. О.）、马尔（Марр Н. Я.）等咨询切磋。1936 年，洛特主编了一部《德俄汽车词典》（*Немецко-русский автомобильный словарь*），并写下了一篇内容充实的前言。这个前言首先当然是为说明词典编纂中的一些问题而写的，但它却涉及术语学理论以及术语实践中的一些重大问题。考虑到洛特本人的身份与地位,他对这些问题的处理意见与具体做法,自然应该引起人们的关注。

如今,无论是在俄国还是在世界术语学界,都把术语词典的编纂视为术语活动的一个重要领域和有机组成部分。从国际标准协会成立的第一天起,就把术语词典的编纂列入该组织致力研究的问题之一。1979年为纪念维斯特出版的他的文集就辟有专章(第九章)讨论术语词典学问题。在俄国,术语词典学的开创也与洛特的名字分不开。因此,仔细研究一下洛特在这方面的理论主张与实际做法,对认识俄国术语学派应该是必不可少的。同时,对于提高专业词典的编写质量也会是有益的。

为了讨论问题的方便,我们先把洛特为词典写下的前言,较为详细地选译出来,然后再就此发表我们的评述意见。

汽车术语如同所有其他比较年轻的学科术语一样,具有一系列特点。它们给使用外语与本族语的教材与科学文献带来了困难。这些特点主要体现在以下几个方面:1)同一个概念有两个甚至几个术语——这些术语姑且称作同义术语或简称同义词——可能是由完全不同的术语成分构成的;2)许多术语都有几个意义,即这些术语代表两个或者几个有时是彼此相距很远的概念。这些术语——我们可将其称为多义术语——可能是指只是对其解释不同的同一现象,或者表示的是完全不同的现象或事物;3)有的术语常常在某一领域内与另一个术语是同义词,同时又是具有另外意义的多义词术语。这样的术语与那些所有意义均相吻合的绝对同义词不一样,只能称作相对同义词;4)还有一些术语并没有明确固定的内容,赋予它们的意义常常是很随意的。需要指出的是,

洛特怎样编《德俄汽车词典》

这类术语中的一部分在其他领域是具有某种确定意义的；5) 一部分在汽车行业里使用很广的概念却根本没有术语,需要的时候这样的概念就通过熟语性的说法或者临时造的常常是完全错误的术语来传达；6) 汽车术语大部分与通用技术或一般理论科目采用的术语相脱离。汽车的术语体系与其他兄弟部门比如航空、拖拉机等部门的术语体系相脱节。汽车行业的人常常毫无根据地为一些与其他领域直接相关并在那里已有术语的概念确定一些自己用的特别的术语。如果已有的术语已经陈旧、错误或者太长,那么这种做法还情有可原,但如果其他领域使用的术语是正确的、简短的,那这样做就无疑是有害的。

汽车专业术语存在的上述问题,迫使作者在编写《德俄汽车术语词典》的时候,放弃了通常的做法。作者不是选一本德语汽车词典为蓝本,也不是把德语中的汽车术语直接拿来作为条目。作者选定的首先是汽车行业以及有关科学著作和现代教材中最有意义的那些概念。

在确定了这些概念的准确界限以后,编者才去寻找对应的德语术语,如果找不到对应的术语,就找出最常用的表达词语。

充当素材的不仅是科学著述以及教材,还包括汽车杂志、科普小册子以及各种各样的资料卡片。在这当中,要特别注意的是一定要把术语的内容辨识清楚。因为有时候同一作者在同一本书里对同一术语使用的却是不同的意义。因此,在一个德语术语词下可能有两个或更多的俄语术语词,而每个术语都表示独立的概念。一些在俄国文献中尚未使用的德语术语的附加意义往往也需要编者去确定。编者还花工夫去确定德语的绝对同义词与相对同义词,并把它们加以分组,并互相参见。为此,首先,他根据德国标准化委员会和奥地利标准化委员会确定的标准(DIN)来确定哪些是最通行的术语，主要术语一律列出其同义词，次通行的术语引见主要术语。

绝大多数术语都是由其他术语以及具有单义或多义的词构成的。可以把这些常常借助某种手段通过搭配组合构成术语的成分，称为"术语成分"。作者认为，应该把这些术语成分都分离出来，并在词典相应的地方指出。这样做是出于以下考虑：(1)要求所有词典除了完成词典的直接任务以外，还应充分研究术语和掌握术语的参考材料，了解了术语成分及其意义与结构是实现上述目标的最可靠手段。(2)通过掌握术语成分就能理解术语的意义，即使它是新出现的术语，或者虽然已经存在但因某种原因未收入词典的术语。

德语术语提供的俄语对应词并不只限于那些被认为是较正确的或较为流行的对应词。词典列出了从教材、科学著作以及其他资料中选取的几乎全部的俄语术语词。不这样做反倒可能在使用词典时引起混乱。因为汽车术语词的分歧极大，行业内人士常常不知道表示某一概念的全部术语，同样，找到某一个与德语对应的俄语词，他们理解的这个俄语词表示的可能是另外一个概念。因此，只列一个俄语对应词反倒容易造成误解。

词典编者对现有的术语采取一种批判对待的态度。对于那些音节过多或者术语内容与术语成分的字面意义不对应的俄语术语，词典会标出"最好不用"。而对于准确、理想的术语则标出"推荐使用"。当然，对于那些虽不理想但危害不大的术语也标出"可用"。一个术语准确与否不能孤立地判断，要它把置于与其他术语与整个系统之中来观察。因此，一些标有"最好不用"的术语中，也

洛特怎样编《德俄汽车词典》

不乏一些单独看去比"推荐使用"或"可用"的术语似乎还好的术语。但这样的术语还是应该取缔。

词典编者只把它们的标注看作是一种有待商榷的建议。让词典使用者在必要时也参与选择相对较好的术语,这对他们也是有益的。

词典中还有很少一部分此前从未用过的新术语,这里可以区别出三种情况。第一种情况是针对一些此前还没有过术语的概念。在这种情况下,在提供术语的同时,还提供足以帮助读者理解相应概念的定义。第二种情况,当有的旧术语明显错误,与概念不符,但尚未广泛使用时,提供新术语。第三种情况,当这些新术语因与亲缘的术语结构相同,因此自然会依此类推而产生出的新术语。

针对前面开头说的汽车术语与通用技术学科和其他领域之间在使用上存在的较大分歧,词典在给出专用的汽车术语的同时,还提供在其他行业技术领域表示同一概念所使用的术语,对一个德语的术语成分都提供一系列俄语对等词或近义词。同时,还要给出一个或几个例词,以展示在相应的术语中选用的是术语成分的哪个意义。

几乎所有的技术术语词典中,都有波形符(~)替代条目词重复的部分。这样做会给使用者带来困难,并且纵容了对术语使用的马马虎虎的态度。因此,在本词典里无论是德语还是俄语词都将词全部写出,不加任何省略。

出于使用方便的考虑,本词典将每个德语词的俄语对应词顺序排列,即使相对应的德语术语并不是关键的术语词,并有引见较泛的同义词标志。

洛特本人给词典写的前言不仅能帮助我们对词典的面貌有一个基本的了解,同时更使我们认识了洛特的某些术语学的重要思想。其中,尤其值得注意的,有以下几点:

洛特所说的汽车术语的"特点",其实是在指出当时俄语汽车术语中所存在的种种弊端。汽车术语的这种状况也是当时俄语整个术语状况的一个缩影。正如著名语言学家马尔所批评的那样,"没有建立术语的语言学理论基础,一切都是一时一个做法,只从自己的领域出发,没有考虑到其他领域,没有原则……"。面对这样的客观形势,身为俄国术语学开创人的洛特,在编写《德俄汽车词典》时,心中想到的绝不仅仅是要告诉读者某个术语用德语怎么说,用俄语又怎么说(当然,在术语系统混乱的情况下,做到这一点也不容易),他显然是要借此机会清理、整顿并进而规范汽车术语。立意之高远,目标之宏伟,绝非一般术语词典的编者可比拟,这一点是显而易见的。

远大的目标决定了工作流程的独特性。洛特的词典编纂流程是先确定俄语汽车术语的常用概念,然后确定这些概念的界限,然后再去寻找德语对应术语的做法,乍看上去,不像是在编德俄词典,倒更像是编俄德词典。但如果全面地了解了洛特的术语学理论观点之后,就会对他的这一做法有更深入的理解。

对洛特的做法做出最好解释的自然还是洛特自己。他在更早的时候即1932年发表的《整顿技术术语》一文中,把技术术语大致分成了5类,即:1)真正的或者单义的术语;2)同义术语或者多个术语并存;3)多义的术语;4)未加区分的笼统术语;5)描写性的术语(或者确切地说是术语阙失)。

如果按对实践使用造成的不便程度大小来说,5)类居第一位,其次是3)类,对这一类要做的是补充修饰语。而对可能占据数量最多的第4)类则需要加以转换,甚至用新创建的术语来取代。4)类与3)类接近。解决办法也基本相同。这里特别要注意的是要尽量避免那种"语义不可解"性质的改造。至于上述第2)类情况,倒是可以取缔那些不可接受的术语,留下那些较为合适的,但是大多数合适的术语也是完全相对的,因为它们都没有足够的"语义可解性",与基本的核心术语也没有足够的逻辑关系。至于1)类术语,乍一看去,似乎不需要做根本的改造,因为它们能满足单义的条件。但实际上并不是这样。这些术语同样需要从与关键术语对应的角度与"语义可解性"的角度去重新审视。因此,结论只能是,所有上述各类术语都应该重新审查。然而重新审查并不是要立即全部替换,这要视种种情况逐个地进行。首先,要正确地建构能派生其他术语的关键术语;其次,又不能将某一领域与其他领域割裂开来单独进行,除了要与关键术语、基本术语进行纵向的对比以外,还要与其他领域的派生术语与关键术语进行横向的比较。

为了完成上述任务,洛特认为,第一件要做的事,就是搜集通用技术和行业术语的材料并将其系统化,因为能充当所谓"术语总表"的文献材料国内国外都是没有的。这个"术语总表"应该做到:1)列出所有术语,包括实物名称与概念;2)列出的术语应是穷尽无余的,即包括所有同义术语、陈旧的术语以及其他术语等;3)用相应的引见及解释指明这些术语在其中使用的亲缘部门和通用技术科目;4)列出其即使此术语并不在其中使用的亲缘领域对等概念或实物的术语;5)揭示出带有所需纵向与横向比较的"基本与关键"术语;6)多义术语应通过其枝蔓出的附有必要解释其使用领域的术语来揭示；7)揭示出术语特别是"基本与关键"术语的词源；8)在必要和可能的情况下术语应配以示意图。洛特本人的上述观点，是对他稍后开始的词典工作的流程设计的最好诠释。因为他认为有必要对几类不同情况的术语都要进行重新审查，于是他才能如此彻底地、从根本上来解决问题。

当代的一位俄国术语学家列依奇克（Лейчик В. М.）说过，洛特的主要功绩在于他提出的两个主要论点。第一，把术语总汇看成一个系统。进一步说某一学科方向甚至某一组表示某一狭窄概念列的术语，也都是成系统的。第二，不同学科或技术领域的术语总汇，其组织方式并不相同。例如：化学术语系统与法律术语系统，从组成成分到反映该学科的内在逻辑结构都是不一样的。因此，除了对建立任何术语系统都适用的一般形式逻辑标准之外，还要考虑某一领域自身的特点。洛特也许是把汽车术语当成了将自己术语理论与术语实践相结合的"实验田"。

洛特的做法实际上是称名学（ономосиология）的做法。一般的词典是从语言符号（比如一个词）出发，然后寻求这个符号的意义；而称名学科的做法则相反，是先有一个概念，然后去寻求这个概念如何用语言符号去表达。类义词典采取的就是这样的做法。只不过洛特做得更彻底。他不是仅仅从读者的概念出发，而是首先致力于对已有的概念加以梳理、甄别、选择等工序，这是绝大多数词典编者未必想做也未必有能力做的事情，而洛特却这样做了。

洛特提出的"术语成分"是一个值得深入分析的概念。类似的思想早在17世纪就已有人提出。20世纪60年代仍有人主张描写关键词汇的单位应该是词素，而不应该是词。这些此处无法展开细说。

洛特怎样编《德俄汽车词典》

洛特期望"术语成分"既是一个形式单位,又是一个内容单位。通过术语成分可以整合成相关的术语。同时又能满足对术语的理据性要求,虽然他本人用的不是"理据性"这一术语。的确,对于复合法占有相当大比重的德语词来说,掌握了术语成分的意义在一定程度上可以起到举一反三、触类旁通的作用。掌握了术语成分的意义,可能会有助于理解相关术语的意义。然而,对于术语来说,这个作用是要大打折扣的。其中的原因在于,懂得了语义并不等于就能译成恰当的术语。因为"语义并不是翻译",虽然它是翻译的最必要的前提。

洛特在处理术语的同义与多义问题上,花费了大量的工夫。正如,塔塔里诺夫所说,"尽管洛特对术语中的同义与多义现象持否定态度,但是他却是术语词汇这些范畴不可超越的研究者"。

在他的词典里,所有的同义词都互相引见,多义词的意义的译词都用阿拉伯数字标出。所有的俄语同义词都有"推荐使用"、"可用"、"最好不用"等标注。这会使人联想起著名英国的词典编纂家约翰逊的做法。但这项工作最终的结果可能离洛特本人的预期很远。"推荐使用"的词语人们未必一定乐意使用。"最好不用"的词语人们可能照用不误。正如塔塔里诺夫所说,"术语发展的方向比当年洛特预想到的要复杂得多"。他在评价洛特对科技词典发展的贡献时,还说:"必须看到,他的创作活动有两个互相排斥的特点,即对创建的术语的规范态度与对现有术语的科学描写态度,这两种方法在洛特那里并没有清晰的界限,虽然在实际探索中洛特对语言事实有敏锐的观察。"

洛特是一个卓越的科技术语研究者。他的著述可以划分成两个部分,一部分是属于研究性的,另一部分是属于方法论性质的。

但有时在两者中间也常常出现一些明显矛盾的地方,如某些方法论的规定并不是以提供的术语材料为根据的。洛特所期望的术语特征有不少是他设计出来的,但这些并不是已经得到实践确证的东西。因此,洛特许多有创见的观点以及做法的确已深入到术语实践当中,与此同时,也有不少论点人们难以苟同,甚至需要努力摆脱。这是今天俄国术语学界的一种有代表性的看法。

然而,对于我国读者,尤其是双语词典的编者、专业词典的编著以及术语学的研究者,洛特的观点以至具体做法,都富有极大的启发。我们至少应该感到,双语专业词典编写的难度也许比许多人想象的要大得多。但愿这对时下盛行的浮躁学风起到一点"清凉剂"的作用。

(《辞书研究》,2003,02)

俄国术语词典学理论发展概览

术语词典学(termigraphy)按当代著名词典学家哈特曼(Hartmann R. R. K.)的说法,是研究有关术语词典的设计、编纂、使用以及演进活动的一门学科。这与我们通常说的专业词典学或专科词典学是一个意思,尽管从严格意义上来说,术语与专业词汇应该是有区别的两个概念。术语词典学既可归入应用语言学之下的词典学,也可纳入专门以术语为研究对象的术语学。就其面对的主要问题的特殊性来说,它更倾向于术语学。

1. 滞后的术语词典学

俄国的专业词典编写最早可以追溯到彼得大帝时代,18世纪初已有外来语(主要是专业术语)词典问世。1931—1987年,俄国编纂出版的术语词典共约700部;按另一份统计数字,1950—1979年,全世界共出版专业词典6433部。俄国编纂出版的专业词典总数为691部,其中单语词典为190部,双语词典为454部,多语词典为47部。在国家排名中,位于美国与联邦德国之后,居第三位。[①]

[①] 以上统计数字转引自 *Теория и практика научно-технической лексикографии*. Москва. "русский язык". 1988, 278—301. Марчук Ю. Н. *Основы терминографии*. Москва. 1992, с. 18—19.

按说，俄国要算是一个较为重视词典学研究的国家，在可谓悠久的专业词典编纂历史上，早该有相关的理论总结，但词典学理论一般总是滞后于词典编纂实践，在术语词典学领域，情况也是如此，甚至尤甚。正如谢尔巴在《词典学一般理论初探》一文中所说："虽然人类很早就开始编写各种类型的词典，然而，到目前，还没有任何一般性的词典学理论。""有关技术词典的理论和有关其他词典的理论比较起来，情况也差不多，或许可能更差些。因为人们都认为编纂技术词典不需要什么理论，认为只要当了工程师就能解决编纂技术词典的各种问题。"[1]谢尔巴写下如上文字的时间是1940年，距离术语学的创立时间还不到10年。人们也许可以用词典学与术语学都刚刚建立为由，来解释上述情况。然而，到了90年代初，即距离词典学奠基之作发表已有50年之后，距离术语学产生已有50多年，距离术语学被承认为一个独立的学科也有20多年，俄国学者仍认为："在过去的40多年时间，情况变化并不大。"[2]就是说，人们对术语词典学理论对专业词典编纂的指导意义仍旧认识不足，研究薄弱的情况仍旧没有大的改观。兼属于词典学与术语学的术语词典学呈现出"双重"的滞后，这一点应该是一个不争的事实。

通览俄国的术语词典学著述，可以发现，60年代之前，这方面的研究几乎是空白。而进入70、80年代以后，不同形式的研究成果开始不断出现。术语学作为一个独立的综合学科的地位的确立也正是在70年代。这一点对术语词典学的发展肯定具有促进作

---

[1] 谢尔巴 А. В. 词典学一般理论初探//词典学论文选译. 北京, 商务印书馆, 1981, 第42页.

[2] Гринёв С. В. *Введение в терминографию*. Москва. 1995, с.42.

用。术语词典学与术语学的关系很像词典学与词汇学的关系。一方面词典编纂实践会提出大量的带有理论意义的问题,但这些问题的最终解决,还要期待后者作出理论上的回答。同样,术语学研究的许多问题是在编写术语词典的过程中产生的,术语学研究提出的理论观点,反过来又直接影响术语词典的编纂。但问题还有另外一面。既然术语词典学与术语的整理与统一属于术语学中的应用部分,具有相对的独立性,那它在接受术语学一般理论观点的同时,在具体实践中,却并不总是亦步亦趋。比如说,什么是术语,什么是系列名称,在术语理论中是严格加以区别的。但在术语词典编写中,如沙依凯维奇所指出:"理论术语的这一方向对术语词典学的实践来说并没有任何影响。"[①]术语词典的编者更多地会从读者的实际需要考虑,把凡是影响业内人士彼此理解的东西,不管它是术语,还是名称,都可能收入词典。由此可能引发出另外一个想法:似乎应该说,词典学理论对词典编纂实践的指导作用,相对说来,是"软性"的,是"隐含"的,潜在的,并不是强制性的,决定性的。那些对词典学理论本身毫无所知甚至连还有词典学理论也不知道的人,正应了"无知使人无畏"那句戏言,胆敢东拼西凑,也来"编写"词典,甚至可能得逞于一时,得意于一时,是否也与词典学理论的这种性质有关呢?

2. 从术语词典前言到术语词典学论文

纵观术语词典学理论研究成果的形式,可以发现,它是按着从

[①] Шайкевич А. Я. *Проблемы терминологической лексикографии*. М.,1983, с.10.

词典前言→专题论文→论文集→专著这样一个顺序发展起来的。如果说从论文到专著可能是一般学科成果发表形式的常规途径,那词典前言作为研究成果就多少带有词典学自己的一点特殊性了。词典的前言、凡例、正文以及附录,被视为词典宏观结构的组成部分。词典学研究的新思想首先通过词典前言阐释出来是很自然的事。就俄国词典编纂来说,从著名的达里词典,到乌沙阔夫词典,都有一篇充满一般词典学理论色彩并阐释本词典编写原则的前言。甚至被视为现代词典学奠基人谢尔巴的许多重要词典学观点,最早也都出现在他为《法俄词典》写下的前言之中。

1960年,法国语言学家马路佐主编的《语言学术语词典》在苏联出版了俄文版。马路佐本人写下的前言自然也牵涉一些术语词典学的理论问题[①]。他指出,语言学术语是自发形成的。在他看来,人们理想的术语是个永远不可能实现的幻想。术语不可能与概念完全相等同。而且,他进一步认为,对正处于形成过程中的学科来说,把某一种表达与某一所指之间的联系固定下来是不合理的。他主张"不要把任何理论观点更不要把任何带有偏见的学说引入到这项工作中来"。因此,作者往往是通过表达某概念的术语的数量来衡量这一概念的,也就是说,"概念的价值与表达它的说法的数量成正比"。因此,一些"没有获得广泛使用"的术语并没有收入词典。作者反对把编纂词典变成一个简单的搜集术语的工作。如果把马路佐的上述观点与洛特的做法相对照,我们不难发现两者间存在的明显差异。洛特主张把概念作为基础,然后着手

---

① 马路佐、兹维金采夫、阿赫玛诺娃等人写下的前言均收入 Татаринов В. А. *История отечественного терминоведения*, Том 2. Книга 2. Москва. Московский Лицей. 1999, 264—295. 恕不一一注明。

从两种语言中为概念选择恰当的术语。

马路佐的上述观点,随着他的《语言学术语词典》的出版,产生了相当的影响,而兹维金采夫为该书写下的前言的影响则可能更大。他首先从一般意义上指出了翻译术语词典的艰巨性;其次,他分析了原编者本人的研究兴趣以及所处的外部环境给词典带来的不可避免的局限性;再次,他还注意到由于文化历史原因造成的法国语言学与苏联语言学的差异以及法语与俄语两种语言特点给翻译与释义带来的直接影响。例如,对有的概念在法语与俄语里下定义的方式迥然不同,而有的术语在俄语语言学并不存在;俄语里使用很广的术语,却找不到对应的法语术语,反之亦然。这些问题实际上是任何专业的双语词典普遍存在的问题。

1966年,由著名语言学家阿赫玛诺娃主编的《语言学术语词典》问世。该书的前言无论就其理论深度与广度,还是对术语词典学发展的影响,都值得给予更大的关注。这是一篇在术语词典学领域引用较多的著述。前言开宗明义地申明,本词典的任务是记录与描写俄国和苏联语言学的"元语言"(метаязык)。到目前为止,人们对"语言学术语"与"语言学元语言"这两个概念的差异并没有完全清楚的认识。语言学的"元语言"是指言语的内容不是各种各样语言现实以外的事物与现象,是自然语言中的特殊语言,是作为特殊的符号系统,用来讨论作为研究对象的语言的第二性语言(язык второго порядка)。由此可以看出,"元语言"的概念比术语的概念要宽,但这绝不是对术语作用的贬低,恰恰相反,首先引起研究者注意的正是术语。从理论上说,要完全清晰地划出对象语言与第二性语言的界限,就必须建立一种特殊指称系统的元语言,但这在目前是不可能实现的。现在所说的元语言还只能是传统的，必然带有许多缺欠的语言学元语言。这种元语言又呈现出因地区而异、甚至因人而异的倾向，而这类表达又取得了本不应该有的巨大影响。这就使语言学术语的研究者面临一项复杂的任务，即在已经获得普遍承认、但本不该收入词典的术语与并未获得普遍承认也很难指望它能获得承认的术语之间划出界限。从理论上说，科学术语应该是对相关研究对象完成阶段的产物。但实际上，研究者一开始就被迫采用某种并未经过严格界定的术语系统。于是不同的学派、不同的作者笔下，所使用的术语意义就不同。即使某一流派的影响消失了，但这并不意味着这一派使用的术语也随之弃之不用。新的流派往往会提出新的术语，但语言学在没有掌握新的术语之前，免不了要不间断地讨论问题，可能使用的词是已经与新思想不相符的元语言。有时看来，这对有创造性的思想产生只能起阻碍作用，但也并不尽然，有时失去本身意义的术语又可能在一个学科的新的元语言中获得广泛使用。

阅读这篇前言，我们会突出感受到编写语言学术语词典面临的种种困难，尽管作者也写下了一些处理某些相关问题的原则，例如，释义中不使用任何在本词典内没有解释的术语，严格按属、种关系及其特征释义，对从其他学科借用来的术语、术语的词性等也提出一些相应的处理办法；但面对由于种种更深刻更重大的原因造成的这一工作本身的巨大艰巨性，我们还是觉得，这些处理原则还仅仅是战术性的、权宜性的，而不是基于全面深刻的理论分析之后提出的根本性的原则方法。

为什么以词典前言形式出现的最早的几篇术语词典学著述都与语言学术语有关呢？这显然与以下事实有关：产生于30年代的术语学，在很长时间内，被视为语言学属下的一个分支学科，直到

70年代,术语学才开始成为一门独立的综合学科。术语词典学所涉及的问题,绝不仅仅是语言学所能涵盖得了的。人们是在经过一段时期之后,才逐步认识到这一点的。

索罗科列托夫于1962年发表的一篇文章《语文词典中术语的释义特点》①提出了一个令人困扰的问题。这可以看作是语文词典编写中的问题,但它却直接关系到术语。作者认为,既然谢尔巴把"百科词典与普通词典"看作是词典中对立的两种类型,那么在这两种词典里,对同一概念以及相关术语的解释,就应该有质的不同。作者并不完全同意谢尔巴主张的对这类词的释义只要指出它的属特征就足够了的做法。作者认为,每个专业术语的释义都应该包含其区别特征。不然,释义就失去了任何意义。作者引述了不同俄语语文词典的不同做法之后指出,对语文词典的要求是,提供足以理解词的解释就够了,而不是要熟悉事物本身。因此,不应该要求它提供关于事物的穷尽的充分的信息。对于科技词更是如此。这些词在语文词典里的定义不应该同科学与现实相违背,但也不应该同科学定义完全一致。这种定义的性质受被定义词本身的内容、它同该词的专业意义与一般意义之间的关系、整个术语的"专业程度"等多方面因素的制约。同时还要指出,专业意义的解释不应该充斥很多词义以外的细节,它的内容应该仅限于指明其概念、事物或现象的基本特征的成分。百科词典与一般语文词典的对立,其差异并不仅仅在于量的方面,即一般语文词典的释义简短、通俗,这一对立还决定了两种不同词典中的术语词的释义存在

---

① Сороколетов Ф. П. *Смысловая характеристика терминов в толковых словарях* // Лексикографический сборник. 1962, Вып. V. 125—131.

着质的差异。首先要承认,概念与词义(其中包括术语义)并不是一回事,而是不同的东西。两者的释义的基础是不同的。对术语与非术语定义来说选取特征方式是不同的。在许多情况下,语文词典采取的是将一系列种特征归纳成一个意义;而对专业词典来说,正是要把术语的种特征挑选出来。现存事物与现象的任何变化会引起相应的概念的改变,但是这些变化远非总是引起表达这些概念的词的意义的改变。百科词典应该反映概念的变化,描写出现实事物与现象所发生的变化。而语文词典反映的只是这些词的意义所发生的改变。

谢尔盖耶夫于1969年发表的《作为词典学对象的术语》一文,更广泛地涉及术语词典学理论与实践中可能遇到的问题。[①] 作者按传统的词典分类原则,对语文词典、术语词典以及详解性术语词典中的收词与释义问题进行了分别的阐述。对一般语文词典编者来说,处理术语最大的困难在于收词与给词下定义,他们面对的是进入一般标准语中的各类不同专业的术语词。作者回顾了俄国及苏联不同时期、不同重要语文词典对术语的处理办法,认为为了确定选择哪些术语列入词目,首先必须研究各种术语系统的性质。人类不同的专业活动领域具有不同程度的封闭性。有的专业(例如精密科学、某些技术部门、航海等)属于"狭窄专业",而有的专业(例如造型艺术、音乐、体育等)则属于"宽泛专业"。"宽泛专业"的术语词汇比"狭窄专业"的术语封闭性要差,比较容易广泛使用,因此,在语文词典里,对宽泛专业的术语词要有更广泛的反映。但即

[①] Сергеев В. Н. *Термины как объект лексикографии* // *Современные проблемы терминологии в науке и технике*. М., 1969, 122—148.

使在宽泛专业的术语系统中,也有一些只有本行业专家才懂的术语。术语词的使用范围的扩大往往是靠文艺作品实现的,特别是书信体作品与回忆录题材的作品。简单说来,术语的常用性是决定它是否被收入的主要依据,判断它常用性的依据,主要是看它在文艺作品中的使用或出现的情况,特别是书信体与回忆录题材的作品,具有更大的参考价值。

严格地说,兹维金采夫所关注的两种语言中的术语对应问题与索罗科列托夫提出的语文词典中的术语释义问题,并不是术语词典学的核心问题,甚至不完全属于术语词典学的问题,而只能算是它的"外围"。但是阿赫玛诺娃以及谢尔盖耶夫论述的问题已经较为广泛地触及到了术语词典学中的主要问题了。因此,综览60年代术语词典学最有影响的几篇著述,我们会产生这样一个印象,那时的术语词典学研究还处于一个由"外围"向"腹地"逐步深入的过程之中,这一阶段不过是术语词典学发展的初步准备阶段。

3. 从术语词典学论文集到术语词典学专著

从我们接触到的材料看,20世纪70—80年代,随着术语学研究的深入,术语词典学的研究成果也有明显增加,其中包括术语词典学的论文、论文集、术语词典学的专著。《术语在不同类型词典中的定义问题》(论文集 1974),《术语词典学问题》(沙依凯维奇 1983),《科技术语词典学基础》(盖德 1986),《科技术语词典学的理论与实践》(论文集 1988)。进入90年代中期,则有马尔丘克的《术语词典学基础》(1992)以及格里尼奥夫的《术语词典学引论》

(1995)等专著问世①。从前言→论文→论文集→专著,这当然不单单是文字和篇幅的增加,更是研究朝深度与广度拓展的显现。

1981年,列宁格勒大学召开了"全苏科技词典编纂研讨会",1986年又举行了题为"信息保障系统中的科技词典的编写与使用"的学术会议。《科技术语词典学的理论与实践》就是提交这次会议的论文汇集。

文集共包括4个部分。第一部分的内容是《术语词典学问题与科技词典的类型》,共收入论文22篇,许多在术语学界极为活跃的学者的名字尽在其中。其中有格里尼奥夫的《术语词典学的理论原则》、西弗罗夫等的《科技革命时代新技术术语工作的发展》、列依奇克的《术语词典的分类初探》、阿维尔布赫的《术语词典学:传统与专门化》等。如果说论文集的第一部分反映了术语词典学研究在深度上的进步,那第二至第四部分则更能反映这一领域内研究内容在广度上的拓展。其中讨论的问题涉及各加盟共和国民族语言术语词典的编纂、术语教学词典以及电子计算机与科技词典。这里只说一说术语教学词典问题。

被尊为俄罗斯术语学派"经典人物"的列福尔玛茨基的著述很早就指出,教科书里的术语与报刊上的术语是第二位的,是从科学术语衍生出来的,对它们的要求可以与科学的正式术语系统区别对待,这里涉及的不是整个的术语系统,而是某些学科的一些关键

---

① 上述著述的俄语名称分别是:*Проблематика определений терминов в словарях разных типов*. Л. ,1974;Шайкевич А. Я. *Проблемы терминологической лексикографии*. М. ,1983;Герд А. С. *Основы научно-технической лексикографии*,Изда-во Ленинградского университета. 1986;*Теория и практика научно-технической лексикографии*. М. ,русский язык. 1988.

性术语。看来,术语教学词典与一般术语词典应该有区别,这一思想很早便产生了。70—80年代,俄语作为外语的教学活动在苏联受到极大的重视。在那里就读的外国学生,主要是亚、非、拉国家的学生数量日增。对这些学生的语言培训工作最初仅仅是围绕日常生活语言进行的,但很快就发现,通过这种培训的学生在正式进入所学专业的课堂时,在语言上仍面临相当大的困难。于是,加强带有专业倾向的语言培训工作便自然提到日程上来。作为教材内容不可分割的一部分,不同学科的术语教学词典的编纂原则和要求直至这种词典在教学活动中的使用问题,均摆在了语言学家、教学法专家以及专业教师面前。《科技词典编纂理论与实践》一书中的几篇文章都不约而同地指出,术语教学词典,应该兼有供查询、使知识系统化、规范化以及教学等多种功能。编写这样的词典,既会遇到语言问题、专业问题,还会牵涉许多教学法上的问题。而合理地确定词目是词典成败的关键。这类词典的词目,既要反映相关学科的最低词汇量,同时这个精选出的词汇量又要能反映该学科整个术语总汇的概念结构。而不同的学科,其术语系统、结构模式又各有自己的特点。就这一点来说,其中值得研究的问题也是多种多样的。在汉语教学不断走向世界的今天,也许有一天,我们也会面对同样的问题。

格里尼奥夫的专著《术语词典学引论》应该成为想全面了解俄国术语词典学研究状况的读者的首选书。作者认为,现代词典术语学理论讨论的主要问题有:制定编写专业词典的方法论原则;创建专业词典分类的科学依据;制定描写不同专业词层的常规方案;提出对专业词典的原则要求;研究词典的宏观与微观要求;分析术语词典词目的来源途径;研究专业词典编写中计算机的使用;等等。应该指出的是,作者 1995 年出版的《术语词典学引论》一书,是对 1986 年同名著述的修订版。作者在修订版前言中说,1986 年版偏重于对已有编写术语词典经验的总结,以及编写过程的阐述。此后,作者对 300 部现代术语词典做了对比分析,又研究了 500 篇国内外的词典学著述,期间作者还在莫斯科大学、莫斯科师范学院等高校讲授了术语词典学,并有作者的另一部专著《术语学引论》问世。因此,1995 年的修订版自然会反映出作者认识的新发展。

综上所述,从词典前言到术语词典学专著,从提出某一学科术语翻译词典遇到的困难到全面构建术语词典学的总体理论构架,从传统术语词典角度提出问题直到探讨民族语言术语词典、术语教学词典等更为深入的问题,沿着这几条线索,就能大致勾画出俄国术语词典学发展的历史轨迹。

(《辞书研究》,2005,01)

试谈专科词典编纂的学科依托*

1. 从关于学会生命的两种提法说起

在多年参加辞书学会活动的过程中,我先后听到过两种关于"学会生命"的说法。一是说,"学会的生命在于活动"。一个学会如果有名无实,长期不开展活动,信守这个说法就是很有积极意义的,它可以起到促进学会正常开展活动的作用。另一种说法是,"学会的生命在于学术"。两相比较,我个人似乎更喜欢第二种提法。学会学会,它的活动理应更突出学术性,而不是满足于泛泛的一般性的活动。

要突出学会活动的学术性,必须有一个最起码的前提,那就是要搞清楚你这个学会究竟是做什么学科研究的,或者说,是以哪个学科为依托的。对于整个辞书学会来说,这似乎不是什么问题。辞书学会所依托的学科自然是辞书学。但再仔细一想,又会觉得,事情也许并不是这么简单。辞书学会下属语文词典专业委员会、双语词典专业委员会、专科词典专业委员会等。这些委员会的业务对象与范围存在明显的不同,但又都与辞书有关,把它们都归在

---

* 本文为教育部人文社科重点研究基地 2005 年重大研究项目(05JJD740180)中期研究成果。

辞书学门下并无不可。可是在有些时候，特别是在涉及具体学术问题研讨时，又不时会让人有一种不同专业委员会"各唱各调"、相互间"言不及义"的感觉。这种情况，从事专科词典编纂的专家似乎最先意识到了。他们是以对"辞书学属于语言学科"的说法提出质疑的方式提出问题的。因为对他们来说，在日常需要面对的实际业务活动中，绝大多数有待解决的问题都不是语言学性质的问题。而从事语文词典与双语词典编纂的学者，则对此多有保留。这种情况的出现当然是有其原因的。专科词典与之打交道的是专业词汇，而语文词典与双语词典编者，面对的主要是普通词汇。前者的问题绝不仅仅是语言学问题，而且首先也不是语言学问题。专业词汇与普通词汇的差异，必然导致专科词典的编写与一般语文词典的编写存在明显不同。比如，由于专业词汇特别是术语有严格的系统性，专科词典的条目选择，术语的定义，都要求有更严格的科学性。与此同时，还需要有深厚的相关学科的修养。专科词典编写中遇到的问题，靠一般词汇学或词典学当然也能解决一部分。但是，术语学对解决专业词典编写中遇到的大量问题，作用肯定更直接，更有效，更有针对性。这应该是不言自明的事实。也许正因为如此，他们才提出，辞书学已经开始从语言学分离出来。的确，单就专科词典编写所遇到的问题来说，它比语文词典与双语词典编写与语言学的疏离程度肯定要大得多。

泛泛地说辞书学是专科词典编纂所依托的学科，会让人觉得笼统、模糊，对具体问题的解决，也有如隔靴搔痒。那还有没有更贴近、更契合的学科，应该成为专科词典编纂所依托的学科？我个人认为，说是术语学，可能比说辞书学还更贴近些。再进一步说，说是"术语词典学"或是"术语编纂"（terminography），可能就更贴近,更契合了。

2. 关于术语学与术语编纂

术语学是研究各专业领域中术语的结构、形成、作用、发展、用法和管理的学科。术语学产生于20世纪30年代。进入60年代,在国际上,越来越倾向于把它视为一门独立的综合性学科,它与许多相关学科如语言学、逻辑学、认识论、系统方法论、控制论、信息学等都保持并将继续保持密切的联系。国际上最有影响的术语学派包括:德国-奥地利学派,俄罗斯学派,加拿大蒙特利尔学派和捷克布拉格学派。这些学派各有侧重,各有特色。在术语学一般理论研究方面,俄罗斯似乎走在前面,他们自认为领先15—20年。术语学又可以划分为理论术语学与应用术语学,下面又形成了一些不同的分支学科或称为研究方向,一般术语学、术语标准化、术语词典学应该算是其中最主要的几个。近年来,认知术语学研究也相当活跃。

术语学与词典学有着特殊的紧密关系。应用术语学的成果往往是以词典的形式呈现出来的。如同词典学与词汇学有密切联系一样,术语词典学与术语学也有紧密的联系。术语学研究的许多问题是在术语编纂活动的过程中提出来的,术语学研究提出的理论观点,反过来又直接影响并指导术语编纂工作。

按著名词典学专家哈特曼(R. R. K. Hartmann)的解释,术语词典学是研究有关术语词典的设计、编纂、使用以及演进等活动的一门学科。西语里表示相关活动与研究这种活动的学科常常用同一个词。因此,terminography既可译作"术语词典学",又可译作"术语编纂"。术语词典学与我们通常更习惯说的专业词典学或专科词典学是一个意思。但从严格意义上说,术语与专业词汇应该是有区别的两个概念。简单说来,专业词汇比术语的范围要广,术语是专业词汇中最核心,也是最重要的组成部分。

术语词典学的内容框架与一般词典学有相仿的地方,比如,它也研究术语词典的宏观结构与微观结构、术语词典的分类原则、术语的释义等。但是,即使在雷同的题目下,阐述的内容却并不相同。比如,同样谈到释义,术语词典的释义与语文词典的释义,甚至与百科词典的释义,并不是一回事情。因为术语是对某一专门学科领域概念的指称,而概念是对事物本质特征的高度准确与严密的表述,所以,术语的释义实际上是给术语下严格的科学定义,这与一般地解释词义是不同的。顺便说说,下科学定义并不像国内有的学者所断言的那样,仅仅限于所谓"属加种差"的方式,因为概念与概念之间的关系,除去属种关系之外,还有整体与局部的关系、联想关系、序列关系、因果关系等。至于说到百科性的释义,这里只想指出一点。它在定义之外,还往往提供相关的其他背景信息。再比如,普通词汇也有体系性,但相比之下,术语的体系性更强,术语词典编纂对体系性的要求更高。

术语词汇与普通词汇的最大不同,可以归纳为最主要的两点。一是术语是对某一领域内概念的语言指称,它的背后一定有一个严格的科学定义。二是术语一定是成体系的。换句话说,一个术语一定是处于某一术语体系之中,它在体系内的位置受到其他同一体系内术语的制约。单独孤立的术语是不存在的。可以打一个比方来加以说明。如果把普通词汇中的词比作自然生长的树木,那么术语词则更像是电线杆。后者是有严格的规格要求的,同时,电线杆之间又有固定的位置与联系。但两者又都是木质的。就是说,它们都受所在语言基本特点的制约。

术语的上述特点决定了它具有更强的社会约定性。至少在同一领域内,在专家们之间,从称名到背后的定义,必须要相互一致,不然就会妨碍理解,引起误会,进而影响思想的交流、科学的发展和知识的传播。这种社会约定性总是通过术语的标准化来实现的。术语标准化与普通词汇的规范要求相比,具有更大的约束性、法规性。术语的这些特点,也决定了对术语编纂的一些特殊要求。

总之,就专科词典编纂活动的内容、对象、指导理论、工作要求或工作成果来说,无论从哪一方面看,术语学及其属下的术语编纂,与专科词典编纂的关系比词典学与专科词典编纂的关系都更密切、更直接。

3. 关于开展术语教育问题

任何学科都有自己的术语,为了促进本学科的健康发展,任何学科也都要研究本学科的术语。没有术语,就没有知识。但是把各种术语作为一个单独对象进行专门研究的却只有术语学。术语学既然是一门科学,而且是一门综合性的独立学科,那它就不是不经意间顺便就可以学到手的。实际上,在术语研究发达的国家,在20世纪60年代末,在高等学校就开始讲授术语学课程,并且在社会上的相关专业人群中,开展术语教育。一般说来,建国以来,我国在术语定名方面成绩斐然,但术语学理论研究却几近空白,术语教育问题也就无从谈起。好在这种状况已经引起有关部门的关切,可以指望不久的将来会有所改变。

我曾经尝试着为术语教育这样下定义,即术语教育是以术语学基本理论为依据,以具备某一专业背景知识的高等学校学生及社会有关行业人员为基本对象,以培养术语意识为中心目标的、普及性的教学培训活动。

对这个定义可以做如下几点补充说明。首先,开展术语教育必须要有科学依据。能够为我们提供这种依据的首先是术语学理论。各门学科都有自己的术语,也都要与术语打交道,包括整理、规范本学科的术语,各行各业的专业人员也都可能感受到术语对本学科学术交流与发展的重要意义,但只有术语学才能从理论层次上对各学科术语的本质特征与一般属性作出更为深刻的阐释。有了这样的理论基础,术语教育才算有了根。在术语学产生之前,是不可能提出什么术语教育的。其次,还要明确术语教育的对象。接受术语教育的人,应该是具有某一专业背景知识的人。一定的专业背景知识,是接受术语教育的基础与前提条件。没有接受过任何专业训练的人,对术语可能会一无所知、毫无感受,术语教育也就无从谈起。在校学习的大学生,特别是高年级的学生,是已经初步掌握了本专业基础知识的人,他们还可能成为未来本专业领域内的中坚力量。对他们实施术语教育,一方面会对他们目前学好本专业知识,至少在宏观认识与方法论方面,提供有益的帮助;另一方面,从长远来说,也会对本学科领域内未来的术语建设,乃至整个国家与民族总体科学文化水平的提高,具有积极意义。因此,他们应该是术语教育的首要对象。所谓"社会有关行业"是指其工作直接或间接与术语关系密切的行业,如编辑出版、大众媒体、信息检索服务、语料库建设、科技翻译等。他们的术语意识与工作水平,往往直接关乎整个社会术语使用规范化的实施效果。对他们推行术语教育,既是目前大力提倡的继续教育与终身教育的一部分内容,也可以说是对此前术语教育缺失的必要补课。

鉴于专科词典编纂与术语学与术语词典学的紧密关系,也许专科词典委员会也应该把开展术语教育活动,纳入自己的活动规划之中。这将是这个学会生命活力的体现。

4. 一个具体建议

在基础研究薄弱、基本资料欠缺的情况下,开展术语教育会存在不少困难。为了解决这个困难,我有一个具体的建议,那就是不妨把有关部门已经发布的文件与相关国家标准作为一个切入点。其中包括:全国科学技术审定委员会发布的《科技术语审定原则与方法》,国家标准中心制定的 GB 10112—88 确立术语的一般原则与方法(neq ISO 704:1987),GB/T 15237—94 术语学基本词汇(neq ISO 1087:1990),GB/T 3935.1—1996 有关标准化和相关活动的一般术语及其定义(idt ISO/IEC 导则 2:1991),GB/T 1.6—1997 标准化工作导则 第 1 单元:标准的起草与表述规则 第 6 部分:术语标准编写规定(neq ISO 10241:1992)。据我个人学习的初步体会,这些文件堪称术语学理论与术语实践活动相结合的典范。作为国家的正式标准,它也应该成为术语工作的指南。同样,它也可以充当开展术语教育的骨干教材。如何认识与贯彻学习这些文件,将有另文讨论。

5. 小结

可以用下面几句话,把本文的内容做一个归纳。

学会的生命在于学术。作为辞书学会下属的专科词典委员会,应该把辞书学、术语学、术语词典学都看作专科词典编纂所依托的学科。学会应该重点围绕上述学科开展学术活动,特别是术语学与术语词典学,应该看作是与专科词典编纂更契合的依托学科。在术语学、术语词典学在我国还刚刚起步的现阶段,建议学会把开展术语教育纳入经常性的活动计划。有关部门已经颁布的相应文件与国家标准可以作为术语学与术语词典学研究与学习的切入点。

(《辞书研究》,2008,06)

试论语文词典中的专业词释义

如何对语文词典中的专业词进行科学合理的释义,是一个涉及词汇语义学、词典学、术语学等多学科性的问题。本文试图从几个不同的视角对这一问题进行探讨,并期望得到同人的指正。

1. 为什么要旧话重提

其实,如何在语文词典中对专业词进行释义,绝不是什么新问题。从词典学理论的奠基人物到后来的词典学研究者对此都有过论述。但是,我们为什么要把这个旧话题重新提起呢?这不是没有原因的。

任何时候编语文词典总免不了要收专业词汇,因为专业词汇是全民语词汇的重要组成部分。专业词汇的释义方法与普通词汇的释义方法是不完全相同的。专业词释义与普通词相比,对语文词典的编者来说,又是相当困难的事。而一般读者和词典评论者又往往乐意就语文词典中的专业词释义提出批评或加以评论。特别是对一些与日常生活密切相关、看上去专业性又似乎相对较低的专业词如法律专业词,人们给予的关注尤多。于是这个话题便成了词典编者与其他专业的读者之间一个经常性的话题。

今天重提这个话题还另有它的新语境。这个"新"至少应包括以下几个内容。首先,是我们所处的时代特点。当今的时代是信息时代。在这个时代里,人类的知识总量正以空前的速度成倍地增长,专业词汇自然也随着大量增加。科学技术的进步给人们的日常生活带来巨大的变化。反映科学技术进步的新的专业词大量涌现。据国外有人统计,专业新词在整个语言新词的比重不断上升,到20世纪90年代已达90%。这些新词语并不是仅仅局限于少数专业人员的业务交往,而是越来越广泛而经常地进入普通人们的日常言语交际。其次,是学术界的某些新情势。这其中包括原学科(这里主要指词典学)相关理论有了某些新发展,而这些新发展并不为业内人士普遍了解,更不能指望所有对词典提出批评的人也都有所了解。某些相关新学科(比如信息科学、术语学)也提出了对解答上述话题有启发的新观点。再次,就是我国辞书界学者对这一问题的认识实际存在的不一致。这种不一致既反映在一些公开发表的商榷文章中,也存在于未来得以形成文字的非正式的业务交谈中。这样说来,讨论这个话题还是很有现实意义的。

本文将以笔者较为熟悉的俄国学界对这一问题的重要观点的发展历程为线索展开阐释。

2. 重温词典学大家的相关论述

让我们带着上述问题来重新阅读那些著名词典学大家的相关论述。

我们首先会想到谢尔巴的《词典编纂学一般理论初探》一文。谢尔巴在提出百科词典与普通词典的对立之后说:"在百科词典和

试论语文词典中的专业词释义

普通词典这一对立面中,另一个困难是术语的处理。许多专门术语根本不属于标准语,而属特殊的职业用语。这些术语在普通百科词典或各种技术百科词典中都有详细解释,但详尽程度可能有很大的不同。然而,也有不少术语包括在标准语中。不过,它们在标准语和职业用语中往往有不同的意义。"接着,他举出了大家都熟悉的"活塞阀"与"直线"定义的例子。然后,他说:"在植物学中不同的植物按照已定的体系进行解释(动物学、矿物学和其他各门以大自然为研究对象的学科都是如此)。在生活中,进而在标准语中,对这些植物的解释和在植物学中的解释截然不同,而且要找出辨认某种植物的特征往往也是很困难的。至于普通词典中对某些事物只能作'一种灌木'或'一种林中小鸟'之类的解释,则更是与百科词典有明显的区别了。总之,必须记住,没有任何理由给语言强加一些不是它所固有的概念,因为这些概念并非言语交际过程中必需的因素,这一点是主要的和起决定作用的。"[①]不难看出,要区别百科词典与语文词典的释义,语文词典对专业术语词的释义要从简,这是谢尔巴突出强调的两个方面。

兹古斯塔的《词典学概论》也有多处涉及这一问题。他在"词典的类型"一章里,在区分百科词典与语文词典之后指出,百科词典"词条所关注的中心点是在语言以外的世界,在于客观对象本身"。但紧接着,他又指出:"还必须记住,词典分为百科性和语文两种,并不意味着一部词典非此即彼。几乎在所有词典中都有百科性成分。其中某些成分是不可避免的,某些成分是因为词典编

---

① 谢尔巴 Л. B. 著. 词典编纂学一般理论初探. 金晔译. 词典学论文选译. 商务印书馆,1981年,第17—21页.

纂者希望其著作具有某种特色。各种专门学科的术语词典也兼有百科词典与语文词典的性质,因为给术语的所指内容(即其相应概念)下定义,同简短地叙述术语所指客观对象没有很大差别。"[1]

在接下来的"单语词典"一章里,兹古斯塔又多处涉及专业词汇的释义问题。他写道:"词典定义和逻辑定义在某些方面是交叉的,但也有些显著的差异。其中最重要的差异可能在于:逻辑定义必须明确无误地确定下定义的对象(被定义的词 definiendum),既要和可以下定义的其他一切对象区别对立,又要正面明确无误地规定其作为紧密相邻的一类事物的成员的特征;至于词典定义则仅仅列出被定义的词汇单位的最重要的语义特征,即那些足以将它和别的词汇单位区别开来的那些特征。""逻辑定义和词典定义之间的差别与科学概念和所指内容之间的差别是密切相对应的。""另一方面,对词典定义和逻辑定义之间的相似之处予以否定也是错误的。二者之间最明显的相似之处可能是:词典定义中需要而且可以列出最相近的同义词或其他近义词及其构成差异的语义特征,结果产生的印象是,我们得到了逻辑定义中的近种(genus proximum)和属差(defferentia specifica)。""说明语义特征的依据是看来对说这种语言的普通人相关的东西,而不是通过科学研究才能感知的特点。""术语问题仍旧是这方面最大的困难。比尔查科娃完全正确地要求科技词汇的词典定义应该科学上是正确的,应当正确地描述客体,应该反映普遍公认的对有关客体的概念,虽然很深,但应是一般人能懂得的。然而要满足所有这些要求往往

---

[1] 拉迪斯拉夫.兹古斯塔主编.词典学概论.林书武等译.商务印书馆,1987年,第273—275页.

试论语文词典中的专业词释义

是困难的。首先,科学的正确性和要使普通人易懂常常相抵触。无怪首先在这个领域里词典定义趋向于变成百科性定义,或至少含有某些百科性成分。""必须解决的与此类似的困难是表示动、植物名称的词汇单位。它们必须由用一般语言写成的词典定义来解释。""关于词典中百科性成分问题,则只有在纯科学目的的词典中可能采用一种简单的'非此即彼'的解决办法,虽然也极其难办。如果是一部单语词典,是为更广泛的读者编制的,则通常有某些成分,但最好不要太多。""有时候,下那类定义太困难或太累赘,就不用那种定义,主要不用区分语义特征的定义,而代之以直观定义,即举出一个或几个取自语言外部世界的例子。不用说,主要是那些有可以清楚看到的语言外部世界所指客观对象的词汇单位,可以用直观定义来处理。"①

如果将两位词典学大家的以上论述加以对比,便不难感到其中存在的原则上的一致性——他们都认为必须将语文词典的释义与百科词典的定义加以区别,但在文字表述的"强硬"程度上,后者却表现出相当大的灵活性。诸如"词典分为百科性和语文两种,并不意味着一部词典非此即彼。几乎在所有词典中都有百科性成分","对词典定义和逻辑定义之间的相似之处予以否定也是错误的",逻辑定义、词典定义与直观定义都可以用作解释手段,如此等等,都可以证明这一点。

谢尔巴的上述著作写于 1940 年,而兹古斯塔的专论则完成于 1968 年。后者在"前言"中列举的参考资料中,除去谢尔巴的上述

---

① 拉迪斯拉夫.兹古斯塔主编. 词典学概论. 林书武等译. 商务印书馆,1987 年,第 341—350 页.

著述外,还有苏联自 1957 年开始直至 60 年代中期出版的 6 卷《词典学论文集》。在对其手稿过目的学者中,俄国学者也不止一人。实际上,兹古斯塔的观点也多少反映了从 40 年代初到 60 年代末三十多年间词典学研究在上述问题上观点发生的某些微妙变化。仅从俄国学者的论述中也不难找到兹古斯塔上述灵活性的依据。这一点下文会有多处涉及。

3. 对谢尔巴的最初质疑

进入 60 年代,在肯定谢尔巴基本观点的同时,已经开始有人对他提出的具体释义主张提出疑义。1962 年,列宁格勒大学的 Сороколетов Ф. П. 就曾表示,对用"一种灌木"或"机器的零件"方式来为语文词典中的专业术语释义是难以苟同的,因为"定义的基础部分没有包括能将此植物与彼植物、此零件与彼零件区别开来的特征。""每个专业术语的释义中都应该有区别特征。不然,释义就失去了任何意义。""专业、科学、生产等术语应该得到紧缩的、但却是科学上正确的释义。这些定义的性质将受被定义术语词的意义内容、专业与普通词义之间的关系以及词义或整个术语'专业性'程度的制约。但与此同时还要指出,专业意义的定义或解释不应该被那些不直接进入词义的细节搞得过于累赘,它们只包括那些能指明被词所称名的概念、事物或实际现象基本特征的因素。"[①]显然,这样提出问题,已经比谢尔巴的说法深化了一步。同

---

① Сороколетов Ф. П. *Смысловая характеристика терминов в толковых словарях* // Лексикографический сборник 7. 1962, Вып. 5, 125—131.

时,也可以说,与后来兹古斯塔的说法接近了一步。

接下来的问题是:到底选择什么特征才不算是使解释过于累赘,又使读者有可能了解被定义的词。作者认为:"在有些情况和有些关系中,要在对事物的解释和对称名词的解释之间划出一条精准的界限是困难的,但这个界限有而且也必须有。对词典语言的要求是提供一切足以理解词,而不是认识事物本身的东西;因此,不能要求它穷尽无遗地提供有关事物的全部信息。对科学技术词更是如此。它们在语文词典中的定义不应该与科学与实际相抵触,但同时也不能与科学定义毫无二致,因为它们可以不传达概念的全部科学特征。"作者认为,把百科词典与普通语文词典对立起来就事先决定了两类词典的释义是有本质不同的。不然,差异似乎仅在于量即定义长短的差别上。专业词典与非专业词典在选择作为术语释义的基础的特征时是不同的。对语文词典来说,选择"属"特征已经足够,而对专业词典来说,还必须选择"种"特征。因为,专业人士是要既掌握属概念又了解种概念的。术语所指称的概念也包括属概念与种概念的特征。作者还指出,随着现实发生的变化,概念也会相应地丰富与变化,种概念甚至会上升为属概念,但这种变化远不是总会引起词义的变化。为了证明划出这种界限的必要性,后来人们还不时引用相关的哲学理论,比如,罗素关于区分"相识知识"与"相知知识"的论述,就可以视为对上述观点的支持。

Сороколетов 是在承认百科词典与语文词典分属不同类型词典的前提下来讨论专业词在两类词典中的释义差别的。进入 70 年代,在这一点上,人们提出问题的方式又发生了新的变化。

4. 术语学研究的启示

专门以术语作为研究对象的术语学,发端于 20 世纪 30 年代。进入 70 年代以后,已发展成一门独立的综合学科。它的许多研究成果对讨论我们的题目会提供有益的启示。

自然语言作为释义元语言的局限性 术语作为科学语言问题的提出是与哲学的"语言转向"分不开的。作为哲学家与数学家的莱布尼兹(Leibniz G.)以及其他学者提出的人工语言的想法虽然没有实现,但其合理部分终究给人以启发。就一定意义而言,术语的产生及其所具有的明显人为性与约定性,这本身就可以看作是对自然语言表述科学认识所存在的缺欠与不胜任所提出的补救措施。但补救终归是补救,它不可能从根本上改变自然语言用作科学语言所存在的局限性。

当自然语言用作词典定义的元语言时,情况也不会有根本的好转。完善描写术语的语言以及一般词典描写语言是一件重要的事,这件事做好了会使我们对描写对象的认识更准确。然而,试图提炼出一种完全严格形式化的元语言以便达到被定义与定义的单义性,如有的语言学家所说,这是一个错误的、乌托邦式的任务。从理论上说,科学术语应该是对相关对象研究完成阶段的产物,但实际上,研究者一开始就被迫采用现有的、某种并未经过严格界定的词语做术语。当这种词语又恰恰是研究对象本身的组成部分时,情况就更为复杂了。要讨论意义,那首先就会提出"意义之意义"的问题。可是讨论是不能等这个问题得到彻底解决以后再进行的。这种情况的难处实际上在于,它是企图通过未知去求得未知,用尚待求证的东西来作为求证的根据,以尚不确定的东西去确定另一个有待确定的东西。必须看到,实际上,在给术语下定义以及给其他词下定义时,并没有不同类符号与符号之间的转换。定义或者解释也都是一个言语片断、言语流、言语描写,即它们都是言语层面单位。对这些单位的内容加以规定会改进释义,但却不可能完全保证整个言语片断能达到严格科学意义上所要求的精确性。

术语与名称的差别 通常所说的专业词汇,从术语学的研究角度看,还必须作进一步的区分。其中,首先要把术语(terminology)与名称(nomenclature)加以区别。简单地说,术语是指称专业知识领域的概念的词或词组。它的背后一定有一个严格界定的科学定义。一个学科的术语一定形成为一个严密的术语——概念系统;而名称只是对专业领域内具体事物的称谓,它可能是借助具有排序功能的符号(比如字母、数字)或其他约定方式表示的系列名单。名称与学科的概念并不直接相关,它也不体现学科的概念系统,它更多的是具有"指物性"。对名称往往无需下定义,只要指出与其相关的术语就可以弄明白它的所指了。举例说来,具体的动植物、产品型号、化合物等的称谓都属于名称,而不是术语。这种区分显然对词典中的所谓专业词的释义具有直接的指导意义。原来,笼统地用"专业词汇"不加区分地来称呼指称概念的术语与表示事物的名称,至少可能导致对这些词的释义界限模糊。既然两者的性质不同,那对它们的释义方法也是应该有差别的。

术语的非术语化 非术语化是术语学研究提出的一个很重要的概念。在术语学看来,术语词与非术语词是必须要加以区别的两类词,但它们之间是可以互相转化的。作为非术语的普通词也有成为某一学科术语的可能,这时它一定会获得严格的科学定义,这就是词的术语化现象。而已经作为术语使用的术语词,当它脱离开原来所在的专业术语系统进入标准语时,就会发生非术语化的过程。这时,它就不再具有或部分失去原来严密的术语概念所包括的某些特征,至少是其意义不再那么严格地受术语系统的制约,与该系统的联系也随之衰减、淡化。于是,对这类术语词的释义要求也自然要发生相应的变化,对其科学性的要求也会相应放宽。这一点会对语文词典术语词的释义的适度简化提供理论支持。

总之,专门以术语为研究对象的术语学,与仅仅一般涉及术语问题的其他学科毕竟不同,它的许多研究成果对认识与处理术语在语文词典中的释义问题会提供许多有益的帮助。

5. 语言发展的一个新趋势

70年代以来,一些语言学家敏锐地注意到,随着科学技术的飞速发展,科技的进步越来越影响人们的日常生活,在语言中,至少在俄语里,从总体上看,日常的言语交际与科学言语呈现出逐步"接近"(approximation)的新倾向。随着文化教育水平的普遍提高,以往人们强调要加以区别的"素朴概念"与"科学概念"的距离,在某些领域内,也在逐步接近。人们常常引用获得诺贝尔奖的著名学者博尔恩(Born M.)在《我辈生活中的物理学》中说过的话,即"构成日常言语词的内容的庸俗概念与科学概念的不同在于其某种不确定性,其界限勾画得模糊,作为根据的分类特征与观念并不准确,有时甚至是错误的。但是,它们与抽象的科学概念原则上是一致的,其差别只在于公差、近似值、接近的程度上"。① 不仅如此,随着科学语言越来越多地进入日常语言,连语言中词汇发生的语义变化,也大多与术语有联系。在本来科学概念基础上而产生的隐喻用法,以及与术语的非术语化相关的新义,都开始不断涌现,并且在新词义中所占的比重越来越高。

时至今日,在各种语言中,都不难找到例子来证明上述观点。比如,英语里的 ecology 本来是指"研究生物与环境的关系以及各种生物之间相互关系的生物学分支",可是它很快便衍生出"社会生态学"意义,即指"研究人与环境之间关系的社会学分支"。后来,ecology 又可用来泛指"任何均衡的系统"。这显然是原指"生态平衡"意义范围的扩大。同样,像"语境"、"克隆"、"近亲繁殖"在时下日常汉语交际中所经常使用的意义("语境"泛指说话背景,"克隆"指复制或假造某物,"近亲繁殖"指学缘关系过近),既与原来的术语意义有联系,又绝对不是原有的术语意义。

科学语言与日常语言本身的这种"接近"趋势,自然也会影响到词典编纂。人们在承认百科词典与语文词典之间存在差别的同时,也更注意到百科词典与语文词典开始"接近"的新动向。

6. 词典学研究的新视角

谢尔巴关于术语在语文词典中的释义主张是以他的词典分类理论为基础,具体说是以百科词典与语文词典的对立为前提而提

---

① Кутина Л. Л. *Термин в филологических словарях.* // *Проблематика определений терминов в словарях разных типов.* изд. "наука". ленинградское отделение. Ленинград. 1976, 21.

出的。进入70年代,特别是在1974年俄国召开的一次专题讨论术语在不同类型词典的定义问题的研讨会上,学者们又提出了一些与谢尔巴的说法相比有明显差异的观点。

在肯定谢尔巴词典类型理论对词典学理论的奠基作用的同时,学者们也指出了他的历史局限性。谢尔巴提出的具体类别划分依据的毕竟是40年代前出版的词典。与那时相比,后来的词典类型大大丰富与发展了。特别是信息科学的飞速发展,相应词典型著述的出现,如叙词表(тезаурус)、叙词词典(дескрипторный словарь)之类出现,使谢尔巴提出的第三个对立面(即所谓大全型和一般词典的对立)今天看来就不再具有现实意义。

也有人指出,就西方词典的编纂传统来说,比如以拉鲁斯词典与以韦布斯特词典为例,本来也不像俄国词典编纂传统那样注意严格把握百科词典与语文词典的"对立"。Бархударов С. Г. 指出,此前"我们的注意力大多集中在仔细揭示词典的特征……首先是与百科全书的区别上"。"看来,百科全书与语文词典之间的差别如此明显,一般说来,无需加以确定。这些出版物的某些成分是无法区分开的。比如乌沙阔夫(Ушаков Д.)就曾突出强调,在对事物的解释与对它称名的词的解释之间,即百科全书与详解词典之间,特别是在术语方面,划出一条精准的界限是很难的。不过,他最终还是认为必须保持这个界限,而沙赫马托夫(Шахматов А.)在他主编的俄语词典中,在对术语下定义时总是尽量充分地依靠百科方式。许多西方国家的语文词典编辑也是这么做的。"[①]

[①] Бархударов С. Г. *Актуальные задачи лексикографии в области терминов.* // *Проблематика определений терминов в словарях разных типов.* изд. "наука". ленинградское отделение. Ленинград. 1976, 7.

试论语文词典中的专业词释义

接下来,他还特别指出,应该从总体上准确、全面地把握谢尔巴的意思。谢尔巴对"活塞阀"的定义是为了凸显语文词典与百科词典定义差别而举出的一个极而言之的极端的例子。实际上,在谢尔巴自己的词典编纂实践中,在他对类似词义(игла——撞针)作解释时,甚至还附上了从布来克豪斯百科全书摘出的一段不算短的引文。这样一来,谢尔巴提出的语文词典中专业词的释义原则,其前提开始被撼动了。

语文词典与百科词典的类型差别是一个公认的事实。但它们之间是不是构成二元对立却是值得商榷的。在分析术语在不同类型词典的释义差别时,不能不考虑专业术语词典。而谢尔巴所说的六个对立面竟然未包括专业术语词典。这也难怪。另据有关材料统计,专业术语词典在各国的大量涌现自战后50年代才开始。今天,在说到术语词在语文词典里的释义时,不仅要和百科词典作比较,还要和专业术语词典作比较。于是,也许可以说,人们讨论这个问题的前提,已经从百科词典与语文词典的"二元对立"过渡到了百科词典、语文词典与术语词典的"三足鼎立"。

可以从两个方面来比较术语在这三类词典中的释义。首先,应该指出,看似相同的术语,在上述不同词典中虽然同以条目词形式出现,但它们的性质实际上是不同的。百科词典里的词条代表的是客观存在的事物;语文词典里的条目实际上是语言中的词汇单位;而术语词典里的条目代表的是术语,它背后一定有严格的科学定义。这三者是属于不同范畴的概念。与百科词典不同,术语词典描写的对象不是事物,而是符号系统的成分,在这一点上,它倒是与语文词典接近,它们都是语言符号,但它们所指的对象领域却又是不同的。

其次，还可以就三类词典的释义或定义加以比较。百科词典提供的是百科性定义，而语文词典提供的是语文性定义。术语词典提供的则是该术语所表达的科学概念。一般说来，对百科词典定义与语文词典定义的关系，前面谈得已经比较多了。这里着重要说的是术语定义与百科定义、语文定义的异同。

不少人说，百科词典的释义描述的是科学概念。针对这种说法，Котелова Н. 直接指出，这实际上并不完全对。科学与百科词典确有直接的关系，但不是与描写对象的关系，而是与描写本身的关系，就是说，对现实的描写是通过一定的概念、以分类与科学描述为基础来实现的。但是，百科词典也包含着大量的对事实的描述。这些科学知识与信息是直接针对客观现实的对象，而不是指向科学概念的。如果一定要问，什么地方对科学概念加以描写，那就是说语文词典比百科词典可能错误还要小些。概念与词一样，都是符号系统的成分。对许多词的释义很难与对词义与概念的解释分离开。至于说到语言与现实、思维与现实之间的对立，它们比语言与思维之间的对立，包含的排斥成分要多。

同样，如 Кутина Л. 所指出：科学概念的定义与术语的定义并不是等同的东西。科学概念是内容更为丰富的概念，对它的描写，须要分离出一系列的特征，以及这些特征之间的联系，以及该概念与它所在的概念系统的关系。这一概念的丰富内涵与深度，很难放进一个一句话的定义之中。只有用好几个定义才可能对它进行充分的揭示。因此，对科学概念的描写实质上是百科性的。术语的定义无疑应该是科学的，但它只是指明能将该术语从所在术语系统中分离出的本质特征。

语文定义的关键在于：应该找出保证合乎科学但又不是百科

性的最低底线,同时又要能有区别作用。因此,语文词典中术语的定义与术语词典中的定义相比,它们都要选择概念中对科学定性必不可少且又足够的特征,同时,它们的定义又都要反映它们与系统的关系。但由于不同专业的不同术语在语言中与语义"接近"的程度不同,会导致释义使用的语言有很大的差异。如果用汉语举例,比如说,像"蓝牙"、"纳米技术"与"黄牌"、"隆胸"之类的术语,释义语言就会有明显的不同。但它们都必须是合乎科学的,同时又不能是百科性的。

现在应该说一说它们之间的同一性了。尽管词义与概念分属于语言学与思维科学,但由于语言与思维之间的关系非常密切,以至对许多词词义的解释是很难与解释概念完全区分开的。给词义下定义,或者给事物下定义,最终就是给这个词所代表的事物或现象本身下定义。这一点,从16世纪的英国哲学家霍布斯(Hobbes T.)到革命导师列宁都有过相关的论述。如 Арбатский Д. 所指出,马克思列宁主义的经典著述从来不把对客观世界事物现象本身的定义同词与术语的定义对立起来。相反,他们常常通过指明事物给出词义的定义,把对事物的定义也同时看作是对词义的定义。列宁在分析群众在革命过程中的作用时,就把"群众"一词的意义与群众本身的定义是同等看待的。这样一来,把语文定义说成是只与词有关与物无关,而百科定义只是针对物但与概念或者词无关的说法,其依据就不那么可信了。应该说,上述各种定义各有自己的目的,自己主要的使用范围,然而,两者的定义对象在大多数场合是重合一致的。

看来,在考察术语在这三类词典中的释义时,有一个大原则应该很好地把握。这就是:一方面要看到这三者存在的差别;另一方面,也不能把它绝对割裂开来,实际上,它们之间存在很大的相通性与相融性,或者称为同一性,而它们之间的"对立"是有条件的。这也许可以看作是唯物辩证法原则在这个问题上的具体运用。

在指出差异性与同一性之后,我们还不能忘记马克思主义的另一个活的灵魂,那就是具体情况具体分析。这里所说的最大"具体情况"就是不同专业的不同词进入日常语言的程度。限于篇幅,本文无法结合实例来进一步展开。对其他相关的问题,如语文词典选收专业词的原则,以及对不同术语的不同定义方式问题,也只好另文讨论。

7. 小结

可以将本文的主要思想归纳为以下几个方面:

1) 术语在语文词典中的释义问题是一个涉及多学科的、重要而又复杂的综合性问题。对这个问题的研究也应该不断吸收相关学科的研究成果,从多种不同的视角来观察,仅仅把它当作词典学的具体问题来讨论会带有很大的局限性。

2) 词典学在这个问题上的认识既有一贯性与连续性,也不断有所补充、深入与发展。马克思主义的辩证唯物史观会帮助我们对这个问题有更全面的认识与把握。我们既要看到这个问题不同方面之间的差异,也要看到它们之间的同一性。要针对具体情况做具体处理,防止把问题简单化。

"神五"飞天引发的术语学思考*

1. 引言

"神舟"五号载人飞船的发射成功,圆了中华民族几千年的飞天梦想。这一堪称具有划时代意义的历史事件标志着我国科学技术的巨大进步,同时也给术语学研究带来许多有益的思考。由于这一历史事件就发生在我们眼前,我们每个人都是很多体现术语发展规律性变化的亲历者,而这些规律在平常是很难被人察觉的。本来需要通过很长时间观察才能觉察到的某些变化与发展规律,竟在一瞬间变得浓缩了,凸显了。如果我们能够敏锐地捕捉到一些鲜活的实例,那这些实例很可能会成为宝贵的"语言标本",借助这些标本能够加深对语言,尤其是对术语使用某些规律的认识。尤为重要的是,历史性机会提供给我们的具体事例又是绝对鲜活的。因此,对此做一番理论上的思考是非常值得的,也是很有意义的。

2. "航天员"定名的形成

"航天"一词是由钱学森教授根据汉语的表达习惯从中国人沿

---

* 本文与张金忠博士合作撰写并联名发表。

用的"航海"、"航空"等词语类推出来的。飞行器在地球附近的空间或者太阳系中飞行,就称为"航天"。航天飞行器如果载人,就称为"载人航天"。乘坐航天器的人员则称为"航天员"。应该说,这是一个既科学又合乎汉语习惯的成功定名。但在"神舟"五号遨游太空之前,媒体对"太空人"的正式称谓是不一致的。抛开那些带有较强修辞色彩的表达方法不说,正式的说法到底应该是"宇航员"还是"航天员",在实际使用上诸多媒体莫衷一是,经常混用,并表现出很大的随意性。实际上,这一科学定名并未被广泛接受。请看下面选自《光明日报》不同年份的几则相关报道(着重号为笔者所加):

(1) 1957年10月4日,苏联成功地发射"人造卫星1号"。1961年4月12日苏联宇航员加加林首次乘飞船环绕地球成功。(《光明日报》1999年11月22日)

(2) 1969年7月16日上午,巨大的"土星5号"火箭载着"阿波罗11号"飞船从美国肯尼迪角发射场点火升空,开始了人类首次登月的太空飞行。参加这次飞行的有美国宇航员尼尔·阿姆斯特朗、埃德温·奥尔德林、迈克尔·科林斯。(《光明日报》2000年8月25日)

(3) 苏联和美国在将宇航员送入太空之前,都进行过多次动物飞行实验,探索太空环境是否适合人类生存。(《光明日报》2003年1月1日)

可以看出,此前的媒体似乎更倾向于使用"宇航员"这一术语词。倘若真的如此,那么可能与"宇航员"的先入为主有关。随着人类第一个太空人加加林的成功飞行,cosmonaut在全球不胫而走。其汉语译名"宇航员"也很快便广为人知。等到美国宇航员进入太空之后，又出现了 astronaut 一词。从有关工具书中可以看出，在美国，cosmonaut 和 astronaut 这两个词是有明确分工的。前者多用来指苏联的宇航员，后者则是美国人对自己宇航员的称谓。而在尚未成为太空俱乐部成员的英国，这两个词可以替换使用。在"神舟"五号升空以前，"宇航员"和"航天员"也是可以互相替用的，并没有什么明确的区别。据笔者记忆，在为"神舟"四号成功发射而举行的记者招待会上，还曾有记者提问，到底应该用"宇航员"还是"航天员"来称谓我国即将升空的"太空人"。这一点也足以说明，当时两者的区别还没有那么明显。然而，为什么已经有了一个好端端的定名"航天员"，它既科学又合乎汉语的表达习惯，但媒体却经常使用"宇航员"这个名称呢？关于这一点，俄国术语学家 Г. О. Винокур 早在 1939 年发表的一篇文章中就曾指出：在与各种要求和习惯有着千丝万缕联系的语言领域内的任何合理化措施都应该非常谨慎地对待已经形成的实践。在牢固形成的语言传统面前，最大胆、最有依据的理论方案都会完全甘拜下风。

如果留意一下"神舟"五号升空之后媒体的相关报道，便不难发现，"宇航员"与"航天员"这两个同义词已经开始有了明确的分工。以 2003 年 10 月 17 日的《光明日报》第 4 版（特刊）为例，其中，凡是称呼中国太空人的都用"航天员"，而介绍"苏联"第一位进入太空的女性以及曾经进入太空的 4 位美籍华裔的都称作"宇航员"。应该说，这种分工体现了语言发展的一般规律。对于"宇航员"和"航天员"两个术语来说，两者的概念意义自然相同，但是其所指意义却产生了一点细微的变化，有了一些区别。

3. 同义术语使用分工的语言内及语言外因素

术语学研究的首要目标在于认识和揭示术语发展的一般规律。历史术语学作为术语学的一个分支同样肩负着这一任务。一般说来,语言范畴内的许多具有规律性的东西,并不直接展示出来,也不便于从外部进行观察,它们至多体现为一种趋向。至于术语系统本身的发展,则受到多种因素的制约,这自然更增加了认识这一规律的难度。与术语发展的一般规律密切相关的诸多因素又可大致归结为两个方面。一是语言学方面的因素,另一个则是语言学以外的因素。针对本文所讨论的"航天员"一词定名的形成,语言学方面的因素主要表现在,语言中的绝对同义现象是很少的,有人甚至干脆否认它的存在。两个(或几个)同义词在使用过程中总是趋向于使同义具有某种差别。同义术语以及术语变体的意义会随着时间的推移逐渐分化,表达的意义会有新的分工。"神五"进入太空之前,汉语中的"航天员"与"宇航员"用于同义,而在该历史事件之后,两个作为术语的词好像是立刻就出现了自然的分工,即"航天员"专指中国的太空人,而"宇航员"则指俄美等其他国家的太空人。尽管语言中的术语是趋向统一的,但不论如何加强规范,推行标准化,同义现象与变体现象的存在永远是术语发展过程中的一个必经阶段。从这里也可以看出,不管术语学具有多大程度的独立性,术语仍然属于语言学研究的一个方面。而语言中的同义词总是倾向于表达不同的意义,比如,同义术语可能存在语体等方面的差别。换句话说,语言中是不能容忍所谓的"寄生"现象存在的。

随着"神舟"五号的成功发射，几乎是一夜之间，这两个词便有了明确的分工。中国的"太空人"一律称作"航天员"，而美国与俄国的"太空人"则称为"宇航员"。可以说，时间作为语言外因素，在术语定名的形成中起着举足轻重的作用。

4. Taikonaut 的"横空出世"

以上事实说明，在上述领域，直至一般科学技术领域内，一个民族是否拥有包括称名权在内的"话语权"，是要看它在该领域内的实力以至"实绩"来决定的。海外华人率先创造出"Taikonaut"这个词，是以中华民族飞天梦的实现为条件和契机的。这里自然反映出一个民族或一个国家的情感。不然，为什么同是讲英语的国家，美国与英国对 astronaut 与 cosmonaut 两个词的使用与选择会不一样呢？

据有关媒体报道，Taikonaut 一词是随着"神舟"五号遨游太空之后某些西方媒体开始广泛使用的，是专门用来指称中国航天员的一个新词。其构词理据显然是从汉语的"太空"这个拼音的前半部分加上表示"水手"或"航海家"的后缀-naut 构成的。2002年11月，英美媒体报道中国成功发射"神舟"四号飞船时，第一次借用这个词来表示未来出现在天宇的中国航天员。"神舟"五号的成功发射，使这个词很快穿越大洋阻隔，融入了西方各主要民族的拼音文字中。在英语、德语、丹麦语、荷兰语以及瑞典语、挪威语、芬兰语等语言的新闻网站上，记者用 taikonaut 来代表中国航天员；而在西班牙文、法文、葡萄牙文、意大利文乃至罗马尼亚文等拉丁语族中，它的变体是"taikonauta"；东欧国家波兰、捷克和匈牙利等也采用了"taikonauta"。从术语统一的角度来说,这个"taikonaut(-a)"是半路杀出来的。这样一来,本来已经有了针对同一概念的不同术语表述,突然又从半路杀出一个 taikonaut(-a),更给术语的统一凭空"添乱"。但是,这个明显带有汉语痕迹的外语词的"横空出世",却让海内外的炎黄子孙平添了几分扬眉吐气之感。

前面已经提到,影响术语发展的因素除了语言学因素外,还有诸多语言外部因素,或称为非语言学因素。术语学理论认为,学科发展的地域差异也在很大程度上决定术语的借用走向。某一民族语言在某一学科领域内所占据的强势地位,是由该民族在该学科领域内所占据的发展优势决定的。古希腊的高度文明决定了不少希腊语的术语被借入拉丁语,也借入了中世纪的阿拉伯语中。本文所谈到的表示"水手"或"航海家"的后缀-naut 便借自希腊语。通俗地说,实力打造语言,这里自然包括作为语言的一个重要层面的术语。经济、科学、技术等领域的发展就意味着实力的不断增强。一有实力,语言,尤其是术语就自然辐射出去了。

语言是文化的载体。中华民族具有悠久历史,在向西方世界输送文明的过程中,曾经在西方语言中打下了 confucianism(儒教)和 kungfu(中国功夫)等体现博大精深的中华文化的烙印。而今"taikonaut(-a)"一词的诞生象征着中华民族科技和文明重新在世界焕发光彩。与此同时,在平静思考之后,我们也不无遗憾地指出,在西方语言中新近出现的"taikonaut(-a)"一词,尽管被炒得很热,然而说得委婉一些,可以叫作"中西合璧",说得不客气则是"土不土,洋不洋"、"不伦不类",它还不足以反映我国的科技实力和文化特色。有趣的是,有人士建议,中国航天员对外的汉译英也应有一个专用的名词,并提供了两个参考方案:或是采用 taikonaut(s),

或是另外创造一个专用名词,前半部分使用汉语"航天"(hangtian),后半部分使用naut(s),并将tian和naut(s)中的字母n合二为一,使中国航天员的中译英使用一个专用名词为"hangtianaut(s)"。对两种方案的取舍,文章的作者表示出明显的倾向性。作者进一步设想,将来在英文词典中,可查阅到美国英语中使用的astronaut(s)、俄罗斯用的cosmonaut(s)以及中国用的hangtianaut(s)这三个关于太空人、宇航员和航天员的条目。应该承认,该文作者试图通过再创造一个名词来显示我国在实现载人飞船成功飞行后的大国地位,其初衷显然是值得肯定的。倘若涉及的是一般的日常词汇,为了满足某种情感表达或者修辞的需要,去创造一个新词,那也未尝不可。但这里关乎术语的定名,就还有一个科学性的问题。这里涉及术语学的一些理论原则。术语总是表示一定的科学概念的,而科学概念总是形成一定体系的。术语的命名必须要照顾到与之相关的其他概念的称名,这是其一。其二,术语的定名,同时还必须考虑同一概念在其他世界主要语言中的表达方法,并尽量力求一致。就这一点来说,"taikonaut"的出现,倒是有点"添乱"了。它在西语里是否一定能站住脚,能否与astronaut和cosmonaut平起平坐,取得一个合理的分工,这还要接受时间的考验和语言实践的检验。而相关的包含astro-或cosmo-构词成分的其他词汇,如cosmonautics(航天学,宇航学),astrochemistry(天体化学,太空化学),可以肯定地说,是不会随之做出相应变化的。在这种情况下,还要再从英语语言外部把一个对操该语言的人理据性不完全明确的词,比如"hangtianaut(s)"之类,纳入英语,而且又是在事过境迁之后,它是否能被广泛接受,这一点事先也应该给予充分的考虑。

至于如何译成英语或其他外语,在很大程度上并不是由人为来操纵的。假如,中国的航天员在一些方面确实与别国的航天员存在本质的不同,那么在外语中会自然出现这个词(hangtianyuan)的音译,如在英语中可以直接使用 Hangtianyuan(s),这也未尝不可。在俄语中可使用 Хантяньюань(и),对俄语的词汇和语法体系来说,也是完全可以接受的。就像汉语中表示中国特有事物的"太极"、京剧中的"花脸"等诸多概念是无法用一个外来词语就能够解释明白的。试图再创造出一个英语词,在一些时候似乎是过分为外国人着想,这也许是我们历来就有勤学苦练外语的习惯使然。事实上,现阶段,汉语在世界上的地位已经有了明显的提升,美国也开始把汉语作为一门重要的语言学课程开设,出台了相应的考试、评价体系。随着我国科技实力的进一步增强,可以预言,汉语词语尤其是科学术语在外语中音译词的数量还会有大幅度的增加。

5. 小结

"神舟"五号载人飞船的成功飞行,为术语学的理论研究提供了一个难得的机遇。在术语定名的形成中,时间、地域等语言外因素均起着不容忽视的作用。从语言的内部原因看,语言中的同义术语是一定历史阶段的产物,重大的历史事件会加速同义术语在使用上的分工和意义上的差异。

(《术语标准化与信息技术》,2004,03)

从"激光"的汉语定名说起

汉语里的"激光"是从英语的"laser"翻译过来的。这个译法的产生过程多次被人们提起。最初,采取的是音译的方法,称为"莱塞"。后来,随着改革开放政策的实施,港台的说法"镭射"逐渐流行开来,在音像产品的广告上,在日常的言语中,大有后来居上之势。与纯粹音译的"莱塞"相比,"镭射"似乎多少有点意义上的暗示。但在专业领域或讲究术语规范的出版物中,人们还是宁取"激光"。实际上,"laser"是英语"light amplication by stimulated emission of radiation"的减缩,即由上述英语词的第一个字母组成。最初的汉语译名有"激射光辐射放大"、"光量子放大"、"受激发射光"等不同说法。"激光"这个译法是钱学森先生提出来的,并立即得到学术界的一致接受与赞赏,也被视为术语翻译的经典范例。

不过,究竟应该如何认识与分析这个成功的译例,却是一个有待思考的话题。

人们首先会想到用音译与意译哪个更符合汉语习惯来做解释。的确,音译与意译相比,汉语最终总是宁取意译。因此,"德律风"最终还是被"电话"取代,类似的例子很多。有时,译词即使加上了外语词原来没有的意义,从翻译角度说,这要算意义已经有所偏离了,但人们并不去计较这一点偏离,仍愿意"笑纳",如"可口可乐"、"迷你裙"之类。原词中并没有什么"可口"或"迷人"之类意思的。这也许是因为，反正不过是一种饮料品牌，一种服装式样，起初的名字，只要上口，还讨人喜爱，人们自然会乐于接受。

然而，说到术语的翻译，问题就显得复杂得多。什么是"激光"？按《现代汉语词典》的解释："某些物质原子中的粒子受光或电的激发，由低能级的原子跃迁为高能级原子，当高能级的数目大于低能级原子的数目，并由高能级跃迁回低能级时，就放射出相位、频率、方向等完全相同的光，这种光叫作激光。颜色很纯，能量高度集中，广泛应用在工业、军事、医学、探测、通信等方面。"这不过是以中等文化程度读者为对象的语文词典的解释，如果翻查专业的术语词典的严格科学定义，内容肯定会更复杂。这使人想起启功先生关于典故的论述。他把典故比作"集成电路"，认为使用典故可以省去"从头说起"的麻烦。集成电路的最大特点就是体积小、焊点少、耗电省、稳定性高。其实，术语也同样具有集成电路的类似特点。换句话说，仅靠由一个或几个词构成的术语，是无法把背后这么复杂的定义要点都传达出来的。

再进一步说，也可以把"激光"这个译例归为凝练汉语术语的一种方法，即采取"提取表示核心词义的核心汉字"，从而将冗长的汉语术语加以缩写。的确，与最初的汉语译名如"激射光辐射放大"、"光量子放大"、"受激发射光"相比，"激光"简洁得多，而且也算是顾名思义，单从字面上就能反映出"这是一种特殊的光"，而且是受激发后产生的。

不过，我从最近读到的国外术语学研究资料中，发现了一个更为发人深思的理论观点，用来解释"激光"的定名，也许能更深入一层。

从"激光"的汉语定名说起

有俄国学者指出,创建术语的诸多方法中,有一种方法可以称为"心智化"(俄语为 ментализация)的方法。通常的术语翻译,不管是仿造也好,借用也好,译者还仅仅是在两种语言的词汇概念层面上用心思,选字与遣词,其与原文的对应关系以及选择的理由大多"昭然若揭"。而心智化方法却与此不同,在外语与译语之间,它未必体现为以字(或称语素)与词为单位的字面上的对应,但却是整体概念上的准确对应甚至对等。此时,译者心目中面对的与其说是外语词语,不如说是词语代表的客体本身。这时发生的语言转换,实际上,就心理过程而言,并不是词语之间的直接转换,而极有可能是外文词语先是在译者心中引起一种"心灵体会",继而借助译者个人的智慧,产生某种顿悟,某种摆脱开外文字面意义的认识与理解上的升华,再借助本族语把这种经过顿悟与升华而达到的认识结果表述与传达出来。倒不妨把这种方法称作"心智体悟法"或者就简称为"体悟法"。也许这已经不是本来意义上的翻译,而是真正意义上的再创造。从表面形式上看,译词也许距离原词远了,但那才是对原词指称的概念更准确、更深入的表述与传达,因而也是最好的翻译,堪称神来之笔。也许顿悟与升华更有可能是借助本族语实现的,因此,它绝无"翻译腔"。如此看来,"激光"的定名,出自钱学森这样的科学巨匠之手,绝非偶然。体悟法要求的是另一种更高层次的功夫、修养、智力。如此闪现智慧灵光的术语翻译,在其他大师的笔下,比如在严复的《天演论》,在徐光启的《几何原本》,以及在玄奘的佛经翻译中,都不难找到许多令人叫绝的实例。但在一般的科技术语翻译定名中,绝不可能俯拾皆是,而只能是凤毛麟角。把它们看作是术语翻译的典范,那当然不错,但它们更能体现术语的另一个重要属性,那就是术语本身就是科学思维活动的结晶,是思维活动成果的凝缩。

由此会引出另一个话题,那就是术语研究与知识创新的关系问题。当今时代,不管是我们中华民族,还是整个人类,都比以往任何时候,更渴望知识创新。对已有术语背后的概念提出质疑,或者提出全新的概念与术语,都有可能是提出新理论或新知识的出发点与切入点。倘若如此,研究术语与创新知识自然有密切的关系,从这个意义上说,人们也应该比任何时候都关注对科学术语的研究。

(《中国社会科学报》,2011.02.22)

从术语学角度看"生态环境建设"一词

拜读了沈国舫院士《"生态环境建设"一词使用不准确》一文，我想从术语学理论研究的角度提出一些想法，供专家们讨论时参考。

术语学是以术语为研究对象的综合学科。术语学理论认为，术语是指称某一专业学科领域内概念的语言符号。换句话说，术语背后一定有一个严格的科学概念。沈文引述《中国大百科全书》关于"生态"、"环境"等术语的定义，这是完全正确的。它们应该看作是对这些术语词的科学定义。这些定义与普通语文词典对这些词作为一般词语的解释是不完全一样的。与后者相比，科学定义应对被定义的对象提供更带有本质性的特征描述。当然，后者的解释即使不那么严密，不那么准确，也要保证在科学上是正确的。其次，术语总是存在于一定的概念系统之中，它不会孤立地存在，它的科学定义总是受其他相关概念的制约。比如，"生态学"的定义就离不开"生物"、"环境"以及"生态"等概念的定义。科学的术语系统是一环扣一环按严密的层次以及相互关系构建起来的。

如果我们把"生态环境建设"当作一个严格的科学术语来看待，如果这一表述确实存在概念重复等问题，而且它又"纯粹是'国产'的，与国际上通用的术语不接轨"，那么对这个术语词恐怕只能采取沈院士提出的第二种处理办法，即"干脆改变这个名词的称谓,顺应国际上通用的词汇"。不然,由于术语所具有的系统性特点,这一术语存在的问题,肯定会波及其他相关术语,产生连带的负面影响。如沈文所说,在国际交流的场合,对类似"ecological environment"这样的说法,虽经多次解释,外国专家还是不能接受。这与其说是用词习惯问题,还不如说是科学语言的准确性问题,术语使用的规范化、标准化问题。在这方面,应该把科学性、标准化放在第一位考虑。这应该是术语规范与统一的一个原则。无视这一原则,轻则会造成概念混乱,妨害学术交流,重则甚至会影响学科的发展。按我的理解,沈院士的文章主要是把这个问题作为专业领域内术语的使用问题提出来的。若按第一种办法,说不定会造成"名实不符"、"名不正则言不顺",还可能给以后出现的相关术语的定名埋下隐患。

不过,这个问题还有另外一面,也应该予以考虑。术语学的理论还告诉我们,术语虽然首先是科学的专用语言,但术语实际上又不可能完全与日常语言隔绝。特别是在当今时代,日常语言与科学语言的"接近"(approximasion)成了语言发展的一个值得注意的特点。当术语进入日常言语交际时,它又可能发生"非术语化"现象。这时,它就不再具有或部分失去原来严密的术语概念所包括的某些特征,至少是其意义不再那么严格地受术语系统的制约,与该系统的联系也随之衰减、淡化了。于是,对这类术语词的科学严密性的要求也会相应放宽。沈文中提到的黄秉维院士最早使用"生态环境"这一词语的场合,与沈院士在国际同行学者之间的交流相比,其性质就有所不同。前者已经不能算是纯粹的学术性交流。本来,"生态"(ecology)是指"与生物有关的各种相互关系的总和",其中是包括"环境"因素的。但进入日常语言之后,按《现代汉语词典》对"生态"一词的解释,是"指生物在一定自然环境下生存和发展的状态。也指生物的生理特性和生活习性"。这与原来"生态"所指的"与生物有关的各种相互关系的总和"还是有差别的,至少把"相互关系"笼统地解释成一种"状态"就带有较大的模糊性。但这是用自然语言作为释义的元语言所在所难免的。其次,把各种相互关系中占重要地位的与环境的关系,说成是"在一定环境下"也使环境因素在其中的分量弱化了。由于"生态"所包含的"环境"因素在语素上并没有体现,说不定"生态环境"的说法就是在意识到这一点之后为了突出"环境"因素而说出来的。这与沈院士头脑中原来有的科学概念已经发生了某些偏离,所以他事后拿严格的科学概念衡量又觉得这一说法不妥。

术语学理论还告诉我们,术语的规范与标准化应视不同的场合、不同的文本而有所区别。对那些起规定作用的文本,如国家权威机构发布的推荐术语的文件、专业辞书,以及对科学论文等具有严格学术性的文本,应该有更强制性的要求。而对另外的一般言语交际场合,一般的文本,规定只能具有某种弹性,其容许度要放宽。顺着这个思路,沈文中提到的"我国各类文献"是否还可以进一步加以区分,以便区别对待。日常言语交际中术语使用的规范化,说到底,取决于一个民族总体文化科学素养水平。这个水平的提高应该成为一个长远努力的目标。

(《科技术语研究》,2006,08.04)

喜看术语研究的新拓展

关心中国术语学建设的人，也许会注意到这样一个现象，即近年来，非科学技术界的学者，关注甚至着手研究术语的人，逐渐多了起来。先是语言学、经济学领域的学者们开始较多关注本学科的术语研究，接着，又有来自历史学界、文学批评界的知名学者，如冯天瑜、陈平原先生，著文探讨与术语研究紧密相关的问题。近来，我们又读到从事汉语研究的李润生、王东海等青年学者的博士论文专著。这些来自看似与以往术语研究"不搭界"的学术领域的学者，涉足并投身到术语研究中来，是一件令人欣喜的大好事。它体现了国内术语研究不断拓展的新势头，更预示着中国术语学建设的喜人前景。

冯天瑜教授早已是历史学界颇有成就的著名学者。他近年来致力研究的课题，是通过对汉语中一些原本来自日语、至今已经广泛使用的学术术语的分析研究，进而透视中日两大民族在近代的思想文化交流史。有学者称之为"历史文化语义学"研究。单从这一定名本身，就足以显示它的跨学科性质。其独辟蹊径的视角，确凿可信的材料，令人耳目一新，已经引起了不同学科学者的广泛注意。无论从历史学立场评价，还是从术语学角度看，他的研究都给人一种"异军突起"的感觉，这也许正是跨学科研究的优势与魅力。

喜看术语研究的新拓展

相比之下,陈平原教授的"学术史视野中的'关键词'"一文(载《读书》2008年第4、5期),可能暂时还没有引起那么多的反响。他从"幽灵一般的关键词"切入,从"词汇的结构"到"观念的历史",到"新训诂学",到外来词研究,纵论了近年来几个不同人文科学领域内围绕"关键词"展开的研究。需要说明,作者笔下的"关键词",实际上就是"术语"的同义语。由于作者学养深厚、视界广阔、思路活跃、语言活泼,读者从中能读到的东西实在是很多很多。

首先,读者能领悟到术语的广泛存在性。用陈先生的话讲:"可以毫不夸张地说,今日中国,但凡受过高等教育的,不管你学什么专业,更不管你学术立场如何,多少都得跟'关键词'打交道。"因此,他才说出"幽灵一般的关键词"。幽灵者,到处游荡,无所不在也。这不正应验了术语学书中常说的"没有术语就没有知识"、"没有术语就没有理论,没有理论就没有术语"这两句话吗?只要说到"知识",只要说到"理论",就必然离不开术语,也必然会涉及术语学问题。他还引用别人的话说,"术语具有自己的历史,术语影响我们的阅读,术语涉及更广泛的社会和政治问题","在人文社科领域,一些看似简单、基本的问题,常常引起学者们的激烈论争","为了获得开展学术对话所必需的最低限度的知识平台",也不能不研究术语问题。

其次,读者还会读到,在当今中国,关注并研究术语问题的特殊必要性。为什么"'词语梳理'作为一种学术思路",近年来会"逐渐荡漾开去"?陈文引用他人的话说:"当今中国学界,为何需要'梳理'各种关键性的'词语'……似乎更多着眼于纠正'误读',以便建立有效的'交往'与'对话'的平台,即所谓'正本清源'。"他自己也深有体会:"现实生活中常见这样的尴尬场面:同是学界中人,都很真诚,也很努力,可就是没有共同语言。""这与西学东渐以来,中国人'刻苦好学'而又多'囫囵吞枣'的接受策略有关。""由于汉语的特殊功能,再加上此时此地中国的特殊环境,人们对'关键词'的理解,颇多偏离原义之处。偏离无碍——有时还要'误读'呢!——但要知其所以然。"研究术语仅仅是为了给有关术语下定义吗?不是的。"这并不仅仅是对术语的界定,而是批判性地检验术语的词源意义和历史沿革的意义,从广泛的文化视角提出当前文学理论界(其他理论界当然也是一样——引者)正在思考的问题,这本书复杂化了我们原来对术语的理解,动摇了我们以为是稳定和不容置疑的基本概念,我们的立场也随着发生变化。"这些话已经反映出人文科学术语与自然科学技术术语的不同,对此文中还另有涉及。他借国外学者的话说明了"阶级立场不同而导致的'认知差异'。每个阶层乃至团体,都有自己对于语词的特殊理解……意义的变异性不论过去或现在其实就是语言的本质;更何况许多重要的词义都是由优势阶级所形塑",等等。

然而,陈文的意旨,既然是谈"学术史视野中的'关键词'",因此它更侧重于论述研究术语的方法论意义。这类研究的主旨"不是对于特定词语的收集、整理、汇编、订正,而是发现缝隙,直面冲突,质疑定见,探询词语背后的思想意涵及历史结构"。这里,陈先生所讲的,实际上也是术语学一般理论要阐释的问题,只是他说得更自然,更活泼,也更易于为读者接受。

众所周知,术语学发端于 20 世纪 30 年代的奥地利。作为一个学科,它在中国的研究还刚刚起步,人们对术语学的研究方法难免有陌生感。但陈文告诉我们:"借考证特定词汇的生成与演变,来'辨章学术,考镜源流',这对中国学者来说,实在是'老树新花'。"文中披露了西方语义学研究的重要学者瑞恰兹(即著名的语义三角图的创建者之一)与中国学界的"缘分",他的语义学理论对包括朱自清在内的中国学者在研究方法上有很多的启示。作者还引述胡适与傅斯年等大师学者对清儒阮元学问的表彰,认为"以训诂学的方法定其字义,而后就其字义疏为理论,以张汉学家哲学之立场,以摇撼程朱之权威。夫阮氏之结论固多不能成立,然其方法则足以为后人治思想史者所仪型。其方法唯何?即以语言学的观点解决思想史中之问题是也"。这最后一句话特别值得细细解读。它蕴含了术语学研究的跨学科性与综合性,以及这一研究路径的普适性。如果你研究的是与思想史有关的术语,那么解决的就可能是思想史中的问题;如果你研究的是经济学、法学的术语,那么解决的就可能是经济学、法学方面的问题。原来,跨学科的术语学研究方法"之名",对我国学者也许陌生,但"之实"却是早已有之的。

于是,对李润生与王东海青年学者的研究选题,我们便会有深入的理解了。他们两位都是著名训诂学学者王宁先生的高足。他们的博士论文分别是《〈齐民要术〉农业专科词汇系统研究》与《古代法律词汇语义系统研究——以〈唐律疏议〉为例》。近年来,王宁先生一直在探讨如何从中国训诂学合理的理念和实践成果出发,来创建一门汉语词汇语义学。这两篇博士论文都是这一研究系列的子课题。王宁先生肯定了王东海选用法律词汇为例作为专科词汇研究的合理性。因为法律领域在中国古代专门性相对比较强,具有严密的逻辑性和意义确定的特点。论文作者从术语界定入手,以义项为单位,从法律事项和古代的解释材料中总结出概念定义,完全用的是训诂学的方法。同时,他又"采用了知识本体系统的操作程序,紧紧把握了'有序'和'关系'这两个基本要点,整理出词语有序的语义关系,在一定程度上完成了法律专科词语的系统描写"。如张志毅先生在为王东海先生一书所作的序中说:这一选题"对训诂学、汉语历史词汇学、语言学、术语学、法律语言学等研究都有推动作用"。从两位先生极为中肯的评语中,我们既能读出这一研究的继承性,它所坚守的训诂学,或称词汇语义学的研究传统,又能看出它吸收的超出这以外的方法。但研究是永无止境的。如果从术语学立场出发,还可以侧重从逻辑学角度分析《唐律疏议》中各种定义方法的分析与归类,从认知角度看这些术语及其定义的严密与完备程度,从而进一步透视唐代法制建设的水平等。总之,借助术语学的视角,采取跨学科的方法,还可以拓展出许多新路径和新空间。

对汉语术语学建设来说,这些研究成果的问世,都是可贺可庆的事。此前,国内从事术语研究工作的,主要是一大批自然科学技术领域的学者。建国以来,他们在几十个学科术语的定名工作上,取得了不可低估的成就。但随着科学技术的飞跃发展,由"知识爆炸"引起"术语爆炸"的出现,越来越呼唤术语学理论的指导作用。接着,大约10年前,一些学外语出身的学者开始了有计划地引进国外术语学理论的工作。对中国术语学建设来说,这种引进是必不可少的。但引进的目的最终还是为了解决汉语的术语问题。这些学者的长处在于对国外的相关理论较为熟悉,但缺乏术语工作的实践,自身学科的术语状况往往又难以对他们的理论引进工作提供有力的支撑。真正既熟悉国外术语学理论,又有术语工作实践的学者,可谓凤毛麟角。而今,又有了一批新的、从事主流人文社科研究的学者,自觉或不自觉地跨入了术语研究领域。这对建立以汉语术语为研究对象的中国术语学研究来说,可以说是极大的幸事。其中的很多学者,名望高,影响大,能为术语学建设做很多他人无法替代的事。按传统的学科分类,他们可能处于主管术语工作的专门机构的工作视野之外,但支持他们的研究,又应该是这一机构分内的事。于是就提出一个问题,国家授权主管术语工作的专门机构,应该为他们做些什么?起码有两点是应该去做的。第一,要从中国术语学建设的高度,关注他们的研究,并对他们的研究方向给予必要的精神支持与鼓励。须知,代表新方向的跨学科的研究工作是很需要扶植的。第二,针对术语学具有跨学科与综合性这一特点,设法为这些身处不同领域、不同学科的学者们,创造一个跨学科的交流平台,为他们找到一些兴趣的契合点或有互补性的话题,以利于开展更有成效、更有针对性的交流。把这称作"组织工作"也好,"服务工作"也好,研究者们一定都会欢迎。

(《中国科技术语》,2009,02)

站在术语学理论的高度

《辞书研究》2004年第5期上有好几篇令笔者感兴趣的文章。它们是姜岚、张志毅的《语文辞书元语言的规则》、苏新春的《汉语释义元语言的功能特征与风格特征》、刘玲的《一种专科词典编纂新模式的构想》、李尔钢的《定义释义问题》等。还有一篇就是汪化云的《说"未决犯"、"嫌疑犯"》。乍看上去,这几篇文章之间有的有联系,有的似乎并没有什么联系。但从术语学理论的高度出发去看,它们在内容上不仅有联系,而且还有不少相通的地方。

按照20世纪70年代国际上业已形成的对术语学学科地位的认识,术语学是一门相对独立的综合学科。其中最主要的依据是,它有自己特有的研究对象,它有对其研究对象作出解释和预见的相关理论。需要说明的是,各个学科都有自己的术语,都要对本学科的术语进行研究,但从总体上对各科术语进行一般性理论研究的却只有术语学。对于诸如术语的定义、术语的特征、术语学在现代科学中的地位和术语词典学等问题,各其他专门学科是不会去做深入研究的。特别要加以说明的是,术语词典学当然也是词典学的研究内容,但就其所面临的种种问题而言,术语学理论对解决这些问题的指导意义更大。

刘玲先生提出的专科词典编纂新模式的构想,其核心是要对参与专科词典工作的专业工作者开展必要的词典学培训。从术语学角度来说,这么做当然有必要。说到底,对专科词典条目释义的种种要求,是与术语的性质特征分不开的。简单地说,术语是用于一定专业领域范围内指称专业概念的词或词组。这些概念是处于一定的概念系统中的。要对这些专业概念下定义,必须要按尽可能统一的模式、用尽可能划一的语言。这是术语本身的科学性与系统性决定的。作为汇集术语的词典,它的体例也必须要统一。统一的体例也可以看作是一种一而贯之的、范式化的释义语言。尽管专业词典包括的不仅是术语,但术语却无疑是专业词汇中最重要的部分,所有专业词也都应该尽量向术语定义的要求看齐。

不能要求身为本行业专家的专业词典编者也必须是术语学专家,因为术语学是另外一门独立的学科。就这个意义而言,要承认编专业词典是一项带有跨学科性质的工作,它绝不仅仅是本专业领域内通常的一般技术性工作。要做好这件工作,仅有专业知识是不够的。因此,刘玲先生的构想不仅有必要,而且也能找到科学根据。这是在协助专业工作者实现编专业词典必须的相关学科之间的跨越。

如果说这个道理以编写专业词典为例还比较容易为人理解,那涉及语言学术语词典的编写和语文词典的编写时,情况就显得要隐蔽多了。一般的语文工作者是否就理所当然地会编写语文词典?再进一步说,一般的语言学工作者,是否就一定能编写语言学术语词典?回答只能说"不一定"。这其中的道理与前面说到的其实一样。至少,编术语学词典,不管是自然科学的还是人文科学的,不管是语言学科的,还是其他学科的,都需要有术语学方面的专业知识做指导,不然就肯定会出现各种漏洞或错误。比如,一部语言学的百科全书,竟然没有把"语文学"收作条目,这反映出的与其说是语言学知识的欠缺,不如说是术语学方面的疏漏。它违背的首先是对术语的系统完整性的要求。

解释语言学术语与编写语言学术语词典,遇到的最大困难在于,语言学术语既是语言学的研究对象,同时又是研究时使用的工具,即语言学研究的元语言。语言学术语的这种双重身份会带来许多麻烦。一般说来,对语言学以外的其他学科来说,作为研究工具的元语言,应该是一种具有独立语义系统、专门用来为描述研究对象服务的第二性语言,例如,数学公式、符号、图形可以用作物理学研究的元语言。本学科的术语也应该是研究该学科的元语言。但这种元语言与自然语言不同,一般说来,它是经过学科内专家事先约定的语言。说到语言学术语,它却总是与作为研究对象的人类语言(或称自然语言)存在于一体,同时,也总是借助具体语言,比如汉语、英语或俄语的词来表达的。当然,元语言的概念比术语要宽,但术语无疑应该是元语言中最重要的、处于核心地位的部分。语言学术语这种身兼二职的身份与地位,会造成许多麻烦或干扰。从理论上说,科学术语应该是对相关对象完成研究阶段的产物,但实际上,研究者一开始就被迫采用现有的、某种并未经过严格界定的术语。当这种术语又恰恰是研究对象本身的组成部分时,麻烦就来了。要讨论意义,那首先就会提出"意义之意义"的问题。可是讨论是不能等这个问题得到彻底解决以后再进行的。这种情况的难处实际上在于,它是企图通过未知去求得未知,用尚待求证的东西来作为求证的工具,以尚不确定的东西去确定另一个有待确定的东西。西方人把这形象地比作一只小狗在追逐自己的尾巴。我们的俗话说,"自己的刀削不了自己的把",其实说的也是这个意思。语言学术语既属研究对象又充当研究工具这一特点会带来同样的尴尬。

一些有世界影响的术语学家都曾强烈呼吁,要在术语研究方面开展不同学科专家之间的密切合作。当术语学还刚刚问世的时候,术语学的创始人奥地利学者维斯特(Wüster E.)就说过:"科学地整顿语言(此处即指术语——引者)应该看作是应用语言学,正如同可以把技术称作应用物理学一样。在这项工作中,语言学工作者应该获取技术知识,而工程师应该学习语言知识,要进入这两个领域的临界地带,工程师比语言学家要容易些。"①进入20世纪70年代,当术语学在国际上已经被普遍视为一门独立的综合学科时,前面所说的"语言学工作者"就应该读作"术语学工作者"。当说到语言学本身的术语建设时,语言学家则成了上文所说的"工程师"。涉及各个学科术语的普遍性的理论问题,包括语言学的术语问题,应该是术语学作为独立学科要专门解决的问题。当然,如同工程师进入技术领域比语言学家要容易一样,语言学术语首先还是要由语言学家来研究整理,但语言学家仅仅依靠语言学的知识是不够的,他同样需要术语学知识的帮助。

用自然语言作语文词典的元语言时,也会出现同样的问题。如何优化语文词典的释义语言,理应是词典编者要永远注意研究的课题。《语文辞书元语言的规则》一文总结出的对辞书元语言的要求,肯定会有助于提高和改善对词典释义的元语言的使用,但是,这些要求只能是改良性质的,它无法从根本上消除语文词典所面临的"用自己的刀削自己的把"的尴尬。对辞书元语言的同质、

---

① 转引自 Татаринов В. А. *История отечественного терминоведения*. Том2, Книга2 Москва:Московский Лицей. 1999, с. 54—55.

科学、等值以及单义、原型等要求可以当作词典编者努力的目标,但可以肯定地说,这是用作元语言的自然语言难以处处全面做到的。按雅各布孙(Jakobson R.)的说法,任何语言研究的实质都是用一种语义系统的符号来替代另一种语义系统的符号。这里,自然语言的语义系统符号是第一位的,而释义用的元语言是第二位的。当词典编者用四元语言来解释自然语言时,两者的语义系统却是同一个。从根本上说,这就无法保证总是能找到绝对精确的语言来对被解释的词作出完全等值的定义甚至一般描述。一旦使用了自然语言作元语言来下定义或作描述,就难免要带进来一些多余的东西。对自然语言服务于科学时所存在的缺欠与不足,哲学家们早就作过论述。他们提出的解决办法是建立人工的、完全逻辑化的数理语言。当不得不用自然语言作释义的元语言时,它的这种局限性不可能完全克服。从苏新春先生的文章看,他对此有清醒的认识。他很审慎也很严谨地指出,释义元语言只能是"满足普通的社会交际需要,对该语言的语文性词语进行一般性的陈述、描绘、再现","它的服务对象是社会的普通成员","释义元语言是不可能包打天下的","不能一谈到释义元语言,就以为它能包容一切,囊括所有"。上文中的"普通"、"一般"等词语阅读时是应该打上着重号的。

于是,汪化云先生提出的释义"欠妥"的例子的存在,就不难理解了。特别值得注意的是,他认为,"这两个词的语素组合是自相矛盾的","有悖常理",既然从根儿上说它们就"自相矛盾"、"有悖常理",那还要用严格的法律专业的定义来检验释义,是不是也不合乎常理?

李尔钢先生认为,目前学界有一种"否定释义方式,要求用'语文义'替代逻辑定义的倾向",而他认为"辞典释义的主体不应该是不能反映事物本质的所谓'语文义',而应该是能够反映事物本质的逻辑定义即'术语义'"。如果李先生这里说的词典还是指语文词典,而不是专业术语词典,那这种要求是肯定不可能实现的。其实,主张把"语文义"与"术语义"加以区别,同时又把它们看作不同学科的任务的观点,早在19世纪下半叶(1874年)俄国著名的语言学家波铁布尼亚(Потебня А. А.)就已经提出来了。他用的术语是"最近义"、"最远义"。后来的词汇学或语义学更常用的术语是"朴素概念"与"科学概念"。语文词典的任务只能是解释"最近义"、"朴素概念"。至于说到"最远义"、"科学概念",那只能由其他各个专业学科来解决。词汇学里必然要说到的"词义与概念的区别",说的也是这个问题。在日常的言语交谈中,对一个被逮捕或被关押的人是否真的有罪、是否已经判决定罪这些情况常常是忽略不计的。如果问:"罪犯抓到了吗?"这时所说的"罪犯"就是用的它的"最近义"、"朴素概念"。请问,在日常言语交际中,有谁会针对这样的问话提出类似"没有审判怎能说他是罪犯?"这样的问题?这里不涉及"有罪推定"还是"无罪推定"等法学原则,更不关涉是否尊重人的问题。同样,对于"美",也不必按美学的定义去解释,那是语言学以外的其他学科研究的问题。

　　术语学更关注如何给术语下定义,而术语背后总是与科学概念联系在一起的。因此,术语学与逻辑学有非常紧密的联系。术语学理论研究表明,借助逻辑上的属种关系给术语概念下定义自然要比一般的罗列描述要严密得多,但逻辑的一般规律对术语也并不是万能的。如果以为,只要坚持用"属+种差"的术语义定义方法,就能够达到"精确、科学、能够反映事物本质的目的",那是把复杂的问题简单化了。术语学理论还认为,虽然术语应该是对概念的指称,但实际上术语也并不是总能准确地解释概念的全部本质特征。至于术语系统内部之间的关系,偏离逻辑的情况也是常有的。有的术语之间的关系是对角线关系,还有的是联想关系,等等。这些都不是仅仅通过"属+种差"的定义就能反映的。据说,在专利学中,对某一专利地位种属关系的确定就常常不是靠逻辑定律能解决的。再者,术语的定义,总离不开它所存在的术语系统。而不同系统中的术语的不同定义,不是非专业人士都能理解的。据说,牛顿与爱因斯坦对"质量"的定义就完全不同。如果要语文词典的编者对这类概念也要下准确科学的定义,那应该按这两位科学巨人中哪一位的说法呢?有必要一定要求在这种场合向"社会普通成员"也提供一个精确、严密、科学的定义吗?

当然,这样说,绝不意味着不能对语文词典的释义提出批评,更不是说,语文词典的释义无需再进一步完善,而只是说,先要弄清一些问题的实质,划清一些问题的界限。不然,就可能走进死胡同。

一个学科存在的基石在于它有自己的、对其研究对象能作出科学解释的相关理论,而这一理论不会被其他的学科理论所涵盖。术语学的有关理论是具备这一特点的。这是它在国际上被视为一个独立学科的重要理由。本文也许多少能证明这一点。

(《辞书研究》,2005,03)

术语翻译及其对策

1. 从会议的议题说起

我多年从事双语词典编纂,10年前又开始术语学研究,也曾经搞过一些口头或笔头翻译。以"面向翻译的术语研究"为中心议题的研讨会的召开,让我感到特别高兴。我觉得这个议题确定得非常好。在我看来,这是一次跨学科的会议,至少同翻译学、术语学、词典学等多种学科都有关系,而开展跨学科研究是时下特别强调并大力提倡的。与此前的相关会议比较,这是一次有新深入、新拓展的会议。单就术语学而言,它可以划分为理论术语学与应用术语学。其中,应用术语学主要指向所谓"术语工作",其中术语标准化、术语翻译与术语教育等是最主要的内容。与前几次术语学的研讨会相比,本次会议议题更集中,针对性更强,带有明显偏重于实践的倾向。这无疑更能体现术语学的根本属性。词典学也好,翻译学也好,术语学也好,它们毕竟都属于应用语言学范畴。讨论词典编纂或一般翻译的研讨会都开过多次,而专门围绕术语翻译进行研讨,这可能还是第一次。围绕这些实践提出的问题展开讨论,对相关理论研究也将是有力的促进与推动。

其次,这个议题还具有相当的广泛性。术语翻译涉及各行各业,令人困扰的问题特别多。按会议的通知,它包括以下内容:1)

翻译中的术语及其规范化问题研究；2) 自然科学术语的翻译问题研究；3) 人文社科术语的翻译问题研究；4) 双语词典中的术语及其翻译问题研究；5) 面向翻译人才培养的术语教育问题研究。我们不妨设想，如果你是从事科技情报翻译的，就第1)、2)两项，你一定会有话要说；如果你是从事词典编纂的，其中的2)、3)、4)项，都与你的工作有关；如果你对术语学研究感兴趣，那第1)与第5)项，应该是你关注的话题。其实，翻译中的术语规范化，这是目前术语规范化活动的最重要环节，特别是在今天，在我们民族自己的科学技术原创能力严重不足，大量的科学技术术语都是通过翻译途径引进来的情况下，翻译中的术语规范化问题就显得尤其重要。即使它不是术语规范化的全部，至少也是非常主要的部分。可以毫不夸张地说，术语翻译实际上是目前术语建设的前沿第一线，同时也是实施术语规范化、标准化须要把守的第一关。只要对相关期刊上经常讨论的问题稍加留意，就会发现，困扰最多、讨论最多的就是术语翻译问题。上述印象也可以从国外的统计调查中得到支持。据1983年的统计数字，世界上每年的书面翻译数量从200亿至600亿个词，并且以每年10%的比例递增。从事翻译的人约26万人，发生额约30亿美元。更有意思的是，据1987年的统计，用于翻译的全部时间的75%是花在术语翻译上。[1] 还有一个统计数据也很说明问题。据说，在提交科技文献翻译研讨会的论文中，涉及术语翻译的文章约占40%。[2] 我想，没有什么比这些数字能

---

[1] Гринёв С. В. *Терминоведение*. Москва. 2008, стр. 241.
[2] Лейчик В. М. Смирнов И. П. *Области пересечения терминоведения и перевода научной и технической литературы* // *Научно-техническая информация*. Сер. 1 1973, 12. стр. 30—33.

更清楚、更有力地证明,召开这次研讨会是多么必要。

这样一来,来自不同学科的人,都可能从这些议题中,找到关注点。以术语为焦点,与会者可能引发出相互交叉的话题。尽管按严格的逻辑划分原则要求,通知中存在的相互交叉命题是应该尽可能避免的(比如,双语词典中的术语既可能是人文社科术语,也可能是自然社科术语。术语翻译,既可以指一般的文本中的术语的翻译,也可以指双语词典中术语条目的对应释义)。但是,对于一个会议通知来说,似乎不必这样苛求。能保证与会人员的广泛性与讨论内容的交叉性,比生硬地墨守逻辑规则要重要得多。

2. 术语的社会约定性

术语是一个很复杂的客体,它具有多种属性。研究的出发点不同,最值得关注的术语属性也会随之有所不同。不同的学科,对术语的定义之所以不同,原因就在于此。那么讨论术语翻译,最应该关注的是术语的什么特性呢?我首先想到的是它的社会约定性。

凡是术语,它必定有约定性。通常把术语定义成专业领域内指称概念的词或词组。专业领域内的概念往往包含多个本质特征,其实是无法仅仅借助一个词或词组就把这些本质特征都传达出来的。随便从词典里找一个例子。比如,"自由基"是指"化合物分子中的共价键受到光、热等的影响后,均等断裂而成的含有不成对价电子的原子或原子团",仅靠"自由基"三个字怎能传达出这么复杂的多重意思呢?再比如,越来越频繁见诸于媒体的科技术语"云计算"或"蓝牙"也是如此。仅从字面上看会不知所云。因此,在给术语下定义时,如果要做到准确,那就不应该说术语"表达"或"传达"某某概念,而最好说它是用来"指称"某某概念。通过一个词或词组是无法表达或传达出那么多专业内容的。启功先生曾把典故比作集成电路,意思是说,它的"体积小,容量大"。其实,术语在这一点上与典故相似。术语只是一个约定好的符号。每个术语都指称确定的概念,只能作如此确定的理解,那是因为有专业工作者的约定。此前早有国外学者指出术语具有社会约定性,但把它说成是"社会",那是有点夸大了,其实有资格参与约定的主要是本专业领域内的学者,尤其是有影响的权威学者会有更大的话语权,专业领域外的人对此没有什么发言权,更没有表决权,往往只有接受的份儿。

在这一点上,术语与普通日常语言,有很大的不同。日常语言中的词义,并不像术语意义那么严格,虽然其中也有约定俗成的作用,但术语不应该是"俗成"的。有人用自生自长的树木与整齐划一的电线杆之间的不同来比喻二者间的差别。后者的粗细、长短甚至排列,都是有规格要求的。术语也是一样,也有确定的"规格"要求。这也正是术语的约定性的体现。

3. 区别"已规范术语"与"未规范术语"两种情况

"面向翻译的术语研究",其中的关键词,一是术语,一是翻译。这里说的翻译,包括了一般文本中的术语翻译,也包括了双语词典编纂过程中术语条目的翻译。它更偏重于其动词性意义,侧重讨论的是"怎么翻好"或"该怎么翻"的问题。那么术语呢?我认为,区别出"自然科学术语"与"人文社科术语",或者区别出文本中术

术语翻译及其对策

语的翻译与词典编纂中术语条目的翻译,这并不是最重要的,尽管它们之间确有不同。如果从处理原则着眼,不如把术语划分成"已规范术语"与"未规范术语"这样两类,这对实际操作更有意义。对从事翻译的人来说,这两者虽说都属于"术语翻译",但具体做起来应该有明显的区别。

翻译已规范的术语,关键是要有规范意识。就是说,从事翻译的译者必须要知道,你与之打交道的术语,与地名、人名的翻译一样,不是可以由译者随便处理的,遣词也好,用字也好,一定要查之有据。既然已经有了规范,即相关机构已发布过具有约束性的文件,那就必须要遵守。即使你个人对现有的规范存有不同看法,甚至规范本身确有值得商榷之处,第一位的还是要遵照执行。对翻译来说,这里的最高原则可能是"照翻无误"。这就是规范意识,或者说是执行规范的高度自觉性。由于当今时代学科数量越来越多,而且每时每刻还在不断增加,而各个学科乃至各行各业都有自己的术语,这就增加了实施规范的难度。比如说,碰到的一个术语究竟属于哪门学科,哪些学科已有规范,哪些还没有规范,对此译者未必都能做到心中有数。已经有规范颁布的学科术语,译者手头未必一定有资料可查。因此,要做到自己笔下每个术语都查之有据,也不是很容易的。为此要付出许多艰苦繁杂的劳动。术语研究发达的国家,有这样一道专门的工序或者叫行当,称作"术语编辑",其任务之一就是负责出版物出现的术语要合乎规范。既然要设这样一个专门工序,可见它不是仅靠一般号召就能解决的问题。

相对说来,翻译尚未规范的术语,情况要复杂得多。仅靠前面说到的规范意识可能帮不了多少忙。因为暂时还没有可以遵循的正式文本依据,这就要求译者最好也能掌握一些术语学的基础知识,要有些"术语意识"。什么是"术语意识"?我想这样给它下定义:术语意识是基于对术语学基本理论的了解而建立起的对术语的本质的科学认识,以及在此基础上产生的对待与使用术语的学术自觉性。不能不承认,在术语学研究还非常薄弱的我国,在术语教育还刚刚起步的今天,即使受过高等教育的人,绝大多数也并不具备这种术语意识。由此造成的不良后果虽很隐蔽,但却是很负面的。它对至关重要的术语建设很不利。如果对术语在人类认识客观世界的作用缺少了解,就很难指望对术语会有一种严谨甚至敬畏的科学态度,代之的可能是草率、随意。如果对术语的产生过程及其发展规律缺少科学的分析与认识,也不可能针对术语工作中的问题,提出具有深刻理论依据并带有前瞻性的解决办法。

当在现有发布的文件中查不到需要的术语的规范译法时,译者就只好自己动手来翻译。译者应该明白,专业工作者围绕术语所做的约定,当然不是随意的,而要受到多方面的规约。对术语标准化的种种要求,就是这些规约的具体化。现有的对术语定名的种种要求已经足够多了,什么单义性、理据性、系统性、简短性、易于派生性等,不一而足。对术语翻译来说,这些要求原则上也同样是适用的。译者应该尽力去实现这些要求。然而,也必须承认,如果在从事术语翻译时,把上述"各性"都当作硬性要求,你就会无从下笔。现有的正式颁布的术语,也并不都符合这些要求。究竟该怎样对待这些要求呢?我们只能采取辩证的立场。简单说来,我们既要肯定它,尊重它,也应该敢于否定它,违反它。这一点,我在《术语标准化中的辩证法》一文中谈过[1],这里就不再重复。必须

---

[1] 《中国科技术语》2008年第3期。

要补充的是,术语标准化的种种要求,实际上是术语学前期发展阶段,即所谓"规定论"占主导地位时期的产物。随着术语学"描写论"的兴起,人们不仅看到,而且逐步承认术语本身的变异性。这也帮助我们更清醒、更合理地去对待术语标准化的各项要求。

4. 对"未规范术语"的四种不同处理方法

会议通知中使用的是"规范化"一词。其实,对术语来说,用"标准化"的说法可能更准确。普通的日常生活语言也要提倡合乎语言规范,但与日常生活语言相比,科学语言的规范化程度要求更高、更严。尤其是对其中居于核心地位的术语,用标准化更能体现对其要求的严格约束性与统一性。

前面已经提到术语所具有的社会约定性。我们应该把社会约定性既理解成一个结果(发布的标准就是这种约定的结果的体现),同时又看作是一个过程。或许把后者称为"相约"更能体现出它的过程意义或者称为进行时意义。这个约定并不仅仅是一个会议宣言或一纸文件,这些只是这个相约过程中的一个行为。有许多情况只能说是"约而不定"。面对处于不同发展阶段、不同专业的大量术语,我们不可能提出应对其翻译难点的万应的良方。不管到什么时候,特别是面对带有创新理论意义的新术语,理据性不明显的术语,术语翻译大约总归是相当困难的事。但这也绝不意味着我们对此毫无作为。从大量的实践中,实际上可以归纳总结出一些具体的、可供考虑的办法。可以把它们简称为"不译法"、"试译法"、"定义法"和"连缀法"。

"不译法"是指在译文中,把原文术语不加翻译照搬过来的做法。看起来,这似乎是译者的"不作为",其实,从相约的角度看,这也可以看作是一种不得已的办法。它至少可以表明,译者对该术语暂时还不了然,但又不准备贸然行事。这样做的积极意义在于,可以避免增加混乱,充任误译的源头。这当然也不失为一种负责任与实事求是的态度。虽不理想,但也应该允许,因为这种"不了然"在认识事物的初级阶段是必然的。

"试译法"是指在术语译文之后,或标出"又译……",或附上原文。这样做等于告诉读者,现有的翻译仅仅是一种可供考虑选择的方案之一。附以原文,是给有条件的读者查对外文提供方便。这其中还有对更好翻译的期待,体现出一种商量、切磋的态度。

"定义法"是指用适当的方式,如加括弧或加注释,把术语的定义译文或原文提供给读者。这有点像双语词典中不给译词、只给解释的做法。这样做的理由在于,术语毕竟是指称专业概念的。译者对所涉及的专业也许未必很熟悉。在"能指"暂时还不能确定之前,把其"所指"告诉读者,先求得一个正确的理解,以解决燃眉之急,这也是为读者着想。

"连缀法"是指在书后以附录形式把本书中的术语及其定义收集在一起,一并列出。这样做的最大好处在于,它是展示术语间系统性的做法。术语学理论认为,孤立的、脱离开系统的术语,是无法履行术语的功能的。术语的定义中往往涉及它的上位或下位概念。把相关的术语及其定义一并罗列在一起,会帮助读者更容易把握术语间的联系,从而加深对术语意义的理解与把握。对一本理论性的著述来说,或者对大学的教材来说,这个连缀的术语词表,就相当于扼要传达全篇著述理论内容的关键词。这一点国外的出版物比我们做得要好,国内也有人倡议过,但至今鲜见认真的落实行动。其根本原因也许就在于术语意识的不同吧？笔者高兴地注意到，网友在讨论某纲要时已经提出要求，希望在其后附上"名词解释"。也有人反映，对有关部门按公开化要求"晒出"的东西，一般群众看不懂，因此也就无法实行监督。其实，如果真心想让人看懂并实施监督，类似的"名词解释"还真是需要。要求提供"名词解释"是一种术语意识的觉醒。可以相信，随着时间的推移，具有这种术语意识的人会越来越多。

上述的种种办法，并不是解决各类翻译难点的灵验"药方"，而更类似于体例方面的约定。其中的一些办法是可以并用的，例如，"定义法"可以与"不译法"结合并用。"连缀法"更可以并用或单用。这些办法，也许对文本翻译比对词典翻译更适用。它们虽然不可能解决术语翻译存在的种种具体困难，但倘若能加以实施，对术语翻译的管理来说，将是了不起的成绩。千万不要小看了"体例"或类似体例的东西。有过词典编纂经验的人都应该深深懂得，体例对词典编纂，尤其是大型词典，有多么重要。体例本身就是一种形式化的语言。没有体例，就没有规矩，就成不了方圆。有了体例，就等于有了"游戏规则"，才能够"玩得起来"。如果大家都能严格遵守上述的约定，那么在出版物上，就会大致区分出不同术语所处的现状，就可以分别加以处置与对待，并在一定程度上消除术语使用中的许多混乱与无序。

5. 不期而至的支持与异议

本文结稿后，几乎在同一时间，笔者读到了两篇相关的文章。一是一位作者引用的恩格斯的一段话。恩格斯在《社会主义从空想到科学的发展》一书1882年的德文第一版序言中曾经说过:"那些必不可少的外来语,我没有加上所谓解释性的翻译。这些必不可少的外来语大部分是通用科学技术用语,如果能翻译出来,那就不是必不可少的了。这就是说,翻译只能歪曲这些用语的含义;它解释不清楚,反而会造成混乱。"[①]另一篇是周有光先生的《漫谈科技术语的民族化和国际化》(《中国科技术语》2010年2月)。他主张实行民族化和国际化兼容的"科技双术语",并认为"在科技双术语教育行之有效以后,再进一步考虑长期的术语决策,就游刃有余了"。笔者高兴地发现,革命导师的话与德高望重的权威学者的主张,可以用来支持本文所提出的"不译法"。

但是,紧接着又发生了央视要求"屏蔽"NBA等类似英语字母词一事。随后,据报载:"专家呼吁规范外来语译名 制止汉英混杂"。于是,照此精神,"不译法"只能被"制止"了。

但细想下来,心里还是有些话要说。笔者提出的"不译法",如前面所说,是一个不得已的办法。是在用汉语实在无法说,但又不想不负责任地"随便乱说"的情况下的一个临时性办法,或者说是权宜之计。这与放着"全美职业篮球联赛"不说而说"NBA"是不一样的。从"telephone"到"德律风"到"电话"也是经过了一段时间思考与检验,最终才作出选择的,虽然它不像logic最终定名为"逻辑"用的时间那么长,但总还需要有个过程。我们说的"不译法"是指在第一时间里,宁可用原文也不乱译。这也正是从维护汉语的健康考虑的,是为了避免因为初译不当,造成"以讹传讹",结果局面不可收拾。不仅如此,我们同时还考虑了怎样更有利于科

---

① 《马克思恩格斯选集》第3卷.人民出版社,1997,第690—691页.

技发展的问题。难道只有一律"制止"才是唯一正确的办法吗？在一定的条件下，在有限的范围内，万不得已，是否可以容许不译作为一种处理办法呢？对此肯定是存在争议的。

6. 术语翻译中的"体悟法"

以上论述更多地是属于形式问题，离会议的核心话题隔了一层。为了弥补这一明显不足，我想结合"激光"这一术语翻译的成功范例，谈一谈术语翻译中的"体悟法"。

汉语里的"激光"是从英语的"laser"翻译过来的。这个译法的产生过程多次被人们提起。最初，采取的是音译的方法，称为"莱塞"。后来，随着改革开放政策的实施，港台的说法"镭射"逐渐流行开来，在音像产品的广告上，在日常的言语中，大有后来居上之势。但在专业领域或讲究术语规范的出版物中，人们还是宁取"激光"。实际上，"laser"是英语"light amplication by stimulated emission of radiation"的减缩，即由上述英语词的第一个字母组成。最初的汉语译名有"激射光辐射放大"、"光量子放大"、"受激发射光"等不同说法。"激光"这个译法是钱学森先生提出来的，并立即得到学术界的一致接受与赞赏，也被视为术语翻译的经典范例。

不过，究竟应该如何认识与分析这个成功的译例，却是一个有待思考的话题。

人们首先会想到用音译与意译哪个更符合汉语习惯来做解释。的确，音译与意译相比，汉语最终总是宁取意译。因此，"德律风"最终还是被"电话"取代，类似的例子很多。有时，译词即使加上了外语词原来没有的意义,从翻译角度说,这要算意义已经有所偏离了,但人们并不去计较这一点偏离,仍愿意"笑纳",如"可口可乐"、"迷你裙"之类。这也许是因为,反正不过是一种饮料品牌,一种服装式样,只要译得上口,还讨人喜爱,人们只会乐于接受。

然而,说到术语的翻译,问题就显得复杂得多。什么是"激光"?按《现代汉语词典》的解释,"某些物质原子中的粒子受光或电的激发,由低能级的原子跃迁为高能级原子,当高能级的数目大于低能级原子的数目,并由高能级跃迁回低能级时,就放射出相位、频率、方向等完全相同的光,这种光叫作激光。颜色很纯,能量高度集中,广泛应用在工业、军事、医学、探测、通信等方面。"这不过是以中等文化程度读者为对象的语文词典的解释,如果翻查专业的术语词典的严格科学定义,内容肯定会更复杂。仅靠由一个或几个词构成的术语,是无法把背后这么复杂的定义要点都传达出来的。

有人可以把"激光"这个译例归为凝练汉语术语的一种方法,即采取"提取表示核心词义的核心汉字",从而将冗长的汉语术语加以缩写。[①] 的确,与最初的汉语译名如"激射光辐射放大"、"光量子放大"、"受激发射光"相比,"激光"简洁得多,而且也算是顾名思义,单从字面上就能反映出"这是一种特殊的光",而且是受激发后产生的。

不过,我从最近读到的国外术语学研究资料中,发现了一个更为发人深思的理论观点,用来解释"激光"的定名,也许能更深入

---

① 参见刘青、温昌斌《如何规范科技术语字母词》,《光明日报》2010年7月6日专版。

一层。

有俄国学者指出,创建术语的诸多方法中,有一种方法可以称为"心智化"①的方法。通常的术语翻译,不管是仿造也好,解释也好,译者还仅仅是在两种语言的词汇概念层面上用心思,选字也好,遣词也好,其与原文的对应关系以及选择的理由大多"昭然若揭"。而心智化方法却与此不同,在外语与译语之间,它未必体现为以字(或称语素)与词为单位的字面上的对应,但却是整体概念上的准确对应甚至对等。此时,译者心目中面对的与其说是外语词语,不如说是词语代表的客体本身。这时发生的语言转换,实际上,就心理过程而言,并不是词语之间的直接转换,而是外文词语先是在译者心中引起一种"心灵体会",继而借助译者个人的智慧,产生某种顿悟,某种认识与理解上的升华,再借助本族语把这种经过顿悟与升华而达到的认识结果表述与传达出来。倒不妨把这种方法称作"心智体悟法"或者就叫"体悟法"。也许这已经不是本来意义上的翻译,而是真正意义上的再创造。从表面形式上看,译词也许距离原词远了,但那才是对原词指称的概念更准确、更深入的表述与传达,因而也是最好的翻译。也许顿悟与升华更有可能是借助本族语实现的,因此,它绝无"翻译腔"。

如此看来,"激光"的定名,出自钱学森这样的科学巨匠之手,绝非偶然。它要求的是另一种更高层次的功夫、修养、智力。如此闪现智慧灵光的术语翻译,在其他大师的笔下,比如在严复的《天演论》,在徐光启的《几何原本》,以及在玄奘的佛经翻译中,都不难

---

① 俄语为 ментализация——参见 Верещагин Е. М. *Истоки славянского терминотворства Кирилл и Мефодий*//*Славянское терминоведение*,2009,c. 1.

找到令人拍案叫绝的实例。但在一般的科技术语翻译定名中,它绝不可能俯拾皆是,而只能是凤毛麟角。把它们看作是术语翻译的典范,当然不错,但它们更能体现术语的另一个重要属性,那就是术语本身就是科学思维活动的结晶,是思维活动成果的凝缩。

(《外语学刊》,2012,05)

翻译　词典　术语

1. 引言

我一生的业务活动,大部分时间都用在双语词典编纂上,间或也搞些笔头翻译,同时也曾有过口译的机会。这样的业务经历,使我对词典与翻译之间的关系,自然有些亲身感受。先是在一些感性认识的基础上,做过一些总结性的思考。对这两者关系的认识,也经历了一个不断加深的过程。后来,随着开展术语学理论的研究,结合阅读过程中接触的某些相关的概念术语,引发出一些个人的思考与新认识。这个过程正应验了一句带点哲理的话,即感觉到的东西未必真正认识它,只有认识了的东西才会更深刻地感觉它,理解它。

2. 要勤查词典,但不照搬词典

对翻译与词典的密切关系,我最初的感受是极为朴素的,那就是搞翻译离不开词典。这近乎一句"大实话",未必会引起什么争议。因此,我不想做更多的解释。

许多年前,我在总结一些翻译实例的基础上,写过一篇小文章,题目叫《从"知识爆炸"说开去》(《辞书研究》1986年第5期)。

这篇文章谈的也是关于翻译与词典的关系。文章的第一层意思是想说,搞翻译一定要勤查词典,即使遇到自以为知道的熟词,特别是常用词、多义词,也往往需要去翻看一下词典,搞清楚这个词是用于什么意义,不然就可能会出问题。其实,在理解与翻译上容易出错的词,往往不是完全不知道的生词,而是自以为知道但实际上却是按想当然或先入为主理解错误的词或词义。产生这个认识也许与我长期编词典过程中培养起的对词义的敏感觉察有关。把 blood bank 译成"血液银行"而不是"血库",都属于此类。这样的偏误,不仅新手会犯,翻译的行家里手有时也不能完全避免。列宁的著作 *Партийная организация и партийная литература* 曾长期被译作《党的组织与党的文学》,后来才改译为《党的组织与党的出版物》。这就是很说明问题的一个例子。其错误的产生原因在于,对 литература 这个多义词在此处所用的意义理解上发生了偏误。文章的第二层意思是想说,即使查阅了词典,也绝不能照搬词典,看词典是怎么解释的就怎么译,那肯定不会成为好翻译,因为翻译本身是一种创造性劳动,是对原文作品的再创造。(这层意思主要是针对普通词汇说的。今天看来,对于专业术语的翻译,特别是已经有标准化定名的术语,这样说并不完全妥当。)这样的例子也不少。按一般词典的解释,knowledge explosion 中的 explosion,有两个意义。第一个意义是"爆炸",第二个意义是"激增"。在 knowledge explosion 这个搭配里,显然并不是用于"爆炸"的意义,而是"激增"的意思。但人们还是宁愿接受"知识爆炸"这个译法,而不取"知识激增"的说法。这原因也许在于,后一译法准确倒是准确了,但振聋发聩的效果与形象性却没有了。同样,俄国著名作家莱蒙托夫(М. Ю. Лермонтов)的名作《当代英雄》,如按词典里的义项划分,这里的"英雄"也不是用于最常用的那个意义上,而是转指"众人瞩目的人物"或"代表人物"。这在俄语的语文词典里有很明确的解释与区分。在这里,语言特别是词汇所存在的二律背反,再一次显露出来。语言的传递信息功能与表达情感功能是既矛盾又统一的。总之,这篇文章是坚持两点论的。第一是说,翻译要多查词典;第二是说,翻译不能照搬词典。

3. 多数人不会查词典

其实,这第二层意思,不仅涉及了在需要查词典时是否会想到去查词典,还进一步关系到会不会查词典的问题。也许有人会反问:"难道搞翻译的还有人不会查词典吗?"别急,请听我来慢慢解释。

按《现代汉语词典》的解释,作为助动词的"会"有几个意义。其③义为:懂得怎样做或有能力做(多半指需要学习的事情):我不会滑冰/这孩子刚会走路,还不大会说话。其④义则是:表示擅长:能说会道/能写会画的人倒不太讲究纸的好坏。请注意,如果把"会查词典"的"会"按③义解释,即理解为按字母的排列次序去寻找需要查的词,那就可以说,搞翻译的人都会查词典。但如果按后一个意义来理解"会",即"擅长",那真的远不是所有搞翻译的人都会查词典,或者说擅长用词典。会的人可能是极少数。从学界对目前翻译作品的质量批评意见来看,甚至可以说,许多从事翻译工作的人,实际上不大会有效地使用词典,自觉地借助词典弥补自己知识的不足。不然,译文中的各类错误绝不会那么多。前面说到的例子,多是与对语词理解有关的。但千万不能忘记,词典特别是当今时代的词典,是具有多种类型的。解决一般知识欠缺的问题,可能更需要查阅百科词典。解决专业知识的不足,可能需要查阅相关的专业术语词典,等等。知识欠缺带来的错误有时更可怕,有的甚至会贻笑大方。一个现成的例子就是,有媒体披露,有人把Чан Кайши译作"常凯申"。只要查阅一下最普及本的俄语百科词典,就会知道,那是中国人"耳熟能详"的蒋介石。这事做起来,说难也不难,说不难也难。对没有翻译经验的人,对许多知识不较真儿不会提出疑问的人,对没有词典意识的人来说,根本想不到就这样的事去查词典。当然,"擅长"就更谈不到了。

4. 什么是"词典学修养"

上面说到的"大实话"几乎是一种直觉。而"两点论"已经结合实例做了一点堪称理性的分析与归纳。通过对"会查词典"的语义辨析,认识似乎也精细了许多。而且,这种辨析也是借助查词典来实现的。总的说来,对词典与翻译的关系,上述认识还是沿着不断深化的方向逐步推进的。然而,从认识论的角度说,在对客观对象的本质特征还没有形成一个抽象性的概念之前,这个认识仍然带有感性与经验的性质,并不具有普遍意义与理论意义,也不可能成为一种自觉性。

不过,几年前,一个从俄语资料中读到的新概念,却使我眼前一亮,似乎有了一种认识得到升华的感觉。表示这个概念的术语是"лексикографическая компетенция"(lexicographical competence)。可以把它直译成"词典学能力"、"词典学专长"或者"词典学修养"。这个术语的翻译并不会太让人为难。根据术语学的一般理论，术语只是指称专业领域内概念的语言符号。为了正确理解某个术语，还必须准确把握它背后的概念。这个看上去并不是专业性很强的术语（这是许多社科术语的特点）实际上是指："具有通过查阅词典解决认识与交际中问题的意识；擅长选择类型与题材合适的词典；善于使用词典文本并从中吸收关于词的必要信息；善于比较不同的词典；不仅充分地利用词典，而且还能从读词典中感受到心智的满足感，就如同阅读前辈所积累的、连结不同时代的知识宝库的感觉。"[1]

如果拿这个定义来检验我个人前面说到的感性认识，那么不难看出，"具有通过查阅词典解决认识与交际中问题的意识"包含了我的"勤查词典"的想法。"善于使用词典文本并从中吸收关于词的必要信息"，也涵盖了我的"两点论"认识与对"会查词典"的语义辨析。至于定义中提及的"擅长选择类型与题材合适的词典"，"善于比较不同的词典"，则更是对我多年词典编纂体会与经验的高度概括。哪一类问题要查哪一类词典？什么方面的专业词，要查哪部专科词典最可信？遇见不同的词典对相同的词有不同的解释，该如何做出判断，决定取舍？这些看似极为具体的工作经验似乎也都包含在其中了。最后提到的那种读词典获得的"心智的满足感"，与其说是一种单纯的心理感受，还不如说是一种崇高境界和精神追求。那是在知识的海洋里遨游而获得的愉悦感。说老实话，正是为了传达这层意思，我才想到了"词典学修养"这个译法。总之，这个定义把我原来想到的想法都说了，同时还说出了我没有

---

[1] В. А. Козырев, В. Д. Черняк. *Вселенная в алфавитном порядке*. Санкт-Петербург. Издательство РГПУ им. А. И. Герцена. 2000, 10—11.

想到但却深表赞同的一些话。这一点很能体现术语在认识过程中的作用。简单的说,它把人们已有的认识确定、凝缩并提升了。

5."词典学修养"的启发

掌握了"词典学修养"这样一个包含了丰富的确定内容的概念,按思维活动的一般规律,便可能借助它来做进一步的分析、判断与推理了。擅长使用词典既然是一种能力、专长或修养,那它就应该是相关专业自觉、着力培养的东西,而不应该任其自发形成,自生自长。我认为,翻译专业就属于这样的专业之列。据此,在一次讨论教学工作的会议上,我说出一个想法。我觉得,要办好翻译专业,不仅需要有译学理论家,有丰富翻译实践活动经验的高水平翻译家,还要有翻译教育家。前两种人对翻译专业建设的作用,似乎自不待言。但对这第三种人,暂时却未必有人想到。连这个称谓暂时也可能还没有人用。我是受别的学科启发借用的。大家一定知道,中央音乐学院有个沈湘教授。对他身份最准确的定位是声乐教育家。他本人参加国际声乐比赛也许未必获奖,但经他训练培养的参赛者,却几乎都能获奖。我们说的翻译教育家恰恰也是指翻译教学领域内具有类似本领的专家,他们的最大长处在于,知道什么样的教学途径与教学内容,能在相对较短的时间内,把需要长期积累才能获得的经验,有效地传授给学生,以实现培养出优质翻译人才的目标。我认为"词典学修养"正应该是优质翻译人才必须具备的能力。是经常说的"授之以鱼"还是"授之以渔"的那宝贵的"三点水"。翻译专业应该通过专门的课程设置训练培育学生的"词典学修养",这也许是现有翻译学理论家、单纯翻译实践家尚未顾及到也不会优先去考虑的方面,但翻译教育家对此应该有所考虑。作为教育家,他们首先应该关心如何更有效地提高育人质量与效果的问题。

我参照"词典学修养"这个概念,对自己承担的研究生教学,从认识上做出了一些反思。此前,在我的潜意识中,好像词典学这门课程仅仅是为培养词典编者开设的。因为,按词典学的一般定义,它是研究词典编纂的相关理论与实践的学科。而脱离开词典编纂实践,仅靠听课是难以培养出合格的词典编者的。这个认识的后半部分,现在我仍然坚持。但对前半部分认识,我却做出了很大的修正。词典学课程应该面向更为广泛的专业与学生,而绝不仅仅是未来的词典编者。任何语言专业,尤其是翻译专业的学生,需要具有许多必要的知识与工作能力,特别是借助词典解决问题的能力,是需要通过词典学课程来获取的。再进一步说,现有其他一些专业开设的文献检索课,实际上也是培养"词典学修养"的课程。很遗憾,把培养"听、说、读、写、译"能力放在第一位的外语教学,却反倒"无暇顾及"这种借助词典或其他工具书来解决问题能力的培育。

6. 从"词典学修养"到"翻译词典学"

在今年上半年召开的一次应用语言学研讨会上,我的发言间接涉及"词典学修养"这个概念。参会的一位资深的英语翻译家兼博士生导师,对这个概念非常感兴趣。这对我是个鼓励。之后不久,令人感到兴奋的是,我在偶然间翻阅2009年俄国出版的一本俄语读物中,发现了一个支持我上述认识的观点,而且不仅是支持,简直是进一步的发扬光大。该书的作者是一位职业的英语翻译,同时又是从事翻译理论与实践教学的教授,还是一位心理学副博士。他有过词典编纂的经历。他不仅获得过英国牛津大学商务英语班的证书,还有过在联合国秘书处充当译员的经历。由于作者具有良好的专业教育背景,宽广的知识结构,加上丰富的业务实践经历,这使作者的业务思考也别有见地。[①]

作者在书中提出了"翻译词典学"(лексикогра фия перевода)这样一个概念。他把它看作是"一个新的、发展中的科学知识领域"。作者认为:"翻译是复杂的、带有创造性的、分析—整合过程,这个过程与重构原作的思想相关,需要调动译者全部的能动的资源。译者不得不完成巨大的工作:包括把握文本的取向、带有评断地弄清作者的思想、采用各种各样的翻译方法、对照原文来调整所得到的结果,等等。"这个过程实际上是一个与各种不同类型信息打交道的过程。作者认为,在与信息分析相关的所有行动层面上,各种不同类型的词典起着最重要的作用。学会使用各种词典,这是解决译员遇到"实际问题"的手段。而在这些"实际问题"中,最大量的是术语问题。此前我曾引用过国外资料里的一个数据说,耗费在翻译上的全部时间的75%是用在术语翻译上。两者说的是一个意思。在西方国家,术语学专业往往都附属于翻译专业,会不会也是出于同样的考虑? 在当今这个信息时代,词典、原文文本与翻译工作三者本身,从内容到性质,都进一步带有信息化与认知性质。因此,翻译词典学问题与有效使用词典结合的翻译教学问

---

① 参见 В. Н. Крупнов. *Лексикографические аспекты перевода*. URSS. Москва. 2009, с. 5.

题,已经吸引了愈来愈多的研究者的注意力,这绝非偶然。与"词典学修养"相关,一些学者还提出了"词典学文化"概念(лексикографическая культура,lexcographical culture),把它看作是个人总体文化积累过程中的一个必要阶段,同时也是衡量社会文化发展水平的一个指标。有人特别强调,这种文化意识一定要在学校学习阶段就开始培育。

值得注意的是,上述主张绝不是仅仅出自个别人。还有另外一位学者在另外的著述中强调:"词典以最简便的形式储存了人类的经验、知识与文化遗产,对任何一个需要某种信息的人来说,词典过去、现在和将来都是不可替代的帮手。"同时,这个作者还引用另外一位著名学者带有批评意味的话:"必须悲哀地承认,词典里的财富甚为巨大,但其中的大部分,不仅并没有为'人民群众'所掌握,甚至也没有被知识分子所掌握。"因此,"提高现代人词典文化要做的诸多方面之一,就是要宣传词典,在广泛的人民群众之间推广有关词典或工具书的内容丰富这样一个资讯。没有类似的宣传,在多数情况下人们都不会去查阅该查的出版物,而没有足够的词典学修养,定会妨碍充分地利用词典资料。"[①](为了避开长长的俄国人名可能造成的困扰,笔者有意舍去了这些具体人名。从注释中可以看出,这里已经涉及了不同的5位学者。)

看来,我们对这两个术语以及与此相关的问题,有必要做更多的思考。比如,此前的词典学,最最重视的是如何编好词典的问题。可是,词典编得再好,如果该用的人不会用,甚至想不到去用,

---

① М. А. Бобунов,*Русская лексикография века XXI*. Москва. Издательство Флинта,Издательство Наука. 2009,2.

词典的社会效益肯定就要大打折扣。这样的问题如何解决,词典学是否也要考虑呢?

7. 术语的启智功能

回过头来看,围绕翻译与词典关系发生的上述认识过程,似乎带有相当典型的"术语学意义"。术语具有何种功能是一般术语学需要回答的问题。不同的学者可能会做出不同的概括与表述。孙寰博士曾撰写专文,探讨术语的启智功能(heuristic function)。她认为启智功能是最能够体现术语特点的一种功能。她又把启智功能进一步划分为系统化功能(systematizing function)、模式化功能(modeling function)、预示功能(prognostic function)。[①]

本来,把"词典学"定义为"研究与词典编纂相关的理论与实践活动的学科"似乎没有什么不可以。但是,当提出"词典学修养"或"词典学文化"这些相关概念时,这里的"词典学"单说是指"编纂词典"的学问就显得很不够了,它似乎还应该包括"使用词典"的能力。对于整个社会来说,从事词典编纂的人毕竟太少,而应该有"词典学修养"的人太多太多。他们更应该知道的是如何使用词典,而未必是编词典的理论与实践,尽管两者之间是存有密切联系的。于是,对词典学原有定义进行适当调整补充的任务,就可能会适时地提出来。这是由于"词典学修养"概念的提出而引发的问题。也可以说是由于产生出来的新术语,对原有术语系统内在联系与平衡的冲击。这能不能也算是术语具有系统化功能的一个实

---

① 孙寰. 术语的启智功能. 中国科技术语,2009 年第 4 期.

例呢？

还有个著名的术语学家把启智功能称作发现新知识的功能。再顺着这个思路往下说，启智功能几乎就是创新功能了。在整个社会如此强调"创新"的今天，对术语的这个功能怎样重视都不会显得过分。术语学的专著里，往往会借用伽利略提出"惯性"术语的实例以及由此引发的对科学发展产生的启迪来说明这一点。我觉得，钱学森先生提出的"沙产业"概念其实是一个离我们更近也更容易为国人理解的例子。尽管截至目前，我们还无法肯定，人们到底是否真的读懂了。只要读上几篇介绍我国西部地区如何治理沙漠化的报道，就会更深刻地体会，钱先生提出的这个概念包含了多么大的智慧。从中不难领悟，一个正确的概念，一个科学的术语，会给人们多么深刻的启迪，会启发引导人们做出多少具有创新意义的实践来。当然，这些创新性的实践，一定要来源于创新的思想。

这里，我们无意从理论上探讨术语与认知、概念、思维、科学发展的关系，尽管这是术语学研究的重要课题。其实，从实用的角度来说，我们更乐意"被启智"。还是拿"词典学修养"与"翻译词典学"来说吧。我们是否可以通过我们自己的实践来落实一下它的"预示功能"呢？词典学也好、术语学也好、翻译学也好，毕竟都属于应用科学范畴。它们往往都由理论与实践两部分组成。如果就此尝试着把词典学课程朝积极提高"词典学修养"方向转化，我们为此能做些什么？这样的思考与努力似乎更符合应用学科的性质与特点。

单说"词典学修养"，我们未必会得到那么多启发。知道了这个术语背后概念的具体所指，我们才产生出来更多的联想。据此，我们似乎觉得,术语背后的概念,对我们具有更大的启智功能。说到这里,我联想起一个时下困扰俄语界的术语 концепт 的翻译问题。简单说来,这个问题是这样产生的:концепт 本来是与 понятие 同义的,最初,就把它译成"概念"。但是,随着使用它的学科范围越来越广,特别是在认知科学中它获得了新的定义,而此前主要在逻辑学中"概念"已经有了非常确定的定义与学科属性,人们就试图给 концепт 提出新的译法,以与"概念"的原来定义相区别,什么"观念"、"理念"之类,都想到了。但直到目前并没有得到令众人满意的结果。寻求更新更好的译法,这样的努力是应该给予肯定的。但与此同时,也应该看到,术语及其背后的概念,是一个完整的统一体,它们应该是互相制约、互为依存的统一体。即使暂时想不出更好的术语来表达概念内容,我们也不妨通过交代定义来弥补。也许我们压根儿就不该提出,术语本身与术语背后的定义,哪个更具启智功能的问题。它们是不可分的。因为没有定义就不存在术语。如果有什么人坚持要分出个究竟,那么可以用俄国著名术语学的经典人物之一的德列津(Э·К·Дрезен)的话来回答:"从科学与技术的观点来说,重要的与其说在于改善术语的形式,不如说在于完善概念的质量,使其更清晰、更确定。"[①]但是,在引用这句话的同时,我们不应忘记,无论是术语本身,还是背后的概念,随着科学的发展,都处在不断进化、不断完善的过程之中。

  词典学修养这个概念也应该给辞书界一点启发。把中国由

  [①] 转引自 Г. А. Дианова. *Термин и понятие:проблемы эволюции*. Москва. 2010, с. 9.

"辞书大国"变成一个"辞书强国"是有志于献身辞书事业学者的一个奋斗目标。为此,人们首先想到制定新的规划,编哪些词典,如何编好这些词典,等等。人们似乎还没有把提高受教育的国民的"词典学修养"作为建设"辞书强国"的应有之义。这似乎是只注重了产品的研制、开发、生产,但忽视了产品的营销、宣传、直至用户培养。到头来,这也可能妨碍根本目标的实现。

(《中国科技翻译》,2012,25.03)

俄国的术语教育[*]

1. 问题的提出

"术语教育"对我国读者来说,也许还是个相当生疏的概念。对一个术语学理论研究几乎处于空白状态的国家来说,开展术语教育也确乎无从谈起。好在这个问题已经引起了有关部门的注意。据 2002 年第 4 期《科技术语研究》报道,一个由中国科学院某副院长率领的中国科技名词代表团访问欧洲归来之后,提出的六条工作建议中,第一条便是:"注意现代术语学理论与工作方法的教育与普及。努力谋求在大学设置系统的术语学课程,并探讨开办术语学远程教育(e-learning)的网络体系。"转眼间三、四年的时间过去了。对这条建议的落实情况我们不得而知。今年恰逢中俄两国国家领导人共同发起的旨在增进两国人民相互了解的"俄罗斯年"。术语学理论研究又是俄罗斯的学术强项。考察一下俄国开展术语教育的状况,对落实上述建议,也许会有助益。

---

[*] 本文是教育部人文社会科学重点研究基地 2005 年度重大项目《国外术语学理论研究》(项目批准号:05JJD740180)的中期研究成果。

2. 开展术语教育的必要性

进入20世纪70年代,把术语学看作是一门独立的综合学科的认识,在国际上得到越来越多学者的认同。既然如此,术语学一定有它自己特有的研究对象,有对其研究对象本身的性质特征及其发展规律做出解释的理论,以及相对固定的研究组织与研究人员,等等。既然术语学称得上是一门独立的学科,那这门学问就不会是即使无心、不经意间顺便就可以掌握的。对术语学的正确定位应该成为开展术语教育的一个前提与根本出发点。

实行术语标准化可以看作是对科学语言加以规范的立法行为。为了实行法制,落实"以法治国",仅仅制定法律条文显然是不够的,对作为行为主体的公民开展普法教育也是必不可少的措施。开展术语教育也是同样的道理。对于毫无"术语意识"与"术语观念"的人,很难指望他们能在专业交流过程中自觉地贯彻遵守有关的术语规范。诚然,不应该完全排除通过专业学习过程获得"术语意识"与"术语观念"的可能性,但那可能是非自觉的、模糊的、无意识的行为。而自觉的、清醒的、带有理性的"术语意识"与"术语观念",只有通过术语教育才能获得。完全指望让学习者"自摸"自悟,是靠不住的,甚至可以说,那也是术语工作者的失职。

如果上述认识是对开展术语教育的一般性理解,那么对开展术语教育的必要性,俄国学者还有自己出自自家国情的切身体会。俄国的著名术语学学者格里尼奥夫(С. В. Гринев)在谈到这一问题时,特别指出以下几点:首先,这与当前科学发展的大趋势有关。近四、五十年以来,随着某些综合性新学科的出现,某些部门学科的分化,致使术语出现了"失控性的增加与互侵",以至学者之间的相互理解越来越困难。与此同时,术语对获取、积累与传播知识的作用,也被越来越多的人所认识。其次,对在生产领域内使用的术语,人们越来越要求确定它们的明确界限,这促使全国范围内科技术语的标准化工作不断拓展。再次,随着国际间科技文化交流的日益频繁,对翻译工作的需求,对术语词典的需求,也越来越高。复次,自 20 世纪 60 年代以来,区域性的、地方性的、行业性的自动信息系统、管理系统、设计系统,还有语言信息保障系统的设计与建造日趋升温,这些浩繁的工程也与术语学密切相关。而信息检索的有效性更与检索关键词的科学性分不开。[1] 总而言之,上述的种种情势都呼唤术语学的理论指导,开展术语教育也成了相当广泛的客观需求。其实,上述这些认识大体上也符合我们国家目前所处的现状。

3. 术语教育的发展历程

在俄国,最早的术语教育开始于 20 世纪 60 年代末 70 年代初。其先行者应推坎黛拉吉(Т. Л. Канделаки)。她本是著名语言学家列昂季耶夫(А. А. Леонтьев)的学生,60 年代中进入俄国科技名词术语委员会工作,稍后在莫斯科印刷学院开设了"科技术语原理"专题课。后来,科瓦利克(И. И. Ковалик)在乌克兰的利沃夫大学也讲授了"斯拉夫诸语言中技术术语的语言学问题"。再后,哈尤京(А.

---

[1] В. М. Лейчик, В. Л. Налепин. *Основные направления развития терминологического обучения в СССР// Научно—техническая терминология*. 1986, с. 7.

Д. Хаютин)在乌兹别克的撒马尔罕大学也开设了术语学专题课。其主要内容反映在后来以《术语 术语集合 名称集合》为书名出版的作品中。这是苏联出版的第一部术语学的教学参考书。

1970—1974年,列依齐克(В. М. Лейчик)在莫斯科大学为语文学系的本科生与研究生讲授了术语学课。这是第一次把术语学作为一门独立的学科来开设课程。这个事实本身,也是术语学自身发展过程中具有一定标志性意义的事件。此后,从70年代中开始,不仅在一些综合性大学,还包括某些专业学院里,也都开始讲授术语学课程。与此同时,针对各种不同对象的进修班和短训班也不断地、不定期地举行。

术语教育的教学内容是随着教学活动的不断扩大而逐步充实完善的。坎黛拉吉的讲授内容偏重术语的语义与结构,以及术语的整理等。科瓦利克则较多关注与术语紧密相关的概念系统、术语的构词方法以及术语与普通词汇的对比研究。哈尤京的专题课对术语、术语集合以及名称集合的概念区别、术语的系统性以及术语脱离开系统使用中的问题更感兴趣。由于列依齐克是把术语学视为一门独立的综合学科来讲授,因此,其授课内容较为广泛,从术语的逻辑学、符号学、系统科学到信息学、语言学等方面的问题,从理论术语学到实践术语学的多种活动形式,如术语词典编纂、术语的整理、标准化,以至术语的翻译等问题,也都有涉及。80—90年代,术语学的教学内容在格里尼奥夫的《术语学引论》一书中得到反映。本书是以他本人于1978—1989年在莫斯科大学以及1992—1993年在莫斯科师范学院为本科高年级、研究生以及不同进修班讲授术语学的授课内容为基础撰写而成。

术语学教学内容的发展,一方面体现为教学内容的充实与扩展;另一方面,还表现为内容的细化与专业化。针对学习者的不同需求,以及讲授者的不同研究专长,有的以"术语的语言学方面"为题(如乌克兰的基亚克——Т. Р. Кияк),有的以"对比术语学与科技术语翻译"为题(如蔡特金娜——Ф. А. Цеткина),也有的专门以"科技信息专业的术语学原理"为视角,还有的以"带有术语成分的外语词汇学","拉丁语与医学术语原理"等为讲授内容。[1]

这里特别值得就苏联解体之后的情况单说几句。列依齐克在2003年的一篇文章中写道:"出版术语学著述的地域相当广泛——从圣彼得堡到东西伯利亚的克拉斯诺亚尔斯克,从秋明到克拉斯诺达尔。这是可以理解的。因为俄国很早就以大学为中心开展普及学科理论与培养年轻干部的工作,其中包括术语学基础理论与部门术语的应用培训。虽然近年来,令人遗憾的是,由于一些俄国城市学派的领衔人物相继去世,这些学派的活跃程度有所下降,但也有一批新的、年轻又富有激情的术语学工作者涌现。""作为学科成熟的标志,也出现了一些可作为术语学初学者案头书的著作。"[2]这段话实际是在说,由于术语教育工作做得好,俄国的术语学研究与实践工作是后继有人的,并且一直保持良好的发展势头。

4. 术语教育的对象

可以从不同角度来划分术语教育对象的人员组成。他们既可

---

[1] С. В. Гринев. *Обучение терминоведению в Советском Союзе* // *Научно-техническая терминология*. 1988, с. 10.

[2] В. М. Лейчик. *Плодотворное десятилетие* // *Научно-техническая терминология*. 2003, с. 2.

能是在校学习某专业的在读生,也可能是完成了专业教育的接受继续教育者。就专业知识背景与职业背景来说,他们主要包括以下四类人:一是术语工作者,包括术语理论工作者与术语实践工作者;二是语言学工作者;三是科技信息机构和出版机构的工作者;四是国民经济专业人员及科学文化活动人员。一般说来,大多数术语理论工作者都受过语言学的教育,而术语实践工作者都有相关的专业教育背景。第三类人员又可以区别出文摘工作者与翻译工作者、信息系统语言手段研发者以及不同专业的编辑等。

5. 术语学的教学内容

到目前为止,也许还没有官方正式批准制定的术语学教学大纲之类的文件。但下面介绍的一些具体讲授题目,具有极强的操作性,在一定意义上,可以当作选择教学内容的参考。因此,这里作为单独一节来加以介绍。

据格里尼奥夫的调查,全部讲授内容可以归结成包含56个题目的8个板块。

第一板块是引论,涉及的题目有:术语学在现代科学中的地位及其与其他学科之间的关系;术语学的研究对象;术语工作的科学意义与经济意义;术语学的哲学与科学学方面;术语学的历史;术语学的产生与发展阶段;现代术语学的不同学派及其对术语学理论的贡献。

第二板块与类型学及专业词层的研究相关,包括如下题目:术语及其特征;专业词汇单位的类型;术语的性质及对术语的要求;术语工作的类别及其阶段组成;名称单位;术语的类型与选取原则。

第三板块主要涉及术语学的逻辑学方面,具体题目有:概念的类型及其相互关系;划分概念与建立概念分类示意图的原则;定义的类别与建立定义的规则;建立定义的典型错误;术语的系统化与分类。

第四板块主要围绕术语的语义学问题,包括的题目是:概念与术语之间的关系;术语的等值与术语的变体;术语的多义与同音异义;统一术语的方法;国际间术语的协调。

第五板块主要涉及术语学的语言——结构方面,其具体题目有:术语的结构类型;术语的历时研究方法;术语构词的语义方法;术语构词的形态学方法;术语构词的句法学方法;术语构词方法的演进;术语系统的概念与术语模式;名称的模式与整理名称的原则;术语的借用、不同的借用方法以及借用词的同化阶段;整理借用术语与国际术语词的技术方法;省力原则在术语中的贯彻。

第六板块主要涉及术语工作的不同方面,其中包括:术语参项描写的原则与评估原则;不同知识领域术语的特点;术语的评审;术语编辑工作;媒体使用术语的特点及自动化信息系统的语言手段研究;教学活动的术语学问题:术语的翻译问题,术语的标准化。

第七板块主要关乎几个术语机构的活动;第八板块则涉及术语词典学理论问题,包括术语词典学的对象与地位;现有专业词典存在的缺点与不足;词典参项概念;词典的结构与组成;词典编纂方法指南;词典的宏观参项;词典的微观参项;词典的比较评价原则;编纂术语词典的计算机方法与系统方法;术语词典工作的自动化与现有的术语库;术语库设计的原则与方法。

针对学习者的不同行业与不同知识背景,上述讲授题目可以适当地加以调整与选配。对有语言学知识背景的术语学研究者，包括研究生、进修生等，上述56个题目要全选，而对研究某一具体专业术语的研究生，可选53个题目。某一专业的术语研究者与词典编纂者，可选择42或44个对口的题目；信息系统语言手段的研发者可选33个题目；词汇学与词典学研究者可选32个题目；翻译工作者可选29个题目；科技编辑可选28个题目；术语系统审定委员会的成员可选19题目；教师与教学参考书编者可选18个题目；拉丁语与医学术语教师可选17个题目，等等。为了削减讲授内容，除了可以舍去某些题目外，还可以将有些题目适当归并。

6. 几点启示

在大致了解了俄国的术语学教育的情况之后，我们还可能在如下方面得到一些启示。

如果从20世纪30年代初俄罗斯术语学派产生算起，到60年代末术语教育步入高等学校讲堂，即使刨除二战的几年时间，术语教育的准备阶段也大约经历了三十多年的时间。实际上，这个准备是与术语学研究成果的积累与发展同时进行的。或者在一定意义上也可以说，研究术语学，也就是为开展术语教育做准备，其中包括认识上的准备与内容上的准备。反过来，没有术语学理论研究，开展术语教育就是一句空话。无怪人们说，一门学科正式登上大学讲台，是这门学科发展成熟的一个标志。因此，如果我们真的想在我国开展术语教育，也许应该从重视与加强术语学研究开始。只有等到研究成果积累到一定程度，开展术语教育才有实际可能。

俄国的术语教育的先行者，是一位来自科技术语工作领导机构的语言学学者。这也许并非出于偶然。首先,在俄国,语言学特别是词汇学,被视为术语学的源出学科。与奥地利-德国术语学派相比,俄罗斯术语学派以语言学介入较深为特点。其次,身居领导机构,便于通观全局,其视野相对开阔。对开展术语教育的必要性与迫切性,也应该有更敏锐、更切实的体会。而来自领导机构的"第一推动力",产生的效果与拉动作用自然也会更大。当然,随后跟进的人,主要还是来自高等院校的教师。这一过程本身可能反映出开展术语教育的某些具有普遍意义的东西。

术语学涉及的学科门类广泛,术语的规范使用关乎的行业与人员就更多。开展术语教育,从形式到内容,都应该视对象不同,采取"因人而异"的灵活办法。这样做会加强活动的针对性与适用性。但这些灵活的办法,只有在积极的行动过程中,才会逐渐摸索出来。眼下我们要做的,首先是行动起来,迈出第一步。

(《科技术语研究》,2006,02)

对开展术语教育的几点思考

提高全民的科学文化素养是创建和谐社会这一总体奋斗目标下的重要任务之一。开展术语教育应该视为提高全民整体科学文化水平的一个必要措施。几年前,一个由中国科学院某副院长率领的中国科技名词代表团曾赴欧洲专门考察术语建设问题。归来之后,提出的6条工作建议中,第一条便是:"注意现代术语学理论与工作方法的教育与普及。努力谋求在大学设置系统的术语学课程,并探讨开办术语学远程教育(e-learning)的网络体系。"其实,围绕术语教育有许多值得仔细研究的课题。本文写下的只是笔者个人的几点粗浅的思考,希望起到抛砖引玉的作用。

1. 什么是术语教育?

目前也许还没有人给它下过明确的定义。至少在我们国家,这还是一个令人生疏的概念。但是,既然要倡导开展术语教育活动,就必须对这个问题给予回答。我个人认为,是否可以暂时给它下这样一个定义,即术语教育是以术语学基本理论为依据,以具备某一专业背景知识的高等学校学生及社会有关行业人员为基本对象,以培养术语意识为中心目标的、普及性的教学培训活动。

对这个定义可以做如下几点补充说明。首先,开展术语教育必须要有科学依据。能够为我们提供这种依据的首先是术语学理论。术语学是20世纪30年代才出现的一门新兴学科，到60年代末，国际上已开始倾向把它看作是一门独立的综合性学科。各门学科都有自己的术语，也都要与术语打交道，包括整理、规范本学科的术语，各行各业的专业人员也都可能感受到术语对本学科学术交流与发展的重要意义，但是只有术语学才能从理论层次上对各学科术语的本质特征与一般属性作出更为深刻的阐释。有了这样的理论基础，术语教育才算有了根。在术语学产生之前，是不可能提出什么术语教育的。因此，术语学理论应该成为开展术语教育的依据与出发点。其次，还要明确术语教育的对象。接受术语教育的人，应该是具有某一专业背景知识的人。一定的专业背景知识，是接受术语教育的基础与前提条件。没有接受过任何专业训练的人，对术语可能会一无所知、毫无感受，术语教育也就无从谈起。在校学习的大学生，特别是高年级的学生，是已经初步掌握了本专业基础知识的人，他们还可能成为未来本专业领域内的中坚力量。对他们实施术语教育，一方面会对他们目前学好本专业知识，至少在宏观认识与方法论方面，提供有益的帮助；另一方面，从长远来说，也会对本学科领域内未来的术语建设，乃至整个国家与民族总体科学文化水平的提高，具有积极意义。因此，他们应该是术语教育的首要对象。

所谓"社会有关行业"是指其工作直接或间接与术语关系密切的行业，如编辑出版、大众媒体、信息检索服务、语料库建设、科技翻译等。他们的术语意识与工作水平，往往直接关乎整个社会术语使用规范化的实施效果。对他们推行术语教育，既是目前大力提倡的继续教育与终身教育的一部分内容，也可以说是对此前术语教育缺失的必要补课。

这样的术语教育是一种普及性的教学培训活动。普及性一定程度上决定了它的广泛性。教学活动与培训活动并提,即是说,它可以是相对固定的,例如在高校开设这样一门面向不同专业学生的共同课,也可以是不固定的,例如,不定期开办的、有一定针对性的短期培训班,或者远程教育的网络体系。

我们这里把术语学专门人才的培养问题有意排除在术语教育之外。没有术语学专门人才的培养,当然无法开展术语教育。但那是术语学科本身的建设问题,属于另一个话题。

2. 什么是术语意识?

在回答这个问题之前,让我们先从两篇见于报端的文章说起。《光明日报》曾发表过一篇题为"不要'难倒'经济学家"的评论文章。大意是说,每逢"两会"期间,大批记者总是带着各种有关当前国内经济发展的问题,向著名的经济学家采访提问,但这种交流有时并不是那么顺畅。比如记者问经济学家,"我国是否已经进入了经济增长周期?"面对这样的提问,经济学家会被"难倒"而无法回答。如评论的作者所说,"增长周期"这种说法,似乎意味着经济总是按一定"周期"增长。这当然不符合实际情况,更有违经济发展的客观规律。经济学家只能发出"记者同志太年轻"这样意味深长的感叹。另一个例子是沈国舫院士提出的关于"生态环境建设"一词使用不当的问题。据沈文透露,黄秉维院士当初在一次会上最早采用"生态环境建设"这一说法,随后他马上意识到这种说法有不妥之处。沈院士还特别提到,在国际专业交流场合,"生态环境建设"(ecological environment building)这一表述引起了国外学者的疑惑与不解,虽然几经解释,但仍无法被人接受。

可以想见,使用"增长周期"这一词语的那位记者肯定不是学经济学的出身。我们当然不能要求记者对采访涉及的相关问题行行精通。但是,在与经济学家讨论经济问题的时候,他是否意识到,应该尽量使用经济学的语言呢?即使一时无法掌握专业语言,至少不要生造出"增长周期"这种貌似专业语言的词语。否则,他便是完全没有术语意识或缺乏术语意识。导致的结果自然是无法正常进行交流。

相反,从黄院士事后立刻觉得"生态环境建设"这一说法不妥,到沈院士在这一说法已经相当流行开来以后还一定要郑重指出其不妥之处,并提出补救性的处理办法,都体现出一种强烈的术语意识。他们对牵涉专业问题的语言表述是那么敏感,那么严谨,反复审视推敲,可谓慎之又慎。这背后起作用的因素,即是术语意识。

上述两个实例,分别从正反方面显示了有无术语意识的不同表现。简要说来,术语意识是指基于对术语的性质与功能的认识而产生的严谨、科学地对待本专业术语,小心慎重地对待其他专业术语的一种学术自觉性。对术语的性质与作用是否有一定的认识,这是决定是否具有术语意识的关键。对任何个人来说,对本专业的术语与非本专业的术语,熟悉程度肯定是大有区别的。对待所从事的本专业术语,应该力求做到严谨、科学。面对自己所不熟悉的非本专业术语,至少也要有一种小心、谨慎甚至敬畏心理——知道其中大有学问所在,而自己作为门外汉却不甚了然,因此在"狭路相逢"时非常谨小慎微、严肃认真,容不得半点随意性,知道稍有不慎,就可能出问题。说到底,是否具有术语意识,可能会从一个侧面反映出一个人科学文化素养的高低。如果各行各业的专业人士都有这样的术语意识,那对个人业务水平的提高,乃至整个社会术语规范化的推进,肯定都会大有助益。

3. 究竟为什么需要开展术语教育?

这也许应该从术语的本质特征与功能说起。这本身又是一个值得研究的大题目。我们这里只能简要地加以阐述。

科学与语言实际上是并行发展的。但是,在术语学产生之前,两者间的关系长期以来被人忽视了。各个学科的专家,大多把语言当作是现成的工具拿来使用。传统的语言学并不关心这个问题,科学史对这个问题也没有兴趣。20世纪初欧洲哲学出现的"语言转向"实际上触及了这个问题。在此影响下后来产生的术语学研究则明确地提出,科学越"科学",语言在其中的分量就越重。这里所说的语言,当然首先指的是科学语言,或称专业语言(LSP—Language for special purposes)。仍是术语学毫不含糊地指出,要掌握一门专业,首先必须掌握该专业的语言。为了与一般意义上的语言相区别,术语学把它称为"次语言"(sublanguage)。而术语无疑是专业语言的核心组成部分。什么是术语?语言学家、哲学家、术语学家都侧重从自己的研究角度,提出不同的定义。但有一点却是共同的,即大家都认为,术语背后一定有一个属于某一专业领域的、严格的科学概念。术语不过是指称这个概念的符号。而概念是反映客观事物一般的、本质的特征的,它是思维的基本形式之一。没有概念,也就无法进行思维活动。人对客观事物的认识有一个过程。从一个日常的甚至是熟视无睹的现象,比如看见苹果从树上掉下来,到把它看作是某一个专业领域内值得研究的问题,到给它下一个严格的科学定义并给它一个固定的称谓,这要经过一个相当长的、也许是反复的认识过程。但一旦有了这个概念与定义,人们就可以借助它来进行进一步的思维活动,才可能进行判断与推理,最终提出各种科学的理论来。人类的各个学科的知识都是这样借助一个个术语,一点点、一步步积累发展起来的。因此,术语学著述上常说,没有术语就没有知识,没有术语就没有理论。这绝不是什么耸人听闻或哗众取宠之语。仔细深入地理解这句话,就更能体会术语在人的认知活动与科学发展中的重要意义。

近年来发展极为活跃的认知术语学认为,术语是折射人类思维进化的一面镜子。没有术语的思维,只能去借助日常的普通词汇,反映对事物的表象认识,这是人类最古老的原始思维类型的特点。而科学型的思维,必须借助准确的概念与定义手段以及严格的术语系统,才能得以进行。

我们的民族与国家,到了目前这一发展阶段,比任何时候都需要创新。创新当然要求具备许多条件。这里特别要指出的是,科学史上有许多创新都是先从质疑原有的概念、定义,到进一步突破、修正这个概念定义开始的。就这一点而言,有了术语意识,也会促发创新意识。

启功先生在论及"典故的性质"时说:"把一个复杂的故事,或一项详细的理论,举出来说明问题时,不可能从头至尾重述一遍;况且所举的,必是彼此共晓的故事或理论,只须选取一个侧面、一个特点,或给它概括个名称。凡能成为对方了解的信号,唤起对方联想的,都可以采用。所以无论剪裁、压缩、简化、命名,任何办法,都是要把那个事物,作为一个小集成电路,放在对方的脑子里去。"①这段叙述不少地方也可以用到术语身上。我们可以借用启功先生的比喻,把术语也看成是集成电路。作为学科的元语言,它也像集成电路一样,同样具有"体积小"、稳定性高等优点。如果没有术语,没有术语背后的概念与定义,也就等于没有了世代同业人士事先的约定,事事都得"从头至尾重述一遍"。试想,那样科学还能向前发展吗?

既然,对术语的性质与作用是否有一定的认识,是决定是否具有术语意识的关键,而只有术语学才会从理论层次上阐释术语的性质与作用,术语学又是一门独立的综合性学科,即是说,它有作为一个学科必须有的特定研究对象、研究方法及相关理论,而这些绝不是其他学科可以替代的,更不是不经意间顺便就可以学到的,因此有计划地开展术语教育,有目的地培养术语意识,也就成为一个必然的结论。

然而,从术语的性质与功能出发,从正面论证术语教育的必要性的同时,不能不指出,术语还具有一些"负面"的特征。笔者权且把它称为"隐性"、"软性"与边缘性。这些特征对认识术语及其作用多少起到了一些妨碍作用,对认识开展术语教育的意义也是一些不利的因素。

作为一种符号的术语,与一般的普通词汇相比,它的所指与能指之间有更多的"隔层"。首先是专业造成的隔层;其次是定义即所指所包含的诸多复杂特征与术语即能指所选择的有限的命名理据造成的隔层。术语具有社会约定性,不可能望文生义。要弄清

---

① 启功.汉语现象论丛.中华书局,1999,第97页.

术语的真正意义,先要进入相关的专业,然后看这个术语所传达的概念;要了解这个概念,还必须看它的科学定义。总之,术语的实际所指被许多隔层包围、阻隔起来了。如果说术语处在表层,那它所指称的定义则处在深层,而且并不总是每有涉及,必然从头交代的。这就是所谓"隐性"特征。与此相关,一些本来应该是硬性的使用条件,由于隐性的作用却可能变成"软性"的了。有违这些条件的说法似乎也能"说得过去"了。常常有这样的情况:两个本属同一学科或不同学科领域的学者,他们为某一个学术问题争论不休,互不相让,最后发现,两人所用的某些术语背后的定义是不一致的,结果使得一场"高雅"的讨论几乎变成为一种无谓的争执。这也许就与术语本身的隐性与软性有关。而语言本来就具有的模糊性更为此起到了助长与掩饰作用。"隐性"与"软性"特征,也造成了术语研究的边缘性特征。虽然,术语对学科的发展至关重要,但对某一学科术语的专门研究永远不会成为该学科学术发展的主流,也不大可能成为攻坚的课题,更不可能成为一门"显学",它只能悄然地处于学科的边缘。然而,它对学科全面发展的支撑与制约作用,却是一个"硬道理",绝不会因为身处边缘而削弱。认识了术语的上述"负面"特征,只会使为术语教育发出呐喊的人更加努力,更加具有耐心与韧性。他们永远也不要指望会获得一呼百应的效果。

如果站在术语学理论研究的高度来观察我们的社会生活,会发现许多有趣的与术语学相关的实例。例如,出于对病人的人文关怀,有人建议,应该把那些可能引起患者恐惧心理的可怕病名,如"红斑狼疮"之类,一律改名。同样,出于爱国主义与民族自豪感,有人主张对外翻译"航天员"一定要用"taikongnaut"。与此相似,出于某种实用的目的,就考虑给一个地名更名,而全然想不到这会导致宝贵的文化与历史记忆的消逝,如此等等,不一而足。谁都不会去责怪这些人。这些想法也都出自好意,但是从术语学理论高度来说,上述出发点都未必是能站得住脚的命名依据。更值得指出的是,人们似乎并没有意识到这当中还存在什么科学性问题,更不知道甚至想不到还有与此相关的专门学科。这从另一个方面证明,开展术语教育是适应当前某些社会发展需要的。

阐述人类语言学原理的《比亚韦斯托克宣言》说:"现有的研究结果中最重要的结论之一就是:认识过程的加快实质上取决于专业词汇的发展水平。因此,各国人士与政府应该清楚地懂得,他们致力于加快本民族专业词汇的发展,也就是在为本国的科学、工业与文化进步创造条件。"[①]这段话最好地说明了术语学研究以及术语工作的重大意义,它同样也可以用来论证开展术语教育的必要性。开展术语教育,让更多的人认识术语的性质,具有一定的术语意识,从而更自觉地掌握本专业的术语,遵守术语规范,同样是在"致力于加快本民族专业词汇的发展,也就是在为本国的科学、工业与文化进步创造条件"。

2005年在哈尔滨召开的"中国术语学建设研讨会"上,与会者就我国的术语学建设步骤取得了共识。我们应该首先致力于引进国外的术语学理论,同时努力将它们与汉语的术语实际相结合,逐步建立面向汉语的术语学。自打那次会议以来,引进国外术语学理论的工作在有条不紊地进行着。如果我们把这比喻为"窃火"的行动,那么开展术语教育就应该视为"播火"行动。两者之间是有

---

① *Language and Culture.* — Белосток,2004.

联系的,相辅相成的。有了火种,才有播火的"火源"。"窃火者"也最有可能同时成为"播火者"。这对开展术语教育来说,是一个很有利的条件。

开展术语教育的"第一推动力"只能来自国家授权的、专门负责术语建设的领衔机构。术语教育涉及多学科、多方面、多部门,任何个人的呼吁与努力,都显得太微弱,也不大可能打开局面。令人感到欣慰的是,全国科学技术名词审定委员会已经把术语教育立为研究项目,并着手为开展术语教育做准备。

术语学作为一门跨学科的综合性科学,它要求不同领域的专家做出共同的联合努力。谁最有可能率先开始第一讲呢?我认为,也许以语言学为背景的学者有可能首先做这件事。术语学很长时间被看作应用语言学的组成部分。总的说来,语言学的知识背景可能更接近术语教育的主要内容。最早在俄国开展术语教育的人也是一个出身于语言学领域的学者,这也许并非偶然。

如果我们暂时还不具备条件全面开展这项工作的条件,我们不妨先从小范围做起。比如,为某些研究生开设术语学课程,以便取得经验,逐步推开。

接下来就是教什么的问题。为了准备培训教材,我们首先要做的就是引进国外有影响的术语学派的理论。虽然,他们的理论是以印欧语为基础,但是其基本理论原理对汉语也是适用的。其次,我们还应该总结我们自己的经验,并把它上升到理论的高度。当前中国的情况是,术语学的知识可能分散在语言学、逻辑学、哲学、科学史等不同学科里。国外的术语学专著有的把孔子的"名不正则言不顺"作为篇首语。可见,古老的中华文化中也包含着对术语学研究有益的思想,我们需要做的是,把国外的理论原则与我们自己的经验结合起来。

至于如何开展术语教育活动的问题,我想,最主要的,还是要区别对待。要根据不同人的不同专业背景及目前从事的实际工作的性质与需要来决定讲授的内容,但术语学理论的核心内容应该是共同的部分。

在目前情况下,尽快把这件事由上而下地推动起来,也许是当务之急。迈出这第一步之后,其他的问题,总会在实践过程中找到解决办法。

(《中国科技术语》,2009,06)

开展跨学科协作　培养术语学专门人才

1. 问题的提出

由黑龙江大学俄语语言文学研究中心承担的教育部人文社科基地第二批重大研究项目之一《俄罗斯术语学派的理论与实践》业已完成，并顺利通过专家组验收。从目前反馈的信息看，该课题研究得到了良好的社会反响。鉴于黑龙江大学在术语学研究方面已经率先迈出了可贵的一步，国家科学技术名词审定委员会已与该校签订了共建术语学研究所的协议。据悉，这是国内第一个以术语学理论为研究对象的研究所。著名语言学家许嘉璐先生为该课题出版物撰写了序言，充分肯定了这一研究方向的重要意义，并期望能有新的研究成果。2004年年底国家名词委与黑龙江大学联合召开了有来自全国各地多学科专家参加的"中国术语学理论建设研讨会"，会议就加强术语学的理论建设达成了多项共识。

在上述有利因素的推动下，黑龙江大学俄语语言文学中心已经开始筹划下一步的研究方案。老实说，与完成课题之前相比，我们自己对术语学的认识也发生了很大的变化。我们认为，让更多的人，特别是有关的负责同志，认识开展术语学研究的意义与特点，也是我们课题组应尽的一份责任。为此，课题组提出以下几点工作建议。

2. 充分认识开展术语学理论研究的必要性与迫切性

术语是指称科学概念的词或词组,是知识的负载者。"没有术语就没有知识。"——这句话很能说明术语的重要性。严格说来,术语是随着近代科学的产生而产生的。而术语学则是研究术语的性质、特征及其发展规律以及如何规范统一术语的学科。术语学产生于20世纪30年代。最初,术语学从属于逻辑学、语言学等学科,到了20世纪70年代,国际上则倾向于认为术语学已发展成为一门独立的综合学科。由于术语对科学发展、学术交流以及文化教育的重要意义。近年来,越来越多的国家,其中包括某些发展中国家,都对术语研究极为重视。有人甚至把加强术语学研究看作是发展科学文化基础的基础。但从另一方面说,由于它带有"软科学"的性质,人们又不容易敏锐地感到它的重要性。

我国的术语工作开始于20世纪初。建国以来,术语工作成绩斐然,已经公布的术语定名已涉及60多个学科。海峡两岸的科技名词对照统一工作也取得了可喜的成绩。但遗憾的是,术语学的理论研究却一直极为薄弱,几乎无人问津。反映中国特色并结合汉语特点的术语学理论建设几近空白。这不仅与我国的文化、经济大国地位十分不相称,同时也不利于科学文化的发展、交流与传播。我国术语学理论研究的薄弱状况亟待改变。

人们常常用"知识爆炸"这样的说法来描述信息时代知识飞速增长的状况。由于术语是知识的负载者,因此,随着"知识爆炸"的发生,必然也要发生"术语爆炸"。实际上,这种"爆炸"的"冲击波"我们已经感觉到了。新词的大量涌现就是一个证明。据国外的统计数字,在 80 年代,科技词占新词的 80%,进入 90 年代,则占了 90%。其实,在任何语言中科技术语词的数量都要远远超出普通词汇的数量。就这一意义来说,只研究普通词汇而不管专业词汇,可以说是"捡了芝麻,丢了西瓜"。术语与一般普通词汇有一个很大的不同,术语不是自发产生的,用一句国外著名学者的话来说,术语是"想出来的",是人为干预的产物。那么,面对如此庞大的"爆炸物",拿什么作为理论依据对其进行干预?怎样干预?这是只有专门的术语学才能解决的问题。任何一门学科,都有自己的术语系统,都要研究并规范自己的术语,不然,这门学科就很难成立,更难顺利发展。但是,涉及各学科术语的一般性、普遍性理论问题的研究,则只有专门的术语学才能完成。仅就这一点来说,加强术语学的一般理论建设,特别是在当前,又具有极大的迫切性。

3. 联手协作是开展术语学研究的必由之路

可以从以下两个方面认识联手协作开展术语学研究的必要性:

首先,这是由术语学本身的学科性质决定的。术语学与哲学(特别是认识论)、逻辑学、语言学、符号学、科学学、控制论、信息学等多种学科都有密切的联系。当今国际上最有影响的是德国-奥地利学派与俄罗斯学派。可以说,即使仅仅对国际上已有的术语学研究成果作一般性的了解与介绍,也必须有掌握多种不同外语、熟悉多学科理论的专家共同努力。这一点,国外的著名术语学前辈早就指出过。其次,我们必须承认,面对术语学的边缘性与多学科性,我们现有人才的知识结构存在着明显的不适应。由于我们

开展跨学科协作　培养术语学专门人才

原有的教育体制所存在的文理严格分家专业划分过细等弊端,会使许多人对术语学研究望而却步。只有通过不同学科的专业人员联手协作,才有可能缩小并分解面临的上述困难。

不论是有关部门发布的文件,还是大众媒体的宣传,都在强调开展跨学科研究对学术开拓与创新的重要性。术语学本身的性质就决定了这一研究必然是跨学科性的。但真的试着要跨出这一步,会遇到许多尴尬。

国家科学技术名词审定委员会本是国家指定的整理规范科学术语的专门机构,挂靠在中国科学院。但是,在自然科学基金资助的项目分类中,却找不到术语学研究可以"对号入座"的项目类别。当然,项目的申报以及接下来的论证、审批也就无从谈起了。

申报社会科学项目也会碰到出乎意料的麻烦。目前我国的术语定名等实际工作,多是围绕几十个自然科学术语名词进行的。他们的实际经验,当然是术语学研究的宝贵财富,与这方面的专家联手,能吸引这方面的专家加盟,那应该算是术语学研究的幸事,也是建立中国术语学的必由之路。但是,填报社会科学立项的报表时,这些专家的专业代码在电脑里是查不到的。于是,报表无法按要求填写,联手的美好愿望就可能因此化为泡影。

成果的交流与认定评价也会受到限制。当一个学科处于初创阶段时,能与之交流的人自然不如"显学"那么多。对术语学研究成果感兴趣的很可能就是专业性极强的一两种杂志。按现行的科研成果管理办法,这些杂志未必属于"核心刊物"或者是"一级刊物"。于是,研究者只好做出一个两难的选择。要么宁取读者而牺牲评奖评级,要么为了得到一个"一级成果"的名声而放弃可交流的读者。在浮躁与急功近利的当下,这种状况也足以使一些人踟踯不前。

上述问题的存在,说到底,是现存管理体制造成的。靠任何个人或单位的努力,是难以解决的。

4. 组织有条件的单位联合培养术语学高层次研究人才

人才的培养是一个学科建设的根本。说到底,有了人,形成了队伍,才能谈到其他。就目前国内的情况而言,我们也许还没有术语学科班培养出的人才。既然术语学是一个专门的独立学科,那其他学科出身转而从事术语工作的人,在相当长的时间内,总是难以弥补知识结构上的缺欠。为了改变这一状况,目前也许应该先从培养高层次人才抓起。鉴于目前难以找到全面具备现成培养条件的单位,有关方面应该采取切实措施,打破"条块管理"造成的壁垒,促成相当说来有条件的单位联合培养术语学硕士、博士研究生。不然,单靠它自生自长,是很难破土而出的。

术语学入门三问

本文尝试回答以下三个有关术语学基础知识的问题。第一个问题:术语学是怎样一门学科?第二个问题:术语学的产生发展历程与现状是怎样的?第三个问题:怎样开展术语教育?

1. 第一个问题:术语学是怎样一门学科?

术语学的定义

什么是术语学?术语学是研究各门学科中术语的形成、确立、构造、规范等原则原理问题的一门学科。那么,什么是术语呢?术语是各门学科中的专门用语。每一术语都有严格规定的意义。如政治经济学中的"商品"、"商品生产",化学中的"分子"、"分子式"。

仔细阅读取自《辞海》的上述定义,不难发现,汉语里的"术语"其实是包含了不同的"数量"意义的。它既可以指"每一术语",也可以是一门学科中专门用语的统称。既然,术语应该具有"严格规定的定义",这两层显然不同的意思是需要加以区别的。当"术语"用于第一层意思,即指"一个术语"时,它对应的外语词应该是 term;当"术语"用于第二层意思,即指某一学科的专门用语时,它是一个统称,准确的汉语表达应该是"术语集",对应的外语词应该是 terminology。其次,术语学的上述定义还暗含着这样的意思,即各门学科无一例外地都有自己的术语。而且,每一门学科的术语都有一个"形成、确立"的过程。术语的"形成、确立、构造、规范"都有其"原则"与"原理"。从这一点出发,读者应该进一步得出一个推论,即术语学具有相当的普遍性,对各门学科的术语建设都具有指导意义。

术语学可以进一步划分为理论术语学与应用术语学两个组成部分。理论术语学侧重探讨各门学科术语的形成与发展的一般规律,包括术语的性质、特征与功能,探讨构建术语及其系统的最佳途径等方面的问题。应用术语学则研究术语的管理、标准化、术语编纂、术语翻译、术语库建设等实践性问题。理论术语学与应用术语学是互为依存、相辅相成的。就工作的涵盖内容与活动范围而言,应用术语学比理论术语学要广。但就对学科建设的意义与指导作用来说,理论术语学所占据的地位更重要。实际上,理论术语学才是术语学学科创建的基石与发展的牵引力。就总体而言,术语学多被看作是一门应用性的学科。

术语学的多学科性

术语学是一门新兴的学科。从一开始,这个学科的创始人维斯特(E. Wüster)就意识到术语学是"工程师与语言学家携手合作的学科领域"。这里所说的"工程师",可以理解为"各个学科的专业工作者"。实际上,作为一门学科,术语学与多门学科都有紧密的联系。这些学科至少包括语言学、逻辑学、认识论、信息学、科学学等。这就决定了术语学的跨学科性,或者说是多学科性。

术语学与语言学:术语研究与语言学的关系似乎显而易见。可以把术语说成是指称专业领域内概念的词或词组。既然把术语归属为词或词组,而词和词组本是语言单位,语言学有关词与词组的论述,从一般意义上说,也应该适用于术语。这样说来,术语研究与语言学的关系几乎就是天生的。研究某一门学科的术语,又不能完全不懂那门学科的专业知识。一般情况往往是,各学科的专家要研究本学科的术语,首先要跨入语言学,掌握最必要的一些语言学知识。维斯特认为,工程师跨入语言学可能比语言学家熟悉工程师的专业相对要容易些。这大概也是对的。

术语学与逻辑学:术语所指称的各个专业领域内的概念,往往都包含多个本质特征,又借助其区别特征与同类的客体及相邻的概念加以区别,或借助于它与相关概念的种种关系,包括并列、蕴涵、部分与整体等不同关系,形成一个严密的、其成分之间紧密相关且相互制约的系统,其中任何一个成分的变动,包括定义的内容与表述的变更,都可能带来相关系统的变动与调整。因此,术语研究打一开始就与逻辑学与系统论结下了不解之缘。

术语学与认识论:对一个研究对象或称客体,从一般的认识到形成一个科学的概念,是需要一个过程的。自古以来,人类无数次看到过苹果从树上掉下来,然而,只有当牛顿把这一人们司空见惯的现象称作"自由落体"时,人们对它的认识才进入了一个新的阶段。与一般的感性认识相比,这应该看作是一个认识上的飞跃。"自由落体"与"万有引力"等相关术语,同时也是对这一理性认识的确定。从认识论角度说,用科学术语来指称所研究的对象,这是具有重大意义的事情。此后,人们的认识就可以在这个基础上进一步向前推进了。正如一位英国学者所说:"为任何研究对象命名,不管那是物质客体、自然现象,还是可供从某个角度观察的一组事实或制约关系,在这个对象的历史上,都是一个非常重大的事件。这不仅能使我们在口头谈话或在书面中提到这个客体时,不必再去费神寻求别的说法,而且,更重要的是,要使这个客体在我们的头脑中,作为一个单独的研究对象,占据了一个可被感知的位置,被纳入了研究对象的名单,获得了一个名分,并在这个名分之下,可以集结各种不同信息,使之成为联结所有相关对象的一环。"术语的这一特征决定了术语研究必须以哲学的认识论为出发点与立足点。一个术语的产生与定名过程,往往就是对研究对象的反复认识过程以及对认识结果的科学凝练过程。

术语学与符号学:按索绪尔的说法,语言说到底是一个符号系统。以学科的概念为基础的不同学科的术语系统,也是一个归纳概括了学科知识的符号系统。这个系统同样具有一般符号系统所具有的必要特征,例如,可以将它按层次切分成不同的构成元素,符号具有内容与表达两个层面,与其他符号构成一定的聚合与组合关系等。术语系统的内容层面实际上是有关研究对象的各种各样的信息,有关信息的获取、存储、检索、整理、转换、传输等的理论,同样也适用于术语信息处理。于是,符号学、信息学直至控制论的理论,就顺乎自然地直接运用于术语研究之中。

与术语研究相关的亲缘学科,还不仅仅限于上述的语言学、逻辑学、认识论、符号学、信息学、控制论等,它似乎是一个开发的系列。近年刚刚兴起的认知科学研究与智能研究,也与术语研究挂上了钩。人们发现,产生于不同时期的术语,能够折射出当时人们对研究对象的认知水平,也透视出人类当时的智能与思维水平。换句话说,人类意识、文化发展与知识增长的所有历史性变化,在语言的词汇系统中,尤其在术语系统中,都有所反映。比如,西语中的"原子——atom"是"不可再分"的意思。这反映了这个术语产生的当时,人们对物质微粒的认识水平。

在科学知识发展的过程中,可以区别出几种思维的历史类型,它们在人类进化的不同阶段分别居于主导地位,并决定该阶段认识性质的特点。最古老的原始的思维类型是幼稚型,即利用日常的普通词汇,来反映日常的表象认识。这些表象认识,具有相当模糊的性质。进入中世纪晚期,直至科学产生以前的近代,相应的思维类型是"匠艺型"思维,即借助健全的理智与专业的表象认识进行思维活动。在有些至今还没有形成科学的领域,直到今天,居于主导地位的仍是这样一种思维方式。接下来才是科学时期,即使用真正的科学概念与术语的阶段。术语是科学的元语言,是形成相应概念系统所必须借助的手段。如果对某个年代的不同学科的相关术语做共时的断面研究,就可以确定该历史年代人类对周围世界相关事物的认识水平,从而判断某一学科的专业化程度及其所处的发展阶段。这正是研究人的认知、思维能力所需要的。

总之,术语学是一门新兴的、综合性的学科。各门学科都有自己的术语,但对各科术语的普遍性质与一般性规律进行研究的却只有术语学。就这一点来说,术语学有点像逻辑学、数学等学科,可以看作是一门基础性的学科,更有人把它视为一门方法论学科。

2. 第二个问题:术语学的产生发展历程与现状

日常语言与专业语言

"语言"是一个多义词。通过下面这些不同的搭配,我们大约可以感觉到,其中的"语言"一词所使用的意义是不一样的。如"人类语言"、"共同语言"、"小说的语言"、"群众语言"、"讨好的语言"、"绘画语言"等。日常生活中使用的语言与传授或讨论专业知识时使用的语言,其实并不是完全相同的语言。为此,人们提出了"日常语言"与"专业语言"这两个不同的概念,以便将两者加以区别。这里所说的"语言",其实是指同属一种语言之下的"亚语言"或者"次语言"。专业语言又称科学语言,它的最大特点在于,它具有与自然语言不同的词汇系统。这些词汇,其中主要是术语,不仅具有严格的定义,而且还形成一个相互联系、相互制约的系统。这就是某一学科的术语系统,或者称作术语集。日常语言与科学语言可以看作是一种民族语言的不同组成部分。这两者之间既有共同点,也有不同点。因为同属于一种民族语言,它们有相同的语音、语法、构词等规律,但科学语言,首先是术语,又有自己的特点。有人把这两者形象地比作树木与电线杆子。虽然二者都是木质,但前者基本上是天然自生自长而成,而后者从长短、到粗细、到排列、到间距,都是有确定的规格要求的。必须记住,包括科学问题、技术问题在内的专业性质的问题,只能用专业语言才能说得明白,用日常语言是无法进行真正意义上的专业交流的,至多也只能说个大概而已。

自从人类社会有了不同的社会分工,出现了不同的行业领域,随之便产生了不同的专业词汇。人类的语言,实际上是跟社会的进步与生产、科学的发展而平行发展的。但在现代科学问世之前,由于受到对客观世界认识水平和人类自身的思维能力的制约,专业词汇还带有粗糙、朴素的性质。许多学科术语的表述很不理想,其背后的定义也不是严格清晰的,更不要说是科学的。学科的发展过程,也是其术语不断完善的过程。换句话说,学科的术语水平,实际上与这个学科的发展水平是相一致的。

术语学问世前的情况

在欧洲文化圈内,最早创建了多种学科专用词汇的是希腊人。

在长达几个世纪的历史发展中,希腊语充当了国际间科学文化以及国家间交往的共同语言,在某些地区,希腊语这种角色的扮演甚至延续到 14 世纪。到了中世纪晚期,希腊语的地位走向衰微,取而代之的是拉丁语。16 世纪以至更晚,西欧各国的文学、医学、技术、哲学等著述都采用拉丁文撰写。到了 18 世纪,科学思想的表述才转而使用各民族自己的语言。一位科学史家说,当科学本身走到了只有借助特别的、与自然语言相对的科学语言才能反映的现实之时,各个学科都需要有自己的专业语言来取代此前使用的不分学科的弥漫性语言时,欧洲各国的民族语言也代替了拉丁语成为科学写作的工具时,科学界并不情愿面对的"语言障碍"便随之出现了。这种障碍既存在于不同学科专业之间,又存在于不同国家之间。古代的"弥漫性"科学,先是分化成精密科学与人文科学,继而又更进一步细密分工,不同学科间的语言隔阂也随之加深,最终导致学习一门专业首先必须掌握一套符号,即这个专业的术语系统。

进入 18 世纪,随着化学、生理学、动植物学、地质学等学科知识的积累,这些学科开始了对知识系统的整理工作。学者们在系统整理事实的基础上,开始创建更清晰、更系统、更明白的术语系统。这里特别值得一提的有两个人。一个是瑞典博物学家林奈(C. Linne 1709—1778),另一个是法国化学家拉瓦锡(A. L. lavoisier,1734—1794)。林奈是植物界与动物界分类法的创始人。他创建的所谓"双名命名法",即以拉丁语为基础的动植物名称系统,是一个成功的科学命名范例。拉瓦锡则联合一批法国化学家提出了一个新的化合物的定名方案。这个方案基本上也是以种属关系为依据。后来,在其他学科,如疾病的名称分类,以及解剖学的名称完善工作也陆续完成。正是在这个过程中,现代的概念分类的基本原则逐步得到确立。

到了19世纪,一系列的国际学会组织都为本学科的术语定名做出了贡献。通过1867与1889年召开的国际动物学大会两次国际会议,生物学最终确定了借助拉丁语命名的方法,并接受了第一发现人命名优先的原则。1892年,国际会议还通过了化学名称定名原则。与生物学不同,化学并没有走采用纯拉丁语的命名的方法,而是采用了拉丁方式的命名方法,即语法可服从本族语,但词素大量借自于拉丁语。1895年,在布鲁塞尔建立了图书目录学研究所,1905年该所颁布了著名的"万能十进位分类法"。1904年,国际电工委员会(IEC)在美国密苏里州的圣路易斯市成立。两年以后,该组织着手术语的整顿工作。1938年,由该组织编纂的包括6种语言的2000个术语及其定义的词典终于问世。1926年国际标准化联合会(ISA)成立。随后,不少国家也建立了自己的标准化组织。

术语学问世后的情况

术语学公认的创始者是奥地利一位工程师出身的学者维斯特。其标志性的事件是1931年他发表了堪称里程碑的著述《在工程技术中(特别是在电工学中)的国际语言规范》。在这部著述中,他提出了现代术语学的基本原则与方法,阐述了术语系统化的指导思想,从而为现代术语学奠定了基础。紧随其后的是俄国学者,他们几乎同时也发表了自己的有关术语的理论性著作。相当长一段时期以来,在与术语研究相关的著述中,在谈到世界上术语研究的状况时,往往通过列举德国-奥地利、俄罗斯、捷克、加拿大等有影响的学派来加以概括。它们的确是在术语研究与术语工作方面走在前面的国家。需要提醒的是,这里所说的不同"学派",与其说是强调他们之间学术观点的对立与不同,不如说是仅在于指出他们的地域所在。如今,随着国际间术语学学者间交往的日益密切,"术语学派"的提法愈来愈"淡出"了。当今的国外术语学研究,特别是进入新世纪以来,已经广泛地获得越来越多的国家的重视。就全面的"综合指数"来看,德国-奥地利与俄罗斯可以看作是处于领先的"第一集团"国家。其领先方面又各有不同。北欧是术语研究上升最快的地区。中东欧是术语研究基础很好的地区。加拿大是术语工作最活跃的地区。尼日利亚是非洲最重视术语工作的国家。应该承认,亚洲国家的术语研究,在国际上影响相对较小。但中国的术语工作实效以及对国际活动的积极参与,正在取得良好的国际反响。

考察国际的术语研究现状,不能不关注相关国际组织的活动。与术语活动相关的国际组织,绝不仅仅是一两个。如果按开始活动的时间年表为序,首先应该从国际电工协会(IEC)说起。这个组织正式成立于1906年10月。它的主要目标就是制定一套世界通用的电工电子标准。它下设80多个专业技术委员会,其中的第一委员会专门负责制定该领域使用的术语及其定义。1938年,该组织出版了包括2000多个术语名词的《国际电工词典》第一版。1955—1970年,该组织又致力于第三版的修订工作。由于国际电工协会从事术语工作的历史较久,且电工与电子术语涉及多种其他学科,因此它所遵循的术语工作原则以及与其他专业领域的协调办法,都成为国际上术语工作的共同财富。它与国际标准化组织(ISO)都是联合国的甲级咨询结构。二次世界大战以后,随着科学与技术的进步与国家间交往的发展,在全世界范围内实行科技术语规范化的要求愈来愈强。首先关注并致力于解决这个问题的国际组织当推联合国教科文组织(UNESCO)。它发布了一系列与科技术语工作有关的文件,其中包括单语种与多语种对照的科技术语词典书目,个别的术语标准,以及有关搜集与实现术语标准化的决议。这些都为开展国际间的术语合作提供了基础。

首先遭遇术语问题困扰的是科技翻译工作者,对新术语的翻译是最令人头痛的事,因此国际翻译协会(FIT)与从事术语工作的机构发生了频繁的联系与交往。双方都从中感受到开展术语国际合作的紧迫性。直到1971年,维斯特在联合国教科文组织的资助之下成立了国际术语信息组织(INFOTERM)。早在1936年,国际标准化组织(ISO)就设立了一个术语标准化委员会(第37分会);二战结束后,该组织重建,由奥地利接管了秘书处的工作。1989年,术语网(TermNet)作为一个国际的术语网络宣告成立。1986年术语与知识学会(GTW)组建。1996年国际术语信息组织按照奥地利法律再次作为国际性的组织组建,并仍然主持第37分会的工作。上述机构在开展国际性的术语交流、协调、组织术语教育活动等方面,起到了积极的推动作用。

综观近年来术语学研究的发展,特别应该关注的是认知术语学的兴起。认知术语学研究是随着认知科学的兴起而跟进的。有学者指出,认知术语学研究,绝不仅仅是术语学一个新的研究方向,而是对术语、术语集、术语系统以及各种术语文本等一个全新的观点体系。也许有一天,20世纪末之前形成的术语学理论的所有范畴与概念,从认知术语学的立场来看,都可能需要重新审视。在认知术语学看来,术语并不是传统术语学所说的那样,仅仅是对专业领域内概念的语言指称,它是对在认知过程中出现并完善的专业概念的物化。它应该被看作是将稳定的符号系统与反复变化的认识辨证地结合在一起的语言动态模式的成分。术语可以看作是对研究者意识中发生的某种心智行为的特别校正物,因此,术语又能透出术语创建者主观世界的主观性特点。同时,术语又是具有语言符号共同特征的普适的语言范畴。由此看来,认知术语学给术语学研究带来的变化极可能是革命性的。

近年来,应用性术语工作的广泛开展,包括术语标准化、术语翻译、术语知识工程与术语语料库的建设,其发展势头远在术语学理论研究之上。在欧盟组织内,用在术语翻译工作上面的开支占有相当大的比重。"术语师"成为欧盟国家最需要的十大热门职业之一。透过这些事实也能窥见,处于当今信息时代的术语工作,其发展态势极其迅猛。

3. 第三个问题:如何开展术语教育?

术语教育的定义

在术语研究发达的俄国,早在20世纪60年代末就已经在大学开设术语学课程。在我们国家,术语教育还是一个生疏的概念。可以尝试给术语教育下这样一个定义:术语教育是以术语学基本理论为依据,以具备某一专业背景知识的高等学校学生及社会有关行业人员为基本对象,以培养术语意识为中心目标的、普及性的教学培训活动。

对这个定义可以做如下几点补充说明。首先,开展术语教育必须要有科学依据。能够为我们提供这种依据的首先是术语学理论。术语学是20世纪30年代才出现的一门新兴学科,到60年代末,国际上已开始倾向把它看作是一门独立的综合性学科。各门学科都有自己的术语,也都要与术语打交道,包括整理、规范本学科的术语,各行各业的专业人员也都可能感受到术语对本学科学术交流与发展的重要意义,但是,只有术语学才能从理论层次上对各学科术语的本质特征与一般属性作出更为深刻的阐释。有了这样的理论基础,术语教育才算有了根。在术语学产生之前,是不可能提出什么术语教育的。因此,术语学理论应该成为开展术语教育的依据与出发点。

其次,还要明确术语教育的对象。接受术语教育的人,应该是具有某一专业背景知识的人。一定的专业背景知识,是接受术语教育的基础与前提条件。没有接受过任何专业训练的人,对术语可能会一无所知,毫无感受,术语教育也就无从谈起。在校学习的大学生,特别是高年级的学生,是已经初步掌握了本专业基础知识的人,他们还可能成为未来本专业领域内的中坚力量。对他们实施术语教育,一方面会对他们目前学好本专业知识,至少在宏观认识与方法论方面,提供有益的帮助;另一方面,从长远来说,也会对本学科领域内未来的术语建设,乃至整个国家与民族总体科学文化水平的提高,具有积极意义。因此,他们应该是术语教育的首要对象。

所谓"社会有关行业"是指其工作直接或间接与术语关系密切的行业,如编辑出版、大众媒体、信息检索服务、语料库建设、科技翻译等。他们的术语意识与工作水平,往往直接关乎整个社会术语使用规范化的实施效果。对他们推行术语教育,既是目前大力提倡的继续教育与终身教育的一部分内容,也可以说是对此前术语教育缺失的必要补课。

这样的术语教育是一种普及性的教学培训活动。普及性一定程度上决定了它的广泛性。教学活动与培训活动并提,即是说,它可以是相对固定的,例如在高校开设这样一门面向不同专业学生的共同课,也可以是不固定的,例如,不定期开办的、有一定针对性的短期培训班,或者远程教育的网络体系。

术语意识的概念

开展术语教育,在一定意义上说,就是为了培养术语意识。什么是术语意识?简要说来,术语意识是指基于对术语的性质与功能的认识而产生的严谨、科学地对待本专业术语,小心慎重地对待其他专业术语的一种学术自觉性。对术语的性质与作用是否有一定的认识,这是决定是否具有术语意识的关键。在术语学著述中,常常会读到两句很响亮的话:一句是"没有术语就没有知识";另一句是"没有术语就没有理论"。加深对这两句话的理解,会得到许多有益的启示。知识也好,科学也好,理论也好,说到底,都是一个相对完整的系统,其最集中、最凝练的体现与概括,就是相应的术语系统。因此,有人说,掌握一门学科,在一定意义上说,就是掌握这门学科的语言,首先是这门学科的术语。化学家拉瓦锡曾指出,既不能把科学与术语分开,也不能把术语与科学分开。各门自然科学的构成无非是三点:一是构成学科内容的一系列事实;二是由这些事实引出的概念;三是传达这些概念的术语。科学的思维活动正是借助学科的概念与术语才得以进行。通过学习术语学,可以更自觉地重视与理解本学科的术语,进而更扎实地掌握本专业的知识体系,自觉地克服"概念不清、逻辑混乱"等常见于专业论述中的缺点。也许应该承认,术语学属于社会科学范畴,但就其采用的方法而言,它如同逻辑学、心理学、信息学、系统论一样,更接近方法论学科。

对任何个人来说,对本专业的术语与非本专业的术语,熟悉程度肯定是大有区别的。对待所从事的本专业术语,应该力求做到严谨、科学。面对自己所不熟悉的非本专业术语,至少也要有一种小心、谨慎、甚至敬畏心理——知道其中大有学问所在,而自己作为门外汉却不甚了然,因此在"狭路相逢"时非常谨小慎微,严肃认真,容不得半点随意性,知道稍有不慎,就可能会出问题,甚至"露怯"。说到底,是否具有术语意识,可能会从一个侧面反映出一个人科学文化素养的高低。如果各行各业的专业人士都有这样的术语意识,那对个人业务水平的提高,以至整个社会术语规范化的推进,肯定都会大有助益。实行术语标准化可以看作是对科学语言加以规范的立法行为。为了实行法治,落实"以法治国",仅仅制定法律条文显然是不够的,对作为行为主体的公民开展普法教育也是必不可少的措施。开展术语教育也是同样的道理。对于毫无"术语意识"与"术语观念"的人,很难指望他们能在专业交流过程中自觉地贯彻遵守有关的术语规范。诚然,不应该完全排除通过专业学习过程获得"术语意识"与"术语观念"的可能性,但那可能是非自觉的、模糊的、无意识的行为。而自觉的、清醒的、带有理性的"术语意识"与"术语观念",只有通过术语教育才能获得。完全指望让学习者"自摸"自悟,那是靠不住的,甚至可以说,那也是术语学学者的失职。

开展术语教育的必要性

如果上述认识是对开展术语教育的一般性理解,那么开展术语教育的必要性,还与当前科学发展的大趋势有关。近四、五十年以来,随着某些综合性新学科的出现,某些部门学科的分化,致使术语出现了"失控性的增加与互侵",以至学者之间的相互理解越来越困难。与此同时,术语对获取、积累与传播知识的作用,也被越来越多的人所认识。其次,对在生产领域内使用的术语,人们越来越要求确定它们的明确界限,这促使全国范围内科技术语的标准化工作不断拓展。再次,随着国际间科技文化交流的日益频繁,对翻译工作的需求,对术语词典的需求,也越来越高。复次,自 20 世纪 60 年代以来,区域性的、地方性的、行业性的自动信息系统、管理系统、设计系统,以至语言信息保障系统的设计与建造日趋升温,这些浩繁的工程也与术语学密切相关。而信息检索的有效性更与检索关键词的科学性分不开。总而言之,上述的种种情势都呼唤术语学的理论指导,开展术语教育也成了相当广泛的客观需求。

有一次国际学术会议发表的《宣言》说:"现有的研究结果中最重要的结论之一就是:认识过程的加快实质上取决于专业词汇的发展水平。因此,各国的人士与政府应该清楚地懂得,他们致力于加快本民族专业词汇的发展,也就是在为本国的科学、工业与文化进步创造条件。"这段话最好地说明了术语学研究以及术语工作的重大意义,它同样也可以用来论证开展术语教育的必要性。开展术语教育,让更多的人认识术语的性质,具有一定的术语意识,从而更自觉地掌握本专业的术语,遵守术语规范,同样是在"致力于加快本民族专业词汇的发展,也就是在为本国的科学、工业与文化进步创造条件"。

总之,不论是为了满足学好本行业专门知识的需要,提高全民科学技术文化素养的需要,还是为了应对当前科学技术迅猛发展的需要,我们都应该及时而广泛地开展术语教育。